Moni Bachmann-Keller

WENDEPUNKT
in meinem **LEBEN**

Bulimie – Depression – Burnout – Suizid

novum pro

www.novumverlag.com

Bibliografische Information der Deutschen Nationalbibliothek:

Die Deutsche Nationalbibliothek verzeichnet diese Publikation in der Deutschen Nationalbibliografie. Detaillierte bibliografische Daten sind im Internet über http://www.d-nb.de abrufbar.

Alle Rechte der Verbreitung, auch durch Film, Funk und Fernsehen, fotomechanische Wiedergabe, Tonträger, elektronische Datenträger und auszugsweisen Nachdruck, sind vorbehalten.

© 2016 novum Verlag

ISBN 978-3-99048-582-8
Lektorat: Katja Wetzel
Umschlagfoto: Moni Bachmann-Keller
Umschlaggestaltung, Layout & Satz: novum Verlag
Innenabbildungen:
Moni Bachmann-Keller (6)

Gedruckt in der Europäischen Union auf umweltfreundlichem, chlor- und säurefrei gebleichtem Papier.

www.novumverlag.com

Vorworte

Dieses Buch ist ganz spontan, als ich von meinem Klinikaufenthalt nach Hause kam, entstanden. Ich hatte die ersten 18 Tage vor lauter Medis kein Erinnerungsvermögen mehr.

Von dem Tag an, als ich in der Klinik angefangen habe, Tagebuch zu führen, habe ich entschlossen, zu kämpfen **für** mein Leben!

Dieses Buch enthält eine Einleitung, wie es schlussendlich von einer Esssucht bis zum Suizidgedanken und Suizidversuch kam.

Es ist jedoch hauptinhaltlich nicht von der Bulimie die Rede, sondern von meinem Kampf von ganz, ganz unten nach ganz oben zu gelangen.

Ich möchte den Menschen damit sagen, dass es möglich ist, mit viel Eigenwille und Kampf sehr viel zu erreichen.

Nur Medis schlucken und nichts dazu beizutragen funktioniert leider nicht.

Es ist ein Buch, welches ich „frei Schnauze" schrieb, ohne zu überlegen, wie ich was am besten formulieren könnte. Einfach geschrieben, wie ich denke und erzählen würde. Mal ein ganz „anderes" Buch.

Die ersten 18 Tage werde ich zitieren, was mir meine Familie und meine Freundinnen berichtet haben. Ich werde auch die 18 Tage lang jeden WhatsApp-Verlauf von meinem Handy abrufen und übertragen.

Im Zuge dessen möchte ich mich viel-, vielmals bei den Menschen bedanken, welche mich durch ihre Besuche, Gespräche, Offenheit und ihren Beistand bestärkt haben, dieses Buch zu schreiben. Auch dass ich ihren richtigen Namen nennen darf, da sie alle stolz auf mich sind und super finden, dass ich dieses Buch schreibe.

Bei den restlichen Menschen im Buch sind die Namen frei erfunden, die Handlungen jedoch eins zu eins übertragen.

Wichtig: In diesem Buch möchte ich niemanden beleidigen oder verurteilen und niemanden kritisieren. Es ist ein Buch, das mir aus dem Herzen spricht. Wie ICH es erlebt habe, wie ICH es für MICH empfinde, wie es MEINE Eindrücke und Gefühle waren und sind. Einfach meine Erlebnisse und Ansichten dazu! Als Patientin in der psychiatrischen Klinik.

Für die Ausdrücke, welche hart klingen, entschuldige ich mich, aber das ist geschrieben, wie es von mir gefühlt wurde, und umso tiefer ist die Wirkung. Es ist einfach die harte Realität.

Zur Erklärung:

Klapse = Psychiatrie
Kotzen = Erbrechen
Medis = Medikamente

Ich hoffe, ich kann Menschen mit diesem Buch bestärken und aufrütteln, positive Energie und Kampfwille zu entwickeln.

Vielleicht wird das Buch auch ein „Flopp". Aber wenn ich nur zwei, drei Menschen damit etwas positiv motivieren oder Mut zusprechen kann, dann habe ich mein Ziel schon erreicht!

Moni Bachmann 2015
Namen von Personen, welche ich nicht fragte, wurden von mir geändert.

Als Einleitung werde ich mal erzählen, wie es zu diesem Eklat gekommen ist. Es begann in meinem 17. Lebensjahr. Damals war ich Spitzensportlerin – ich fuhr Kunstrad – Einer und Zweier. Erfolgreich war meine Zweierkarriere mit Tanja. Eines Tages im Januar hatte sich Tanja den Fuß verknackst. Resultat: Bänderriss. Tja, 6 Wochen Pause laut Doktor. Wir begannen zu rechnen. Für die Ausscheidung zur Junioren-Europameisterschaft müsste sich der Heilungsprozess ausgehen. Aber Tanja nahm in dieser Zeit 5 kg ab. Da sie mich auf die Schulter nehmen musste, in unserer Zweier-Kür, bekam ich Gewissensbisse. Ganz doof eigentlich, denn mit 50 kg war ich ja nicht schwer! Aber ich hungerte mich auf 42 kg runter. Das Resultat war cool für mich, schlecht für die Gesundheit. Da ich eine Lehre als Friseurin machte und eine Chefin hatte, die beobachtete, dass ich immer dünner wurde und mir drohte mich zum Arzt zu schicken, wenn ich nicht wieder essen würde, begann ich wieder zu essen. Ich nahm natürlich rasant zu (auf wieder ca. 50 kg). Auf der Junioren-EM (wir hatten es schlussendlich geschafft) lernte ich meinen ersten richtigen Freund kennen. Kurt war am Wochenende meistens bei mir zu Hause. Ich jammerte immer wieder, dass ich eigentlich abnehmen sollte, weil Tanja mich ja auf den Schultern tragen müsste. Kurt sagte zu mir, als ich wieder einmal jammerte, zu viel gegessen zu haben, ich solle doch einfach den Finger in den Hals stecken, dann käme alles hoch und ich würde trotz Essen abnehmen. Tja, ich versuchte es und es gelang. So begann die Bulimie-Zeit, immer abwechselnd mit wenig Essen. Entweder ich aß wie ein Spatz, ganz wenig, wenn ich aber nicht verzichten konnte, steckte ich mir den Finger in den Hals. Man o man, Kurt, da hast du ganze Arbeit geleistet. Wenn ich es heute betrachte, kommt mir der Geistesblitz, dass er es wahrscheinlich immer selber praktiziert hat. Mit Sicherheit weiß ich es nicht, aber mit meiner heutigen Erfahrung bin ich mir ziemlich sicher. Seine Mutter hat nämlich immer erzählt, dass er unmenschlich viel essen würde. Mehr als seine zwei Brüder und die Eltern zusammen, und er war trotzdem sehr schlank. Ich denke schon, dass das so war. Mit Sicherheit, wie gesagt, weiß ich es nicht. Ist mir auch egal, wenn ich ehrlich bin. Aber mein Leidensweg begann mit seinem Satz: „Steck den Finger in den Hals und du kannst essen, was du willst." Dieser eine verdammte Satz veränderte mein ganzes Leben. Wegen diesem Satz erlebte ich schlussendlich die Hölle, welche mich fast das Leben kostete! Ja, so verging die Zeit mit einem ausgefüllten Wochenplan: 3 Mal Training in der Woche, am Wochenende diverse Wettkämpfe, viele Erfolge, Kadertraining und Lehre. Das volle Programm. Im Herbst schafften Tanja und ich es dann auf unsere erste Weltmeisterschaft. Dort beendete ich die Beziehung mit Kurt (es hatte mir schon länger nicht mehr gepasst), und lernte meinen heutigen tollen Mann Markus kennen. Ja, ich muss ihm vielmals danken, denn er hat immer zu mir gestanden und gehalten während der ganzen Lebensgeschichte, welche ich hier erzähle. Er kam aus Österreich, ich aus der Schweiz! In Zukunft war es dann so, dass wir eine Wochenendbeziehung führten. 6 Jahre lang!! Ja, und ich lebte halt mal so zwischen wenig Essen oder viel Essen und Kotzen. Wenn mal ein Sonntag war, an dem kein Wettkampf war (an einem Wettkampftag aß ich nie etwas, ich war immer so nervös und konnte nichts essen!), genoss ich es, bei mir zu Hause ausgiebig zu frühstücken. Markus wunderte sich dann, wie viel ich essen konnte, da ich sonst immer wie ein Spatz aß. Aber wenn wir bei mir waren, konnte ich mich nicht immer beherrschen (ich hatte ja die Möglichkeit, kotzen zu gehen). Unter der Woche aß ich den ganzen Tag sehr wenig, ging abends zum Training und um 22.00 Uhr ass ich dann des Öfteren unmengen an vorhandenem Essen, welches ich zu Hause vorfand!! Kotzen ging ich dann, wenn alle im Bett waren. Bei Markus zu Hause aß ich sehr wenig, denn sie hatten bei der WC-Tür ein Milchglas, furchtbar, man sieht von außen rein. Nur undeutlich, aber wenn ich gekotzt hätte, hätte man es gesehen!! Meine Schwiegermutter redete mir beim Essen immer Nachschlag auf und ich traute mich nicht zu verneinen! Irgendwie war ich dann wütend, weil ich Angst hatte zuzunehmen.

Oftmals aß ich abends etwas mehr und stand nachts auf, um zu kotzen. Wenn ich mit dem Zug von Österreich heimfuhr (ich pendelte ja, bis ich den Führerschein hatte) und wieder den ganzen Tag nur wenig gegessen hatte, hoffte ich, dass ein Schaffner mit Sandwiches kam. Ich stopfte diese dann in mich hinein. (Oh mein Gott, war das teuer! Mein Lehrlingslohn war auch nicht so hoch.) Ja, ich fraß richtig! Am Bahnhof deckte ich mich noch mit Süßigkeiten am Automaten ein und ging dann heim. Ich plünderte so unauffällig wie möglich den Kühlschrank und kotzte dann wieder, wenn alle im Bett waren (kam ja immer erst spät am Abend heim, wenn ich mit dem Zug fuhr). Ja, so war mein Leben immer verplant! Arbeiten, Training, Fressen und Kotzen (nicht jeden, aber viele Tage) und am Wochenende pendeln.

Diese Fresserei (heimlich) war sehr stressig. Ich musste zu Hause immer schauen, z. B. wie viel Marmelade im Glas war, und irgendwie heimlich wieder nachfüllen. Zum Teil alles nachkaufen, was ich heimlich in mich hineinstopfte, um keinen Verdacht aufkommen zu lassen usw. Aber, eben das würde alleine schon ein Buch füllen. Deshalb lasse ich das.

Mit 22 Jahren fuhren Tanja und ich unsere letzte Kür auf der Weltmeisterschaft. Markus und ich planten unsere Hochzeit auf September 1994. Im Jahr 1992 begannen wir unser Haus zu bauen, um nach der Hochzeit endlich jeden Tag zusammen sein zu können. Ich hatte während dieser Zeit immer weniger Wert auf die Figur gelegt und war nur noch Gelegenheits-Bulimikerin. Die Hochzeit kam und ich hatte wieder ca. 50 kg. Ich konnte mich gut einleben und fühlte mich wohl. Ich wurde auch gleich von allen Verwandten von Markus akzeptiert. Mit der Schwiegermutter hatte ich immer mal wieder so meine Probleme. Mein Schwiegervater hingegen war und ist bis heute voll cool. Im Januar 1996 konnten Markus und ich das freudige Ereignis verkünden, dass ich schwanger war. Ich aß ganz normal, die Krankheit schien besiegt. Im September 1996 brachte ich dann unseren Sohn Kevin zur Welt. Mit ca. 70 kg bin ich ins Krankenhaus gegangen, nach Hause mit 54 kg (ich hatte viel Wasser während der Schwangerschaft). Im Krankenhaus konnte ich kaum sitzen, alles tat untenherum weh. Ich sagte niemandem etwas und dachte es sei normal nach einer Geburt. Am dritten Tag fragte mich eine Krankenschwester, ob man mir so einen großen Dammschnitt gemacht hätte, dass ich nicht sitzen könne. Ich verneinte. Man hatte mich gar nicht geschnitten!! Die Krankenschwester schaute nach und sah, dass ich eine große Hämorrhoide hatte. Ich bekam Sitzbäder zur Linderung der Schmerzen und ging dann am fünften Tag nach Hause. Ich hatte immer stärkere Schmerzen und ging zum Hausarzt. Er sagte, dass ich ins Spital gehen und die Hämorrhoiden wegoperieren lassen solle. Ich sagte: „Auf keinen Fall, ich möchte Kevin mindestens ein halbes Jahr stillen!" Der Arzt sagte, er könne sie örtlich aufschneiden. Ich nahm seinen Vorschlag dankend an, denn ich hatte wahnsinnige Schmerzen, wollte aber nicht ins Spital! Gesagt, getan. Etwas leichter war es danach. Aber als Kevin eineinhalb Jahre alt war, bekam ich wieder starke Schmerzen mit Fieberattacken und musste ins Spital. Bei der OP hat man mir dann leider die Darmwand verletzt und so kam es, dass sich der Aftermuskel bei jedem Stuhlgang zusammenkrampfte. Ich hatte immer wahnsinnige Schmerzen. Jeder Stuhlgang war die Hölle! Über das Jahr verteilt hatte ich insgesamt fünf Narkosen mit Afterdehnung, bei der letzten wurde der Aftermuskel leicht eingeschnitten. Während diesem Jahr nahm ich 10 kg ab – bis auf 40 kg. Ich lebte von Joghurt und Apfelmus, weil ich vor jedem Stuhlgang panische Angst hatte. Aber kein Mensch kann nur von Joghurt und Apfelmus leben. So kam es, dass ich wieder Brot und feste Nahrung aß und vor lauter Angst, vor den Schmerzen beim Auf-das-Klo-Gehen, kam mir der „Geistesblitz": „Lieber kotze ich und habe keine Schmerzen auf dem Klo!" Vollidiotisch!! So rutschte ich schön langsam wieder in das Problem der Bulimie. Nachdem der Aftermuskel eingeschnitten war, hatte ich nie wieder Probleme in Sachen Stuhlgang, das bulimische Verhalten jedoch blieb! Leider!!! Da ich ja so viel abgenommen hatte, schnellte mein Gewicht wieder rasant nach oben. 12 kg nahm ich trotz Bulimie zu.

Okay, ich kotzte ja nicht immer, sondern nur bei Gelegenheit (mit einem Kleinkind nicht so oft möglich) und so lebte ich mit meinem gestörten Essverhalten weiter. Ich kaufte einen Crosstrainer und trainierte, wenn immer ich Zeit fand, oft eben zu viel. Dann im August 2001 die freudige Ankündigung der 2. Schwangerschaft. Es ging mir super. Ich musste mich zwar täglich übergeben. (Da verwende ich das normale Wort dafür, denn da war es eine normale Schwangerschaftsangelegenheit.) Mir war tagsüber nie übel, nur das meiste Essen kam bei einem Bissen zu viel postwendend wieder. Dann war alles wieder gut und mir war wieder wohl. Im Mai brachte ich meine Tochter Svenja zur Welt. Mit 60 kg kam ich ins Spital, mit 48 kg wieder nach Hause. Dann stillte ich Svenja 2 Jahre lang. Zuerst nahm ich zu, dann pendelte sich mein Gewicht wieder ein. Nach dem Stillen entdeckte ich den Crosstrainer, welchen ich seit der Schwangerschaft nicht mehr benutzt hatte, wieder. Ich trainierte so oft es ging, und irgendwann (keine Ahnung, wann genau und weshalb) begann ich dann wieder mit meiner Kotzerei, wenn ich der Meinung war, dass ich zu viel gegessen hatte. Ich begann dazu in ein richtiges Suchtverhalten in Sachen Sport zu schlittern. Ich stand jeden Tag um 5.00 Uhr auf, damit ich jeden Morgen eineinhalb Stunden trainieren konnte, wenn alle noch schliefen. Dann, immer mehr und mehr, aß ich „zu viel" und kotzte wieder. Es begann ein absoluter Wahnsinn für meinen Körper. Ich sagte zu niemandem und nichts „Nein". Ich steigerte mich in Haushalt, Garten, Basteln, Backen, Schulangelegenheiten meiner Kinder, Sport extrem und „Fressen und Kotzen". Ja, die letzten fünf Jahre war ich immer um 3.30 Uhr morgens aufgestanden, um noch mehr trainieren zu können und bin mit 150 % allgemeiner körperlicher Leistung dadurch in ein Hamsterrad geraten. Es kam noch die Bulimie dazu!! Extremst! Immer mehr hasste ich mich dafür, immer mehr kapselte ich mich ab, immer mehr hasste ich meinen Körper und immer mehr funktionierte ich nur noch. Ich war nicht mehr ich. Ich war einfach nur noch auf der Welt. Ich kam überhaupt nicht mehr zur Ruhe, geriet immer mehr in Rage gegenüber meinem Mann und meinen Kindern! Immer öfter dachte ich an Selbstmord!! Ich versuchte normal zu essen, hatte immer öfter einen dicken aufgeblähten Bauch. Als meine Schwiegermutter dann noch fragte, warum ich so einen dicken Bauch hätte, ob ich schwanger sei, war mein Selbstwertgefühl voll zerstört. (Dafür hasste ich sie und seitdem wollte ich auch nicht mehr viel mit ihr zu tun haben). Somit war das normal essen Probieren wieder dahin. Ich aß offiziell nur Äpfel und Salat, heimlich alles Mögliche. Ich aß meinen Kindern z. B. heimlich ihre Osterhasen oder ihre Süßigkeiten weg. Dadurch war ich immer sehr gestresst, ich musste ja Süßigkeiten nachkaufen, damit es nicht auffiel. Ich rannte oftmals von Geschäft zu Geschäft, um nach Ostern noch den richtigen Hasen nachkaufen zu können. So artete das immer mehr in noch mehr Stress aus!! Drei Jahre lang stand ich sogar um 1.00 Uhr nachts auf, damit ich vier Stunden auf dem Crosstrainer trainieren konnte!!! Danach Legte mich kurz ins Bett, damit es niemand mitkriegte! (Mein Mann wusste es, sprach mich aber nicht mehr darauf an, denn wenn er es tat, eskalierte es und ich warf ihm Schimpfwörter aus der untersten Schublade an den Kopf.) Am Mittagstisch spielten sich immer volle Dramen ab! Ich kochte für meine Familie (aß selber nur Salat) und wenn nicht aufgegessen wurde von meiner Familie, drehte ich durch, denn alles, was nicht gegessen wurde (selbst ein kleiner Löffel Nudeln), löste bei mir eine Fressattacke aus. Wenn alle aus dem Haus waren, aß ich z. B. den Rest Nudeln, dachte dann, dass es jetzt eh schon egal ist und begann alles in mich hineinzustopfen, was ich fand und kotzte wieder. Ging dann wieder einkaufen, damit meine Familie nichts merkte. An den Nachmittagen, wo meine Kinder in der Schule waren, ging ich Unmengen an Lebensmitteln einkaufen, z. B. 5 Stück Butter, Zopf, Brot, 5 Leberkäsesemmeln (welche ich eigentlich gar nicht mag), 20 Tafeln Schokolade, Naschereien usw.! (Eigentlich vieles, was ich gar nicht mag! Angefangen von Butter über Leberkäse, Zopf bis zu Schokolade und anderem Süßkram!) Aber bei den Fressanfällen frisst man nur fettes, kalorienhaltiges Zeug, welches im normalen Leben „verboten" ist. (Ich fraß und kotzte nur noch! Als ich fix und fertig war und nicht mehr fressen wollte, musste ich aber alles Eingekaufte noch am selben Tag in mich hineinstopfen, denn: „AB MORGEN MACHE ICH ES NICHT MEHR!" Bis der nächste Tag da war, und da ging es wieder im gleichen Trott weiter. Immer mehr nahmen die Depressionen zu. Auch Suizidgedanken begleiteten mich im Alltag. Es war sogar so schlimm, dass ich für mich kochte, wenn Gelegenheit dazu war. Ich machte mich Schritt für Schritt kaputt. Seit Jahren arbeitete ich täglich 2 Stunden in derselben Firma, in der auch mein Mann arbeitet. Es gefiel mir gut. Zwischen Markus und mir gab es keine Gefühle mehr. Meine Schwiegermutter machte mir das Leben auch öfters schwer und ich hasste mich selbst. Da ich mich nur noch hasste, konnte ich auch keine Gefühle mehr entwickeln. Da ich so viel in mich hineinstopfte und dann kotzen ging und beim Kotzen nicht kontrollieren konnte, was rausgewürgt wurde und was drinnenblieb, nahm ich oft innert 3 Tagen 5 Kilo zu! Logisch, bei den Mengen, welche ich fraß, blieben sicher mehr Kalorien im Magen, als wenn ich „normal" gegessen hätte. Ich dachte, ich kann nie mehr normal essen, ohne rasant zuzunehmen. Ich bekam Angst, panische Angst vor dem Gedanken normal zu essen. So zog ich nur noch „Schluttenkleider" an, sodass man meine extremen Gewichtsschwankungen nicht sehen konnte. Dann kam Weihnachten 2014. Ich kochte für meine Familie, Schwiegereltern und Schwägerin mit Familie. Für mich war es sehr schlimm! Feiertage sind seit mehreren Jahren der Horror für mich. Den ganzen Tag zusammen mit der Schwiegermutter war für mich fast unerträglich. Zum Glück ist mein Schwiegervater supertoll!!! Am anderen Tag ging es in die Schweiz zu meiner Familie, meiner Mami und meiner Schwester mit Familie. Ich wunderte mich, wie es meiner Schwester gelang normal zu essen und so dünn zu sein! Sie macht viel Sport, aber ich auch! Sehr viel sogar! Ich aber kann nicht „normal" essen, ohne zuzunehmen! Es eskalierte, ich wollte auch nicht auf alles verzichten und ich fraß Kekse und vieles andere und kotzte sogar zu Weihnachten bei meiner Mami. Da war für mich echt Schluss. Wir fuhren dann wieder nach Hause und ich fraß und kotzte wieder, als meine Familie schon im Bett war.

27. Dezember 2015

Der Tag, an dem sich mein ganzes Leben ändert!

Markus, Svenja und ich gehen an diesem Samstagmorgen einkaufen. Ich, schlecht gelaunt, wie jeden Tag. Die letzten fünf Jahre extrem (10 Jahre fast schon Dauerzustand). Wir fahren vom Einkaufen heim. Nach einer Unterführung eskaliert es. Ich raste bei einer belanglosen Meinungsverschiedenheit mit Markus voll aus, steige aus dem Auto aus und sage: „So will ich nicht mehr leben!" Ich laufe in eine Sackgasse, von der ich weiß, dass mir Markus mit dem Auto nicht folgen kann. Er versucht mich einzuholen – Fehlanzeige. Svenja steigt aus, sie suchen meine Spuren im Schnee (Svenja kennt anscheinend mein Schuhprofil). Ich steige das Bord zum Bach hinunter und verstecke mich, sie verlieren meine Spur. Irgendwann laufe ich nach Hause und lege mich ins Bett. Markus kommt ins Schlafzimmer und fragt mich, was denn mit mir los sei. Ich motze ihn an (wie sehr oft die letzten Jahre): „Du ‚A-loch', lass mich in Ruhe! Ich will nicht mehr! Ich werfe mich vor den Zug oder ich fresse Tabletten! Ich will nicht mehr!!!!!"

Markus geht verständlich sehr verärgert aus dem Zimmer. Ich liege eine Weile im Bett, dann fasse ich den Entschluss: „Ich will nicht mehr!" Sämtliche Bücher über Bulimie-Betroffene, Bulimie-Heilung usw. habe ich im Nachtkästchen aufbewahrt. Ich nehme alle raus. Da wir mit Holz heizen, gehe ich in den Keller, werfe alle Bücher in die Heizung, ziehe meine Jacke Schuhe und Mütze an und haue ab. 1 Euro nehme ich mit. Das Handy lasse ich mit Absicht zu Hause. Dann mein Entschluss: ich gehe zu McDonald's, noch einen letzten Cappuccino trinken, welchen ich liebe, und dann: „Tschüss beschissene Welt!"

Ja, ich laufe weg. Markus folgt mir mit dem Auto, Svenja steigt aus und sagt „Mama …"

Ich schreie sie an: „Lass mich in Ruhe! Ihr braucht mich nicht! Ich will nicht mehr! Ich bringe mich um und niemand kann mich aufhalten!" Über Umwege, einem Bach entlang, laufe ich sämtliche Wege, bei denen ich weiß, dass Markus mir nicht mit dem Auto hinterher kann, in Richtung McDonald's. Dort angekommen bestelle ich meinen letzten Cappuccino und setze mich in den oberen Stock, rechts in die Ecke.

Ich genieße den Cappuccino, soll ja mein Letzter sein! Plötzlich steht Markus vor mir, in der Hand hält er sein Handy. Er reicht es mir und sagt Coni sei dran („meine Schwester"). Ich will sie nicht sprechen. Er gibt mir dannach noch das Handy und Coni redet auf mich ein. Was genau, weiß ich nicht mehr (leider). Dann beende ich das Gespräch und bombardiere Markus wieder mit Schimpfwörtern aus der untersten Schublade. Er sagt: „Ich habe mit Herbert telefoniert." (Er ist ein bekannter Freund aus dem Kunstradsport und Arzt in der Klinik, in die ich nachher komme). Herbert sagt angeblich zu Markus: „Entweder sie geht freiwillig mit in die Klinik oder du lässt sie mit der Polizei bringen." Zornig gehe ich mit. Ich bin sooo wütend, ich könnte Markus den Kopf abreißen!!! Echt schlimm. Wir gehen zum Auto und Markus fährt mich zur Klinik. Auf der Fahrt zur Klinik ruft Herbert an, um zu fragen, ob Markus mich gefunden hätte und dass wir zu ihm kommen sollen. Herbert spricht über die Freisprechanlage im Auto zu mir. Ich maule ihn an und rede sonst nichts. In der Klinik angekommen, schreie ich Markus immer und immer wieder an: „Du bringst mich in die Klapse!!! Du bringst mich ins Irrenhaus!" Und wieder beschimpfe ich ihn auf übelste Weise. Herbert empfängt uns und nimmt mich alleine zu sich ins Ärztezimmer. Er redet mit mir und plötzlich vertraue ich ihm alles an. Vorweg erzähle ich, dass ich schon, seit ich 17 Jahre alt bin, immer wieder mit Bulimie kämpfe, dass ich seit 10 Jahren volle Kanne sportsüchtig bin, dass ich immer um 4.00 Uhr morgens aufstehe, manchmal auch 1.30 Uhr, nur um mindestens meine 2–3 Stunden auf dem Crosstrainer zu verbringen!! Dann für die Familie Frühstück machen (ich esse natürlich nichts, nur heimlich). Seit zwei Jahren gehe ich morgens ca. 2 Stunden arbeiten, fahre dann nach Hause vielfach, um zu frisieren (bin ja gelernte Friseurin), dann kochen für die ganze Familie (für mich natürlich nur Salat, alles andere heimlich). Drei Mal die Woche trainiere ich den Kunstradnachwuchs, kann nie zu etwas NEIN sagen, die Auseinandersetzungen mit der Schwiegermutter, meine

pubertierende Tochter, mit meinem Sohn für den Führerschein fahren lernen und natürlich mein totaler Selbsthass!!! Ich will nicht mehr, so kann ich nicht mehr, ich bin am Ende.
ERSTDIAGNOSE: totales Burn-out.

Bulimie
Depressionen
Starke Suizidgedanken

Herbert fragt, ob er mir irgendwo einen Klinikplatz suchen solle für die nächste Zeit. Ich sage nur: „Entweder bleibe ich gleich hier, oder ich bringe mich um!!" Herbert telefoniert mit der zuständigen Abteilung in dieser Klinik. Nun folgen wir Herbert durch die vielen Gänge, ich bin hasserfüllt gegenüber Markus. Wir gehen auf die entsprechende Station – Schwester Anna ist im Dienst. Herbert ist da und sonst noch diverses Personal, ich habe keine Ahnung mehr. So jetzt kommt's! ENDE-AUS-FILMRISS!!! Ich weiß nicht mehr, was ich gesagt, getan oder gemacht habe. Null Plan!!!!!

Von nun an werde ich in diesem Buch die ersten 18 Tage in der Klinik zitieren. Dazu habe ich alle befragt, welche mit mir zu tun hatten und welche mich besucht haben. Ich werde diverse Handy-Nachrichten, die ich über WhatsApp geschrieben und bekommen habe, abfragen und eins zu eins übertragen. Geschrieben und telefoniert habe ich ja angeblich und mit der heutigen Technik kann ich alle Unterhaltungen abfragen. Ich habe auch drei gute Freundinnen, die mich zu jeder Zeit besucht haben, Margot sehr oft und von Anfang an, Helga und Wilma ebenfalls! Wilma rechne ich es hoch an, denn ich habe mich die letzten fünf Jahre komplett von ihr zurückgezogen, wie von so vielen. Maria ist auch gekommen (leider hat sie die Schulter verletzt und musste viel in Therapien und konnte deshalb nicht so oft kommen), dann Coni (meine Schwester), meine Mami und mein Schwiegervater. Markus hat es organisiert, dass sonst niemand kommt. Es ist mein Wunsch und er hat das so durchgezogen. Das rechne ich ihm hoch an! Markus und die Kinder sind natürlich am selben Abend gekommen. (Markus ist bis auf zwei Abende jeden Tag während meines ganzen Klinikaufenthalts gekommen!)

Ich beginne jetzt zu schreiben, was ich aus Erzählungen in Erfahrung gebracht habe.

Markus erzählt: Ich habe im Ärztezimmer, meine schwarze Jacke bis obenhin zugeknöpft, Kappe tief ins Gesicht gezogen, wütend geschnaubt und vor mich auf den Tisch gestarrt. Alles, was man mich fragt, bleibt unbeantwortet – bis auf: „Mit euch rede ich sowieso nicht! Ich rede, wenn überhaupt, nur mit Herbert!" Herbert hat dann meine Geschichte kurz gefasst erzählt. Schwester Anna redet mit mir, aber ich bocke weiter. „Ich rede nur mit Herbert!!!" Sie hält mir Tabletten zum Einnehmen hin, ich schlucke sie widerwillig mit dem Kommentar: „Ihr füllt mich nur mit Tabletten ab! Das könnt ihr am besten!!" Man bringt mich in mein Zimmer, Markus geht noch mit. Vier Betten stehen drinnen und eins davon ist die nächste Zeit meins! Boah, bin ich zornig!! Voller Hass gegenüber Markus!! Er sagt: „Schatz, ich gehe heim und hole dir deine Sachen, was soll ich dir denn bringen?" Ich maule hasserfüllt zurück: „Du musst mir gar nichts bringen. Ich brauche nichts, verschwinde und lass mich in Ruhe!!! Du hast mich hier hineingebracht. Du alleine steckst mich in die Klapse!! Verschwinde, ich will dich nicht mehr sehen!! Du brauchst gar nicht wiederzukommen!" Keine Ahnung, was im Zimmer alles geschah, eben Filmriss. Schimpfwörter wie „du Arschloch" und immer wieder „Ich hasse dich" und „Lass mich in Ruhe, du hast mich in die Klapse gesteckt!" usw. muss Markus ertragen und immer wieder über sich ergehen lassen! (Und trotzdem liebt er mich dabei immer!!!)

Handy-Kontakte werden nun die nächsten 18 Tage der Hauptteil der Zitate sein, da ich das alles nachlesen konnte. Es ist auch so, dass oftmals etwas ein paarmal ziemlich gleich geschrieben ist, da ich ja parallel mit ein paar Personen Kontakt hatte. Ich habe allerdings immer pro Tag und Person einen Verlauf komplett geschrieben, damit man beim Lesen dieser enormen Mengen an Verläufen besser zuordnen kann, wann ich mit wem, was schrieb. Ich muss aber gestehen, dass ich nicht alles entziffern kann, was ich geschrieben habe, da ich mich sehr oft so stark vertippt habe, dass ich nicht mal mit viel Fantasie darauf komme, was es heißen soll. Aber was ich lesen kann, schreibe ich alles nieder. Es mag komisch sein, dass ich die ganzen Verläufe schreibe, denn es ist eine ganze Menge, aber nur so kriegt man den ganzen Wahnsinn mit, wie schräg und negativ ich drauf bin in diesen besagten 18 Tagen!!!! (Ich habe immer die Uhrzeiten dazugeschrieben).

Handy-Kontakt mit Kevin am 27. 12. 14

Ich, 18:13:	Bin in der Klapse, nicht im Spital! Papa hat mich hierher gebracht! Du hast eine Psychomami!
Kevin, 18:27:	Was!?? Warum!?? Nein, habe ich nicht!
Ich, 18:31:	Weil mich Papa eingeliefert hat! Kann auch nicht Autofahren gehen mit dir, stehe unter Medis, welche mich voll high machen! Mach es gut Kevin, hab dich lieb!
Kevin, 18:35:	Waas?! Scheiße!! Ich dich auch, Mami.
Ich, 18:43:	Nimmst dir halt ein paar Fahrstunden und dann machst du die Führerscheinprüfung, dann kannst du mich hier rausholen.
Kevin, 18:44:	Ja, ich schaue mal. Komm in den Flur raus, habe deine Sachen dabei. (Kevin und Svenja kommen zu Besuch – Markus will ich nicht sehen)

Nach dem Besuch

Kevin, 20:06:	He Mami, schau, dass es dir so schnell wie möglich wieder gut geht! Wir brauchen dich daheim!! Du fehlst uns!
Ich, 20:08:	Du fehlst mir auch. Mir geht es voll beschissen, hier werde ich krank!!!
Kevin, 20:08:	Das glaube ich dir schon!
Ich, 20:09:	Keinen Fernseher und nichts! Voll sch…!
Kevin, 20:10:	Das glaube ich dir, aber du schaffst das!
Ich, 20:11:	Weiß nicht, komme mir vor wie ein Depp!!
Kevin, 20:11:	Nein, das bist du nicht!!

Ich, 20:13:	Komme mir aber so vor!! Ich will von Daheim weg! Ich kann mich nirgends mehr blicken lassen! Und zudem kannst du mir noch den Kleiderschrank ausräumen! Du kannst alles in den Kleidercontainer schmeißen. Alle engen Jeans und alle engen Pullis! Danke. Im Nachtschrank die ganzen Bikinis auch. Danke. Du kannst Coni fragen, ob sie was mag, sonst wirf es weg!!
Kevin, 20:17:	Mami, ganz ruhig, das wird schon wieder! Es wird niemand erfahren und Schluss und Aus.
Ich, 20:19:	Sicher, ich sage es allen, dass mich Papa in die Klapse gesteckt hat!!!
Kevin, 20:20:	Nein, musst du nicht! Es wird alles wieder gut!
Ich, 20:21:	Doch!! Ich bin sicher 7 Monate weg!
Kevin, 20:21:	Nein, bist du nicht!!
Ich, 20:22:	Doch, die neben mir ist schon das dritte Mal hier!! Muss noch etwas wissen, ist Nathalie wegen mir weg?
Kevin, 20:22:	Nein!!!! Es war wegen mir! Kein bisschen wegen dir.
Ich, 20:23:	Okay, dann gut
Kevin, 20:23:	Ja! Gute Nacht, Mami, hab dich lieb.

Handy-Kontakt mit Svenja am 27. 12. 14

Ich, 18:40:	Hallo Svenja, bin in der Klapse. Habe Medis gekriegt und stehe voll neben mir. Du kriegst eine Mutter zurück, die nicht ganz klar ist im Kopf und dick wie ein Walross. Die Medis blasen einen auf und zum Essen wird man gezwungen. Ihr könnt wenigstens zu Hause machen, was Ihr wollt, viel Spaß. Papa will das so, er hat mich hierher gebracht!
Svenja, 18:45:	Egal, was ist, ich hab dich immer lieb! (sie schickt mir ein schlagendes Herz) Bist Du bald wieder hier?

Ich, 18:58:	Nein, kann ganz lange dauern.
Svenja, 18:59:	Aber dann dürfen wir dich besuchen kommen.
Ich, 19:01:	Ist nicht gut! Stehe voll unter Medis und bin total „plem, plem".
Svenja, 19:01:	Aber dann sehe ich dich lange nicht mehr.
Ich, 19:02:	Ja, das ist so, kannst Papa Danke sagen.
Svenja, 19:03:	Aber anrufen?
Ich, 19:04:	Nein, mag hier drinnen nicht telefonieren, sind noch andere Frauen im Zimmer.
Svenja, 19:05:	Aber … Gute Nacht, Mami!

Handy-Kontakt mit Coni am 27. 12. 14

Coni, 17:46:	Ich denke an dich und bin da für dich! Du bist nicht alleine, hab dich lieb.
Ich, 18:03:	Fühle mich aber alleine, mit voller Psychos im Zimmer! Einer läuft die Rotznase runter, die andere steht andauernd auf und sucht etwas, und legt sich dann wieder hin, da drehe ich durch.
Coni, 18:11:	Du schaust auf dich, erholst dich und schaust, dass es nicht so kommt mit dir. Du nimmst die Hilfe jetzt an, und wenn ich kommen soll, sagst du es. Hab dich lieb.
Ich, 18:15:	Bin in der Klapse, weißt du das überhaupt? Psychopharmaka kriege ich und mit Sicherheit 20 kg auf die Rippen. Hier drinnen werde ich bescheuert, bin jetzt schon ganz durcheinander im Kopf.
Coni, 18:20:	Ja, ich weiß! Aber es ist jetzt so und du kannst deinen Weg finden! Es ist eine Krankheit wie Krebs. Nichts zum Bagatellisieren, du hast dort die Möglichkeit zu reden, mach das auch! Du bist ein herzensguter Mensch und ich glaube fest an dich! Meine Hausvermieterin hat sich auch am falschen Ort gefühlt und es hat sie stark gemacht. Umarme dich!

Ich, 18:29:	Ich liege im Bett und bin durcheinander im Kopf!
Coni, 18:37:	Es ist jetzt so, schlafe gut! Ich wüsste sonst nicht, was du gemacht hättest und ich möchte noch viele Stunden mit meiner großen Schwester verbringen.
Ich, 18:42:	So fett und „kirre" wie ich bin, bis ich hier rauskomme, bin ich sicher nicht mehr ich! Und dann sehe ich meine kleine, schlanke Schwester und alle Leute, die mich kennen! Das wird schlimmer als es war.
Coni, 18:47:	Nein, du machst das! Ich glaube an dich und niemand ist davor gefeit. Soll jeder auf sich selber schauen und es wird gut. Schau für dich und ich bin da! Hab dich ganz, ganz lieb.

Handy-Kontakt mit Markus am 27. 12. 14

Ich, 18:46:	Kein Duschbad, keine Haarbürste, keine Jogginghose, danke! Wenn du mich schon einlieferst, könntest du wenigstens dein Hirn einschalten!
Markus, 18:47:	Okay, ich bringe es dir. Muss zum Bahnhof. Die Sternchenhose?
Ich, 18:48:	Will dich nicht mehr sehen, musst mir nichts bringen.
Markus, 18:48:	Kevin bringt's dir! Bitte sehe nicht alles so negativ, lass dir bitte helfen! Schatz, ich liebe dich!

Handy-Kontakt mit Markus am 28. 12. 14

Markus, 8:42:	Morgen, Maus, wo muss das Waschpulver rein? Links, rechts oder Mitte?
Ich, 8:43:	Schau halt, ich bin voller Medis!
Markus, 8:44:	Sag bitte, wo! Bitte! Bitte! Ignorier mich bitte nicht!

Ich, 9:07:	Lass mich in Ruhe. Du weißt gar nicht, wie es hier ist! Lauter so depperte Leute mit so komischer Mode!! Und ich mittendrin! Als Krankenschwester okay, aber so! Danke vielmals!! Einen guten Rutsch und feiert schön.
Markus, 9:08:	Bitte hör auf, lass dir helfen. Schatz, ich vermisse dich!!
Ich, 9:59:	Hilf dir selbst!
Markus, 10:00:	Kopf hoch, Mausi! Sei nicht so böse zu mir, ich unterstütze dich. Brauchst du noch was?
Ich, 11:51:	Lass mich in Ruhe! Von dir will ich nie wieder etwas!! In dein Haus setze ich keinen Fuß mehr!! Vorher lebe ich nicht mehr!!
Markus, 11:56:	Hör bitte auf und sei nicht so gemein!!!
Ich, 12:30:	Essen Okay?
Markus, 18:23:	Ich hab dich lieb.
20:28:	(er spielt mir übers Handy „Se Bastasse una bella Canzone" von Eros Ramazzotti vor. Mit dem Satz: „Das kommt gerade im Radio! Lieb oder?"
21:26:	Moni, ich hab dich lieb. Schlafe gut!
22:04:	(Dann schickt er mir ein Foto von Svenja, welches ich aber nicht anschauen kann, weil die Internetverbindung in der Klinik so schlecht ist.) darunter der Satz: „Svenja im neuen Pyjama." Anscheinend habe ich nichts geantwortet seit Mittag. An diesem Tag soll ich laut Svenja mindestens 15 Mal gesagt haben: ICH WILL NICHT MEHR LEBEN! (Svenja hat mitgezählt, als sie zu Besuch da war!

Handy-Kontakt mit Kevin am 28. 12. 14

Kevin, 10:25:	Guten Morgen.
Ich, 10:30:	Gut ist der nicht!! Hoffe dir geht es gut!! Silvester und Neujahr bleibe ich sicher in der Klapse!!! Sch… mich voll an!! Am liebsten würde ich aus dem Fenster springen!!!

Kevin, 10:34:	Mami, hör jetzt auf!! Du schaffst das schon! Ganz sicher!
Ich, 10:42:	Ich will auch nicht mehr leben! Tomaten, Gurken, Paprika hat Svenja bei Helga gegessen wie sonst nie. Soll sie jetzt zu Hause auch aufessen! Seht zu, dass ihr im Kühlschrank alles aufbraucht. Jetzt könnt ihr machen, wie ihr wollt! Salatsoße ist eine fertige im Kühlschrank. Ich brauche nichts mehr! Werde hier vollgestopft mit Tabletten, da hat man schon gegessen!
Kevin, 10:44:	Doch, Mami, wir brauchen dich!!! Hör bitte auf, so zu reden! Wir haben dich lieb!
Ich, 10:45:	Kevin, es ist vorbei! Ich bin verwirrt und hier drinnen ist es echt schlimm!!
Kevin, 11:34:	Nein, Mami tu jetzt nicht so!
Ich, 11:51:	Doch ist schlimm! Jetzt mit den anderen Patienten am Tisch sitzen, ich mag eh keine Suppe und keinen Nachtisch und alles andere auch nicht!!
Kevin, 11:57:	Ja das glaube ich dir, aber du schaffst es, Mami!
Ich, 12:23:	Ich will es nicht mehr schaffen Kevin!! Nur herumliegen und fressen ist nicht meins! Mein Leben ist vorbei. Schade, dass ich es gestern nicht gleich beendet habe!!
Kevin, 12:39:	Doch, Mami!! Wir brauchen dich!!!
Ich, 12:42:	Kevin, vergiss es! Ich komme mir vor wie auf einem Trip!! Das willst du nicht sehen!! Ich komme nicht mehr nach Hause.
Kevin, 12:52:	Nein, tust du nicht! Das Bett habe ich frisch bezogen (schickt mir ein Foto).

Handy-Kontakt mit Svenja am 28. 12. 14

Svenja, 11:16:	Wie geht es dir? Wir vermissen dich! Wir kommen vielleicht heute zu Besuch!
Ich, 11:35:	Will euch nicht sehen, schließ ab mit mir, Svenja. So muss mich niemand sehen. Lasst mich end-

	lich in Ruhe!! So könnt ihr endlich machen, was ihr wollt!! In der neuen Stube fressen, Sachen umherliegen lassen, fernsehen und Computerspielen. Schönes neues Jahr. Geht brav Fondue essen zur Oma, ich werde das nie mehr machen!
Svenja, 11:51:	Mami, nein, so ist es nicht!!
Ich, 11:54:	Lasst mich jetzt einfach in Ruhe. Ich muss hier mit lauter komischen Leuten am Tisch sitzen und den Bauch mit lauter ekligem Zeug vollschlagen!!
Svenja, 12:00:	Aber wir brauchen dich! Je mehr du mit uns streitest, umso länger musst du bleiben, denn wenn du dich schnell änderst, desto schneller kannst du nach Hause! Wir vermissen dich jetzt schon!! Ich meine, bis du wieder runtergefahren bist von den Medis.
Ich, 12:22:	Ich will gar nicht mehr!! Das checkt bloß niemand!!!
Svenja, 12:37:	Nein, Mami. Du musst nur Hilfe annehmen! Dann kriegen wir das schon wieder hin!! Und dann findest du auch den Sinn des Lebens wieder!!
Ich, 12:40:	Lasst mich einfach in Ruhe! Ich habe so viele Tabletten und „sch…" gekriegt und der Hunger ist mir voll vergangen. Und leben will ich sowieso nicht mehr!! Genießt es mit der Oma und Opa! Das haben sie geschafft! Viel Spaß und genießt es, habt ihr ja sonst nie können! Ich bin nicht mehr da! Der Sinn ist weg, Svenja, das verstehst du nicht! Lasst mich einfach in Ruhe! Muss jetzt schlafen, die vielen Tabletten machen mich kaputt, müde und durcheinander! Das verdammte Glas, du kotzt mich so an! Hab' gesagt du sollst es einpacken („Svenja hat mir ein Glas Pfefferoni gebracht, welche ich so liebte") !! Musst gar nicht mehr schreiben! Herrgott noch mal, akzeptiert meine Meinung endlich mal! So eine Scheiße echt, das kotzt mich an! Ich werfe es in den Müll!! Schreibe ja nicht mehr! Niemand von euch!! Lasst mich einfach in Ruhe! Ihr habt mich hier reingesteckt und nun ist es erledigt! Lasst mich einfach in Ruhe!

Svenja, 15:43: Ich wollte nur lieb sein! Ich nehme es wieder mit!
Ich, 17:57: Guten Appetit! Haut richtig rein! Eure Meckerziege ist ja nicht mehr da! Jetzt könnt ihr sogar Paprika und Gurken essen und Schinken ohne Brot und Butter! Cool! Und eure Mutter frisst nichts weg! Cooles Gefühl oder!!? So, ich schalte das Handy aus! Schließe den heutigen Tag ab und hoffe ich finde eine Lösung!
Svenja, 17:57: Mami wir, kommen nochmals zu dir, halt Kevin und ich! Vielleicht! Gute Nacht, Mami, wir haben dich lieb! Schlafe gut!

Laut meiner Familie:

Markus, Kevin und Svenja kommen mich besuchen. Ich laufe umher wie ein „Zombie". Ich schreie Markus an. „Du hast mich in die Klapse gesteckt, ich hasse dich! Du hast erreicht, was du willst! Mich steckst du in die Klapse und du hast die Kinder! Ich hasse dich!! Du bist das Letzte, verschwinde!! Ich will dich nie mehr sehen!!! Ich hasse dich!!!" Und ich bin stinksauer, weil der Hometrainer auf dem Flur steht, wo einen jeder sehen kann! Ich will den Hometrainer ins Zimmer nehmen! Natürlich geht das nicht!!! Und ich will immer in Socken umherlaufen!! Darf ich nicht! Verärgert sage ich: „Ich laufe zu Hause auch in Socken umher!!!!! Diese blöde Kuh (Krankenschwester) nervt mich!!!!" Irgendwann hat meine Familie meine Maulerei satt und sie gehen nach Hause.

Handy-Kontakt mit Margot am 28. 12. 14

Margot, 16:50: Hallo Moni. Hast du morgen vor ins Training zu gehen? Gruß Margot
Ich, 16:54: Nein, Margot, ich werde die nächste Zeit nie mehr gehen. Habe mein Leben beenden wollen. Bin ganz, ganz weit unten und man hat mich eingeliefert. Liege in der psychiatrischen Klinik, vollgepumpt mit Medikamenten. Keine Bewegung

und vollgefüttert soll ich werden, bis ich dick und fett rauskomme. Das können die vergessen. Ich will einfach nicht mehr! Sorry, wollte es niemandem sagen, dass ich in der Klapse bin, aber es ist so. Genieße dein Leben und denke ab und zu daran, was wir erlebt haben zusammen. Mache es gut.

Margot, 17:00: He, rede nicht solchen Müll! Hier sind sooo viele, die dich brauchen und von Herzen gern haben. Lass dir doch helfen, es meinen doch alle gut mit dir. Kann ich dir was machen? Soll ich zu dir kommen? Bitte, bitte lass dir helfen!!

Ich, 17:01: Nein, mich sollte niemand so sehen! Ich mag einfach nicht mehr! Sorry, aber es ist so. Diese Feiertage, die Esserei, Verzicht und trotzdem fett und übel und dann noch gewisse Leute um mich herum! Ich mag einfach nicht mehr!

Margot, 17:04: Wieso legst du so viel Wert aufs Essen, Moni? Du als Mensch bist wichtig!

Ich, 17:09: Geht nicht. Eins ergibt das andere. Ich kann nicht mehr! Ich bin suizidgefährdet, anorektisch und bulimisch! Und hier kriege ich volle Pulle Medikamente, die mich aufwühlen. Und bewegen darf ich mich auch nicht! Von 2 Stunden Sport am Tag (was auch nix gebracht hat) auf null!! Nicht mal spazieren darf ich! Schlimm! Und diese Leute hier sind voll schlimm! Kannst du dir ja vorstellen! Viel Spaß im Training und macht's gut. Allen einen guten Rutsch.

Margot, 17:14: Moni, ich würde sooo gerne zu dir kommen, darf ich?

17:36: ?????

Ich, 17:44: Nein, lieber nicht, geht mir beschissen!

Margot, 17:46: Bist du sicher? Vielleicht hättest du etwas Ablenkung und wir könnten ein wenig quatschen. Ich wäre so gerne für dich da!

Ich, 17:51:	Das wollen alle! Aber mit diesen Medikamenten bin ich nicht da und meine Schwester und meine Mama machen sich Sorgen. Habe Markus gesagt, er solle niemandem was sagen. Ich mag einfach nicht mehr. Margot, leider sind die Fenster zugesperrt, sonst würde ich rausspringen! Ich mag einfach nicht mehr. Ich komme mit mir nicht klar, und falls ich hier rauskomme, bin ich eh nur Gespött im Dorf! Klapse, Medis, fett, dumm, blöd – einfach alles! Margot, behalte mich in Erinnerung, wie ich war. So werde ich nie mehr, deshalb will ich nicht mehr. Hab dich lieb!
Margot, 17:58:	Moni, du bist so ein toller Mensch!! Du denkst immer das Schlimmste, was andere sagen könnten. Das ist nicht so. Du zeigst Größe, wenn du dir helfen lässt, egal, von wem und wo. Ich war auch mal beim Psychiater, weil ich nicht mehr weiterwusste und ich bin stolz darauf, und das kannst du auch sein!

Laut Margot:
Margot fährt nach dem letzten WhatsApp-Kontakt zu mir in die Klinik. Sie denkt, entweder ich würde sie wegschicken oder sie könnte bleiben. Sie sagt zu mir: „Komm, steh auf, wir gehen ein wenig raus." Ich: „Nein, ich darf nicht aufstehen!" Margot sagt: „Komm, nimm einen Zettel und schreibe mir auf, was man dir noch bringen kann. Fragen wir die Schwester, ob wir einen Zettel bekommen können." Die Schwester fordert mich auf ins Schwesternzimmer zu kommen, um einen Zettel zu holen. Margot ist erstaunt! Ich habe ihr ja vorhin gesagt, dass ich nicht aufstehen darf!! Tja, Margot schaut daraufhin, dass ich meinen Hintern hochbekomme und aufstehe. Schwankend und in Socken (Margot hielt mich) gehe ich mit ihr zum Schwesternzimmer. Wir kriegen den Zettel und ich einen Anpfiff der Schwester, weil ich in Socken umherlaufe! Ich maule zurück, dass ich zu Hause auch immer in Socken umherlaufe und absolut keinen Bock

hätte Schuhe anzuziehen!! Margot geht mit mir zur Stationsküche und wir trinken Tee. Kevin und Svenja kommen auch noch, um Gute Nacht zu sagen. Markus bleibt im Auto, da er es nicht mehr ertragen konnte, wie ich ihn immer beschimpfte!!! (Am Nachmittag, als sie bei mir waren, hatte ich ihn aufs Übelste beschimpft gehabt!!) Margot geht danach mit den Kindern nach unten und ich bleibe in der Klinik, voll grimmig und böse zu allen Pflegern und Pflegerinnen!!

Laut Kevin:
Ich erzähle, als Markus und die Kinder hier sind, dass in der Nacht immer ein schwarzer Mann mit einem Messer in der Hand auf mich zukommt, dass dieser am Bett rüttelt und ich zu ihm sage: „Stich endlich zu!!" Dann verschwindet er immer! Und immer wieder sage ich: „Ich will nicht mehr leben, ich bringe mich um! Bei irgendeiner Gelegenheit!! Lebt ohne mich. Ihr habt es dann besser!!! Jetzt habt ihr es schön!!"

Handy-Kontakt mit Coni am 28. 12. 14

Coni, 8:40:	Hallo!! Hallo!! Konntest du schlafen?
Ich, 8:41:	Ja, habe eine volle Ladung Medis gekriegt! Ich bin ganz durcheinander! Es kotzt mich voll an!!
Coni, 8:44:	Hm, lass dir jetzt ein bisschen Zeit und nutze Gespräche! Es geht vielleicht nicht gerade so, wie du gerne hättest, aber es ist ein Versuch wert!! Du darfst deine Ängste vor Medikamenten und allgemein, was dir sonst nicht passt, sagen! Aber stelle nicht auf stur!!! Bitte!!! In welcher Klinik bist du?
Ich, 9:05:	In der Nähe von zu Hause. Voll die Klapse!! Frühstück; Alle kommen so dahergeschlichen, so süß und schleimig, voll durchgeknallt!! Das Schlimmste, was mir je passiert ist!! Ich sage nichts, sollen mit mir machen, was sie wollen! Bin wie eine verfaulte Marionette und beginne selber zu spinnen!

Coni, 9:20:	Was willst du denn? Was stellst du dir vor? Wie können wir dir helfen? Möchtest du, dass ich dich besuchen komme?
Ich, 9:59:	Nein, genieße deine Familie! So muss mich niemand sehen! Am liebsten würde ich abhauen und Schluss machen! Essen, essen und nichts tun, gerade das, was mir Angst macht und zudem ist es eklig! Es ekelt mich an zu essen! Habe im Spital noch nie was essen können! (Schicke ein Selfie von mir) Cool, wie ich aussehe! Fett und aufgedunsen!! Furchtbar! Das ist kein Leben!! So nicht!!!!
Coni, 11:02:	Du siehst jetzt nur das Schlechte und willst nicht mehr! Wenn das Leben dich wiederhat, sieht es anders aus. Es tut mir so leid, würde dir gerne helfen, schau mal nur auf dich bitte!!! Aber ich kann dich an keinem Vorhaben hindern und nur sagen, dass ich dich lieb habe und für dich da bin!
Ich, 11:08:	Ja, und durch diese Scheiße werde ich immer fetter!! Und du wirst immer dünner, bis du zusammenklappst! Habe Markus gesagt, dass er nichts sagen soll! Der nervt mich sowieso wie die Sau!!!!
Coni, 11:20:	Er möchte nur das Beste für dich und ich auch! Du hörst jetzt auf nur negativ zu denken! Und was mich betrifft, ich habe meine Leute und meine Kinder, bei denen ich Halt finde! Aber du bist meine Schwester, die einfach mal ihren Sturkopf ablegen sollte! Frage und rede, nur so kommst du weiter! Ich muss immer wieder weinen, aber es tut gut! Hab dich lieb! Du hast auch Leute um dich herum, du musst es nur zulassen!! Alles einfacher als getan, aber es ist eben so!
Ich, 15:18:	Vergiss es!! Ich mag einfach nicht mehr! Hab dich lieb. Genieße einfach die Zeit, die wir hatten!
Coni, 15:53:	(schickt ein Foto von meinem Patenkind) Hab dich lieb, Gotti! (dann ein Foto von beiden Kindern)

	Wie erkläre ich es diesen Beiden? Ich kann es nicht verstehen, aber ich kann dich von nichts zurückhalten! Gehst du ans Handy, wenn ich dich anrufe?
Ich, 16:18:	Nein!! Habe gerade mit Mami telefoniert. Ich will einfach nicht mehr leben. In Trance und voll fett leben will ich nicht, ich mag einfach nicht mehr! Meine Bekleidung kannst du alle haben, mir passen sie eh nicht mehr! Entweder du nimmst sie oder Kevin soll alles der Caritas geben! Will, falls ich überhaupt nochmals nach Hause kommen sollte, nichts mehr davon sehen! Dann sehe ich nur lauter schlanke Leute, ich darf keinen Sport machen, bekomme Medis und darf nicht mal spazieren gehen und werde dick und fett!! Das ist nicht mein Leben!! Lasst mich einfach in Ruhe! Ihr habt einander, das reicht. Hab dich ewig lieb. Viel Glück für die Zukunft!! Will nur noch zum Großvater (+) und zu meinem Gotti (+), die haben es schön!! Glaube mir! Die haben es schön! Sei sicher, alle kommen darüber hinweg. Viele freuen sich sogar und ich gönne es ihnen!! Alles Gute euch allen!!
Coni, 16:57:	Scheiße!!! Du ärgerst mich!! Ich brauche meine große Schwester und du schaffst es!! Sonst kommst du in die Schweiz zurück! Du bist nicht fett und ich habe auch meine Komplexe! Aber die behalte ich für mich, sonst freuen sich die anderen nur! Großvater und Gotti wollen dich noch vom Himmel oben anschauen!! Hab dich lieb für immer und ewig und lasse dich nicht alleine!!
Ich, 17:00:	Ich will nicht! Ich mag einfach nicht mehr, sorry! Ich kann nicht mehr! Und Komplexe! Wüsste nicht, wieso du die haben solltest! So wäre ich auch zufrieden! Du hast gut reden! Wie gesagt, du kannst alle meine Kleidungsstücke haben, ich

	brauche nichts mehr!! Hab dich lieb. Gute Nacht, mich legt's gerade nieder!!
Coni, 17:03:	Bringt jetzt eh nichts mehr! Bin sehr, sehr traurig!! Mein Schwesterherz!!!
Ich, 17:04:	Genau, meine beschissene Laune braucht kein Mensch!!!
Coni, 17:07:	Bin einfach da! Hör auf!!! Ich hab dich lieb und das kann mir niemand nehmen!!!!

Handy-Kontakt mit Markus am 29. 12. 14

Markus, 7:36:	Morgen, hast du gut schlafen können? Bitte ignoriere mich nicht! Bin gerade auf dem Weg zum Zahnarzt.
Ich, 8:44:	Lass mich in Ruhe!!! Schon wieder vollgepumpt mit Medikamenten!! Hat den Vorteil, dass ich nichts esse! Geben mir immer Medikamente und deshalb bin ich voll neben mir!! Liege den ganzen Tag blöd rum und warte, bis der Abend kommt!! So eine Scheiße, in die du mich geritten hast!! Ich könnte jetzt zur Arbeit kommen und Post und Bank erledigen!!! Aber das kann ja eh jeder Depp!! Ich komme jedenfalls nie mehr!! Nie mehr in die Firma, nie mehr ins Training!! Nie mehr vor die Haustür!!! Das hast du jetzt erreicht. Danke!!!!!!
Markus, 8:56:	Gehe bitte ans Handy!
Ich, 8:57:	Habe keinen Akku mehr und das Ladegerät geht nicht!!
Markus, 8.58:	Warum nicht?
Ich, 9:19:	Weiß nicht!!
Markus, 9:20:	Bringe dir einen Verteiler. Ruf mich bitte kurz an!

(Anscheinend habe ich nicht mehr geantwortet.)

Handy-Kontakt mit Margot am 29. 12. 14

Margot, 9:17:	Guten Morgen, Moni.
Ich, 9:19:	Morgen, Margot. Danke für deinen Besuch gestern. Mein Akku ist leer und das Kabel geht nicht!
Margot, 9:24:	Oje, hast du Markus oder Kevin geschrieben? Ich könnte sonst mit Kevin zu dir fahren.
10:15:	Hast du eine Lösung?
13:42:	Bzgl. Handy?
Ich, 17:33:	Bin wieder „on".
Margot, 17:35:	Ja super!! Habe den ganzen Tag an dich gedacht! Hat dich wenigstens die Nase ein paarmal gekitzelt?
Ich, 17:54:	Nein bin komplett durch!!!
Margot, 17:55:	Das braucht jetzt Zeit, da musst du jetzt Geduld haben!! Haben sie bei der Ärztevisite was gesagt?
Ich, 18:00:	Herbert hat gemeint, es ginge sehr lange bis ich wieder heim kann. Ich habe ein volles Burn-out!! Aber wie!! Voll überdreht auf alle möglichen Arten!!! Ich werde eine Diätassistentin an meine Seite kriegen, die mich Woche für Woche begleitet!! Voll beschissen!!!!!!
Margot, 18:15:	Das ist nicht beschissen! Das ist deine Chance! Es wundert mich nicht, dass du ein Burn-out hast! Schau mal, was du alles leistest!! Familie, Haushalt, Arbeiten, Frisieren, Training, Wettkämpfe mit den Kids, Backen ... usw. UND WO BLEIBST DU?
Ich, 18:24:	Du machst viel mehr als ich!! Und du hängst auch nicht in so einer Scheiße! Margot, ich will einfach nicht mehr! Ich bin zu müde für das Leben! Und mir ist alles zu kompliziert! Sorry, ich kann nicht mehr! Ich bin nicht so stark wie du!! Und ich hoffe nur noch, dass ich es schaffe aus dieser Klinik abzuhauen!!!!

Margot, 18:31: Moni, das ist unsere Aufgabe in diesem Leben! Da müssen wir durch! Ich habe nicht mehr Kraft und bin auch nicht stärker als du (außer figurmäßig, ha ha). Du musst jetzt einfach zur Ruhe kommen. Vor allem manches mit anderen Augen anschauen! Nimm jede Hilfe an, welche du kriegen kannst! Ich bin auch jederzeit für dich da!!!

Ich, 18:41: Danke, ich weiß, aber ich will nicht mehr! Ich will nur noch tot sein!!!

Margot, 18:43: Moni, rede nicht so! Es gibt sooo viel Schönes im Leben! Du musst es nur wiederfinden! Im Moment ist alles dunkel, es kommen wieder andere Zeiten! Lass dir doch helfen, bitte!!! Wir brauchen dich alle!!!!!!

Ich, 18:45: „Sit drujir ai" Sorry Tabletten! Seit fünf Jahren nehme ich immer wieder Anläufe und immer geht es nicht! Und ich möchte es jetzt durchziehen, weil ich nicht mehr mag!!! Ich habe dich lieb, du schaffst das. Ich nicht mehr! Sorry, habe lange mit Herbert geredet, und er hat genau gemerkt, dass sich bei mir nichts verändert hat, außer dass ich viel schlafe. Mache es gut!

Margot, 18:53: Das ändert sich nicht an einem Tag!! Wie lange hat es gedauert, bis es so weit gekommen ist? Da kannst du nicht verlangen, dass mit zwei Tagen Tabletten schlucken alles wieder okay ist!! Ich komme gerne zu dir, damit wir ein wenig plaudern können und du kannst mir alles sagen. Du kannst sicher sein, dass alles bei mir bleibt!! Du darfst jetzt nicht gleich aufgeben! Kämpfe und gib jetzt nicht gleich auf!! Kämpfe und versuche einmal Hilfe anzunehmen!! Mal eine Familienaufstellung machen. (Damit kannst du auch dem Problem mit dem Essen auf den Grund gehen!) Du musst jetzt Schritt für Schritt alles aufarbeiten, das geht nicht alles auf einmal!!!

Ich, 19:01: Ja, Margot, ich weiß. Aber das geht über zwanzig Jahre so. Und so lange geht das, bis es besser wird! Das schaffe ich nicht!! Hier schaffe ich es auch nicht!! Bringe gerade mal eine halbe Scheibe Brot runter, mehr geht nicht!! Das macht es auch nicht besser! Nach Hause kann ich noch ewig nicht!! Weil ich dort jeden Tag mit dem Essen konfrontiert werde! Das ist die doofste Sucht!!! Das Essen kann man nicht ignorieren oder wegsperren! Deshalb ist es ja so schwierig! Dann sind da noch meine Schwester und andere schlanke Frauen, welche Zack-Zack, McDonald's-Food oder einfach alles essen können, was sie wollen! Ich denke oft viele davon müssen auch krank sein und leben auch damit!! Und ich!!! Ich komme in die Mästerei!! Margot, sorry, aber da beende ich lieber mein Leben!! Ich kann einfach nicht mehr, es geht nicht mehr, ich mag nicht mehr!!!!

Margot, 19:08: Du mästest dich doch nicht! Du musst nur lernen zu essen. Das dein Körper alles gleich aufnimmt ist auch klar! Der ist das nicht mehr gewöhnt, das muss sich alles einspielen und das schaffst du! Vor allem mithilfe einer Ernährungsberatung! Da ist einfach eine Blockade aus welchem Grund auch immer und die musst du lösen! Und hierbei kann dir sicher eine Aufstellung der Familie helfen. Ich würde mit dir gehen und helfen! Da musst du auch keine Angst haben, dass ich etwas erfahre! Ich habe dir schon mal erklärt, wie das funktionieren würde. Oder du probierst es mit meiner Reiki-Meisterin, da musst du nichts reden, wenn du nicht reden magst, und sie sagt auch mir nichts. Das bleibt unter euch beiden! Du hast gesagt, dass du Angst vor dem Dickwerden hast. Könnte es sein, dass die Trennung deiner Eltern schuld daran ist?

Ich, 20:19:	Nein, nein, das nicht! Jetzt ist gerade mein Chef da gewesen und hat mir voll gut zugeredet. Er sagt, dass ich gut bin, wie ich bin. Er war echt lieb zu mir! Mal sehen. Ich muss stabil werden, dass mir Sprüche gewisser Leute nichts mehr ausmachen. Danke für alles. Zuerst sollte ich meine Suizidgedanken wegbringen und dann schauen, wie es weitergeht.
Margot, 20:25:	Das klingt schon viel besser! Schritt für Schritt. Es meinen's alle gut mit dir und wollen dir helfen! Versuche Hilfe anzunehmen! Und du schaffst das!
Ich, 20:27:	Danke, mal sehen! Ich bringe die Suizidgedanken nicht weg und das ist sooooo schlimm!!!!
Margot, 20:29:	Doch, du schaffst es! Glaube an dich!! Es braucht einfach seine Zeit!

Handy-Kontakt mit Kevin am 29. 12. 14

Kevin, 18:55:	Habe heute nicht kommen können, bin in der Halle. Sorry!
Ich, 20:21:	Passt gut, Kevin, musst du auch nicht! Passt schon, du hast dein eigenes Leben und genieße das bitte! Trink nicht zu viel und rede nicht schlecht über mich. Hab dich lieb!!! Gute Nacht!
Kevin, 22:14:	Keine Angst, mach ich schon nicht! Sicher nicht! Ich dich auch. Gute Nacht.

Handy-Kontakt mit Svenja am 29. 12. 14

Svenja, 8:46:	Morgen, Mami.
13:03:	Wir haben dich lieb!
21:42:	Nacht.

Handy-Kontakt mit Coni am 29. 12. 14

Coni, 7:04: Hoffe du konntest schlafen!! Ich bin heute am Arbeiten, falls ich mich nicht gleich zurückmelde. Hab dich lieb.

10:04: Habe gerade Pause und denke an dich! Wenn du nicht willst, dass ich mich melde, schreibe es einfach. Okay? Gruß.

Ich, 18:20: Schicke einen Frosch mit lieben Grüßen.

Coni, 18:27: Habe dir das Bildchen auch geschickt, aber es kommt mal wieder später. Hat es bei euch auch so fest geschneit? Bin schon auf die Schnauze gefallen und es hat gerade jemand gesehen!! Peinlich!!!

Ich, 18:33: Ja, es hat viel Schnee!! Aber ich darf ja nicht raus, weil ich abhauen würde! Ich will einfach Schluss machen, ich mag nicht mehr!! Ich habe ein akutes Burn-out!! Beschissen!! Als Hausfrau ein Burn-out, dann Anorexie verbunden mit Bulimie, verbunden mit Schlaflosigkeit und null Lebenswillen!! Meine Mami Dick-Panik, meine Schwester mager!!! Panik und Teufelsloch, dann noch Medis, dass ich nicht mehr ICH bin!! Ich sage dir, wenn ich es irgendwie schaffe, mache ich Schluss!! Meine Kleider schmeißen sie aus dem Kleiderschrank!! Wenn du magst, kannst du sie haben, ansonsten kriegt's die Caritas. Sei mir bitte nicht böse, aber das Leben ist für mich nur noch eine Qual!! Genieße dein Leben. Glücklich schlank, keine Probleme (mein Problem schiebst du zur Seite – ist meins, nicht deins) Hab dich lieb. Genieße es mit deinem Mann und deinen Kindern!

Coni, 18:55: Ich kann das nicht! Du hast Kinder und mich doch auch!! Ich weiß, dass ich dich von nichts abhalten kann und das macht mich einfach traurig!! Wir haben die letzten Jahre so zueinandergefunden

	und das soll jetzt einfach vorbei sein? Ich muss deine Entscheidung akzeptieren, aber verstehen kann ich es nicht, dass du deine Kinder alleine lässt!! Es müssen doch noch viel mehr Dinge sein, dass du nicht mehr magst! Den Gedanken, dich zu verlieren, ist unerträglich!!! Hab dich lieb!
Ich, 20:25:	Ja, es gibt sehr viel! Ich hasse mich!! Ich habe Magersucht und Bulimie und keine Lust mehr zu leben!!! Ich weiß nicht, was passiert. Mein Chef war da und sagte, lieber eine korpulentere Figur, dafür fröhlich und ich soll sein, wie ich bin! Er hat mir gut zugeredet, war echt lieb, mal sehen, der ist einfach super!!
Coni, 20:29:	Das klingt gut!!! Moni, das hört sich ein wenig besser an! Schön solche Menschen um sich zu haben! Nimm das mit in die Nacht! Drück dich ganz fest!
Ich, 20:31:	Du hast leicht reden! Du bist nicht nur schlank, sondern sogar mager!!
Coni, 20:37:	Ja, ich bin, wie ich bin und habe Pickel, die mich aussehen lassen wie ein Teenager!! Die nerven mich voll! Hätte auch gerne so eine schöne Haut wie du und so schöne Haare! Aber es ist jetzt so, wie es ist und ich mag mich manchmal auch nicht ansehen! Es ist kein Mensch perfekt! Aber man soll jeden Menschen lassen, wie er ist und die, die es nicht wollen, sollen es lassen!! Hab dich lieb! Wenn ich dich nerve, dann sage es mir!!
Ich, 20:52:	Ich habe keine schönen Haare und habe auch Pickel! Bin dazu noch fett und das nervt mich. Aber ich soll es annehmen!! Mein Kopf ist so dick und aufgedunsen!!! Igitt!!! Ich habe immer noch wahnsinnige Suizidgedanken und die sollten zuerst weg! Und wenn ich mich im Spiegel ansehe, kommen sie noch mehr! Furchtbar! Aber das Gespräch mit meinem Chef hat voll gutgetan! Er kommt morgen

	noch mal, mal sehen!! Schlafe gut. Ich stehe eh voll unter Drogen. Ich frage gar nicht, was für Medis ich bekomme! Ich schlucke sie einfach! Die Pfleger stehen eh daneben, bis sie geschluckt sind! Mal probieren, ob ich sie in den Backen sammeln kann. Dann könnte ich mal alle auf einmal nehmen. Das wäre mein Plan!! Schlafe gut!
Coni, 20:59:	Das ist gut, wenn er noch mal kommt. Es ist doch auch nicht alles von heute auf morgen gekommen! Es braucht Zeit und Geduld! Haben wir doch beides! Tabletten sammeln geht sicher nicht!! Du bist da unter Kontrolle und das ist gut so!! Mit diesen Medis kannst du mehr kaputt machen, als was anderes! Also schlafe gut! Wenn ich mal anrufen darf, sage es!

30. 12. 14

Laut meiner Familie:
Ich habe das Namensschild am Bett neu beschriftet. Alles in schwarz und mit Kreuz! Ich habe auch immer erzählt, das in der Nacht ein schwarzer Mann mit einem riesigen
Messer auf mich zukommt und an meinem Bett rüttelt! Ich sage dann zu ihm „Stich zu!", dann verschwindet er immer!!! Ich denke auch oft, dass es mir recht wäre, wenn ein irrer Patient austicken würde und mich absticht!!!

Handy-Kontakt mit Markus am 30. 12. 14

Markus, 6:59:	Morgen, Maus, wie geht es dir? Zur Info, deine Schwester kommt heute nicht. Brauchst du irgendetwas?
Ich, 7:31:	Nein. Eine Kuscheldecke wäre fein, ansonsten am liebsten ein Messer oder eine Knarre, ich

	mag nicht mehr! Der Chef kann voll gut reden, den hätte ich gestern abknutschen können! Das macht er sicher nur wegen dir!
Markus, 7:39:	Bringe ich dir. Hör bitte auf, Moni, wir brauchen dich! Er hat das nicht wegen mir gemacht! Er kam wegen DIR zu dir!! Er war schon bei zwei Mitarbeitern auf dieser Station.
Ich, 8:02:	Okay, ich bin eine Nummer! Shampoo und Pflegespülung.
Markus, 8:36:	Ruf mich an.
10:29:	Ruf mich bitte an!
Ich, 13:32:	Kein Besuch! Ich habe sooo starke Medis gekriegt und schlafe immer wieder ein. Leider zu wenig starke, um für immer zu schlafen! Ich will nicht mehr!!

Handy-Kontakt mit Margot am 30. 12. 14

Ich, 5:09:	G
Margot, 8:22:	Guten Morgen, Moni! Habe schon gesehen, dass du heute früh munter warst. Grüeßli Margot.
Ich, 10:05:	Ja, ich musste aufs Klo. Mann, oh! Die Medis, bin wie belämmert, furchtbar!! Noch Kopfschmerzen gekriegt und leben will ich immer noch nicht! So ein Scheiß hier drinnen!! Wollte aus dem Fenster springen, heute Morgen, als sie gelüftet haben. Aber die Deppen schicken uns Patienten raus und sperren die Zimmertür ab!!! So ein Scheiß!! Bitte mache dir keine Sorgen um mich!! Vergiss mich schnell und genieße dein Leben in vollen Zügen!!! Ich beobachte dich von meinem Stern aus! Ich hoffe, ich schaffe es bald einmal in den Himmel zu kommen!!! Ich danke dir für alles, aber ich mag nicht mehr!! Es macht einfach keinen Sinn!!

Margot, 10:12: Sicher vergesse ich dich nicht!! Du bist für mich ein wichtiger Mensch! Wir helfen dir und dann schaffst du es, Schritt für Schritt!

Ich, 10:25: Margot, vergiss mich einfach, es ist leichter für alle. Ich will auch kein Grab, sondern mit einem Ballon, an dem meine Asche drangebunden ist, in die Luft steigen (in den Sack mit der Asche sollen Löcher rein) und so über der Erde verteilt werden. Dazu das Lied von Welcome (vo dim Stern) spielen lassen! Danke, hab dich lieb! Gelegenheit habe ich leider noch keine gehabt. Sei nicht böse oder traurig, bin einfach k. o.!

Handy-Kontakt mit Coni am 30. 12. 14

Coni, 11:10: Hallo!! Gut geschlafen? Hast du schon Therapien? Malen, Musik oder so was?

Ich, 13:11: Gar nichts. Bin wie besoffen und liege den ganzen Tag im Bett! Darf heute vielleicht einmal raus. Habe eine Megadosierung Medis gekriegt, bin wie besoffen. Will raus!! Wenn ich rauskomme bin ich weg! Ich will einfach nicht mehr! Und keiner kapiert's!!!

Coni, 13:36: Ich weiß! Aber für mich ist es auch sch…, bin hier, würde dir gerne helfen und fühle mich auch nicht verstanden! Alle haben das Gefühl, dir geht es besser und ich … tja!!! Sagst du das all den anderen auch, oder bist du nur zu mir so ehrlich? Hab dich trotzdem ganz lieb!!

Ich, 13:58: Ich mag einfach nicht mehr!! Am liebsten bin ich nicht mehr hier! Es ist einfach schwer! Eine Überdosierung habe ich eh schon bekommen! Hoffe sie geben mir noch mehr Medis!! Dann ist endlich Schluss mit meinem Leben! Sorry, wir haben Schönes erlebt, aber ich erlebe nur noch Scheiße und Hass. Da bin ich lieber nicht mehr da!!!

Coni, 15:15:	Schicke dir einen Schneegruß! (Ein Foto mit den Kindern und einem gebauten Schneemann)
21:21:	Schlafe gut!

Handy-Kontakt mit Wilma am 30. 12. 14

Wilma, 22:02:	Schickt mir einen Glücks- und Neujahrsspruch mit einem Schweinchen.

Handy-Kontakt mit Markus am 31. 12. 14

Markus, 6:52:	Morgen, Moni, wir haben keinen Strom mehr! Irgendeine Weihnachtsbeleuchtung hat durch den vielen Schnee einen Schaden.
Ich, 6:55:	Schalt alles aus, Weihnachten ist eh vorbei!
Markus, 7:07:	Ist dir noch was eingefallen?
Ich, 7:09:	Nein, Weihnachten ist eh vorbei!
Markus, 7:10:	Noch was bringen?
Ich, 9:24:	Die schwarze Spritze zum Schlagsahne einfüllen.
Markus, 19:59:	Ich hab dich lieb, ich brauche dich! Bitte, Moni, wir brauchen dich, wir helfen dir!
21:55:	Svenja und ich sitzen vor dem Fernseher, schauen ins Leere und weinen!!
22:05:	Wir haben dich lieb und vermissen dich!!

Handy-Kontakt mit Margot am 31. 12. 14

Ich, 6:59:	Schicke Neujahrsgrüße und einen Spruch.
Margot, 8:34:	Guten Morgen, Moni.
Ich, 8:40:	Morgen, Margot. Es ist so beschissen, alles, was ich machen will, ist verboten!! Nicht mal in Ruhe duschen!! Wenn ich eine Möglichkeit finde, mache ich Schluss!! Danke für deine Freundschaft!

Margot, 9:21: Ist dein Chef gestern noch eine Weile geblieben?
Ich, 9:22: Ja, ein wenig und danach ist noch Markus mit den Kindern gekommen. Ich will nicht mehr!!!
Margot, 9:24: Moni, du musst jetzt Geduld haben! Alles braucht seine Zeit!
Ich, 9:43: Ich will nicht mehr!!!
Margot, 9:49: Doch, Moni. Lass dir einfach ein wenig Zeit. Ich verstehe, dass dir im Moment alles zu viel wird und dich alles aufwühlt! Es gibt aber soo viel Schönes, was noch auf dich wartet!
Ich, 9:55: Margot, ich darf nichts, nichts darf ich alleine machen!! Nicht aus dem Zimmer, keinen Kaffee, kein Hometrainer. Nichts darf ich, nicht mal backen darf ich! Bleibe im Bett und denke nach, wie ich Schluss machen kann!! Habe keinen Lichtblick mehr! Vielleicht schaffe ich es, während dem Feuerwerk! Wäre ein schöner, lauter Tod! Sorry, Margot, vergiss mich nicht, hab dich lieb!
Margot, 10:07: Ich vergesse dich nicht! Es ist doch klar, dass du nichts alleine machen darfst! Du hast doch sicher gemerkt, dass du durch die Medis schwach auf den Füßen bist!! Am Nachmittag ist wieder Besuchszeit und dann kannst du einen Cappu trinken gehen! Jetzt ruhst du dich noch ein wenig aus!
Ich, 10:13: Ich will auf den Hometrainer für meinen Kreislauf und niemand lässt mich. Jetzt kommt gleich die Visite. Mit denen rede ich kein Wort! Nur mit Herbert! Sonst rede ich nichts! Alle planen eine Feier mit schöner Kleidung und Chips und Party machen!! Ich bleibe im Zimmer, die können mich alle mal! Wollte Schaumröllchen backen. Nur unter Aufsicht, habe ich gesagt, aber nichts!! Bleibe im Bett!! Ich brauche nichts mehr!! Vergessen werde ich dich nie. Bitte tu mir einen Gefallen und bring mir ein Gift mit!! Ich will nicht mehr!! Warum versteht mich niemand??

Margot, 11:37:	Moni, mit so was kann ich dir nicht helfen!! Ich kann nur für dich da sein. Aber das dafür mit ganzem Herzen!!
Ich, 12:22:	Altes Jahr und ich bin weg!! Ich mag nicht mehr!! Die pumpen mich mit Medis voll, immer mehr und mehr! Darf nicht auf den Hometrainer, nur ab ins Bett!!! Margot, genieße Silvester. Vergiss mich bitte! Ich möchte nicht allen die Stimmung vermiesen!! Vermissen werde ich dich immer. Bleibe halt ein wenig wie meine kleine Schwester!
Margot, 12:25:	Moni, das dauert jetzt noch ein paar Tage, dann spielt sich das mit den Medikamenten sicher ein! Du vermiest mir Silvester nicht, bedeutet mir sowieso nichts! Schau einfach auf dich und wir tun das auch gerne!
Ich, 12:30:	Ich bin ein Nichts, ich mag nicht mehr!! Ich bin voll fertig mit mir! Ich sehe sogar die Buchstaben doppelt!! Und farbig sehe ich sie!! Ich bin voll fertig, bin gleich weg, sorry!
Margot, 12:31:	Schlafe ein wenig.
16:35:	Hast du Besuch?
Ich, 17:54:	Markus, Svenja, Kevin. Sehe mich nur schwarz, habe dich lieb, Margot!
Margot, 19:12:	Ich dich auch, Moni. Ich wünsche dir viel Kraft fürs neue Jahr!!
Ich, 19:14:	Genieße das neue Jahr!! Für mich gibt es hoffentlich kein neues!! Wäre mein größter Wunsch!! Lg Moni
Margot, 19:15:	Nein, nein, Moni! Ich freue mich schon auf die Staatsmeisterschaft in Schwechat und dort gehen wir zum Prater!!
Ich, 19:23:	Sorry, Margot, ich kann nicht mehr! Suche eine Wohnung – eine eigene mit Steinboden und Feuerstelle!! Das wäre cool!! Aber die finde ich woanders!! Ich mag nicht mehr!! Genießt die Raketen!! Mit einer fliege ich mit!! Mit der Schönsten!!

Margot, 19:39: Moni, du schaffst das, dass du alles geregelt kriegst. Wir helfen dir alle dabei. Aber auch du musst deinen Teil dazu beitragen!

Ich, 19:44: Margot, ich mag nicht mehr. Sie lassen mir keine Bewegung und jagen mir dafür Spritzen in den Bauch!! Cool echt!!! Sorry und ciao!!

Margot, 19:46: Wieso Spritzen?? Für was!??

Handy-Kontakt mit Coni am 31. 12. 14

Coni, 7:03: Wir sind schon wach!!! Die haben um 6.00 Uhr das alte Jahr ausgeläutet!! Mein Kleiner ist gestanden im Bett!! Denke fest an dich!!

Ich, 7:08: Sorry, Fehler beim Schreiben, sehe alles doppelt, scheiß Medis. Weiß nicht, wo ich bin!! Habe das Handgelenk aufschlitzen wollen!!! Aber mit was?? Mag einfach nicht mehr!! Sorry, vergesst mich einfach! Hab euch lieb!

Coni, 7:15: Vergiss dich nicht und hab dich lieb! Ich würde dir so gerne helfen! Es vergeht keine Minute, an der ich nicht daran denke, und es ist schwer zu verstehen, dass du das durchmachen musst! Das WARUM ist groß!! Ich glaube einfach an dich, würde gerne einmal kommen, dich besuchen und einfach in den Arm nehmen! Würdest du dich freuen? Oder möchtest du mich nicht sehen? Sonst telefonieren wir einmal. Oder willst du auch nicht? Drücke dich fest!

Ich, 8:47: Ich weiß nicht, bin aufgeblasen, nicht ich selber vor lauter Medis. Ich torkle umher und darf nicht mal raus oder ins Café! Nur wenn jemand kommt (schlimm). Auf den Hometrainer darf ich auch nicht, also schön verfaulen, feiß und fett werden! Ich bin aggressiv gegenüber dem Doktor!! Alle dürfen spazieren, ich nicht. Wenn ich dazu komme,

	mache ich Schluss. Das kotzt mich an. Sorry, hab dich lieb. Behalte mich in Erinnerung, wie ich war!
Coni, 11:41:	(schickt mir ein Schlumpfbild, in dem das alte Jahr vom Schlumpf als „futsch" bezeichnet wird)
Ich, 11:57:	Ich auch, ich bin auch im alten Jahr futsch.
Coni, 14:23:	Schwesterchen, ein Engelchen redet mir aus dem Herzen. Hör auf die Engel. Hab dich lieb.
Ich, 18:55:	Sehe nur schwarze Engel, sorry, ich kann nicht mehr! Ich will nicht mehr. Einen guten Rutsch, behalte mich in Erinnerung!
Coni, 19:12:	Ich kann dich an nichts hindern. Ich kann nur sagen, ich bin für dich da! Ich komme mir gerade etwas doof vor! Ich hätte schon längst zu dir kommen sollen, dich in die Arme nehmen und vielleicht dein Verhalten verstehen! Es macht mich einfach total traurig! Und ich vermisse dich!!
Ich, 19:42:	Ist alles okay. Sind alle am Feiern. Ich bleibe im Bett und suche eine Möglichkeit, da ich morgen nicht mehr da sein will!! Ich mag nicht mehr! Ich kann nicht mehr und ich will auch nicht mehr!! Bitte genieße Silvester und lass es dir nicht verderben von mir!! Gehe sporteln, das verbieten sie mir auch! Lieber hauen sie mir eine Spritze rein! Diese Knallköpfe!! Ein gutes neues Jahr, macht es gut. Du lebst ein perfektes Leben von mir, toi, toi, toi, machs gut!
Coni, 19:50:	Wir gehen auch bald ins Bett, es geht mir eben nicht am Arsch vorbei und ich mag auch nicht! Wir waren im Schnee und am Nachmittag im Hallenbad! Ich weiß nur, dass ich meine große Schwester sehr lieb habe. Und ich würde sooo viel dafür geben, dich einfach gesund zu machen!! Perfekt ist niemand! Und du weißt auch, was für Probleme wir hatten. Ich hab dich lieb! Die Geburtstage der Kinder kommen ja auch noch!! Halte dich fest und lass dich nicht los!!!

Handy-Kontakt mit Wilma am 31. 12. 14

Ich, 6:54: Danke für die Neujahrsgrüße Wilma. Bin in der Klapse! Sorry, hab dich lieb. Bin auf der Suizidabteilung, hab's leider nicht geschafft!! Hab dich lieb!

Handy-Kontakt mit Barbara am 31. 12. 14

Barbara, 7:29: Ich mag dich doch sehr und ich wünsche dir alles Gute. Wenn du mich brauchst, melde dich. Eine dicke Umarmung und liebe Grüße von meinem Mann.
Ich, 8:42: Vergiss mich, Barbara, ich mag nicht mehr! Ich stehe voll unter Medis, bin wie besoffen und darf nicht raus!
Barbara, 9:13: Hallo du, das wird wieder, ich weiß das, habe es schon paarmal hinter mir. Das wird schon mit den Medis. Es sind nur ein paar Tage, dann geht es wieder, und der besoffene Zustand ist weg! Bitte ziehe das durch, glaube mir, es geht. Obwohl im Moment alles etwas beschissen ist. Ich mag dich sehr!!

Handy-Kontakt mit Brigitte am 31. 12. 14

Brigitte, 17:30: Ein ganz gutes und gesundes neues Jahr, dir und deiner Familie.
Ich, 18:54: Danke, bin in der Klapse, Suizidgefahr, sorry, schlechter Zeitpunkt. Behalte mich in Erinnerung!
Brigitte, 19:40: Kopf hoch, das wird schon. Positiv denken, ich denke an dich!
Ich, 19:42: Nein, ich will nicht mehr, sorry!
Brigitte, 19:46: So darfst du nicht denken, es gibt immer ein Licht im Dunkeln.

Laut Helga:
An diesem 31. Dezember kommt mich Helga besuchen. Ich rede die ganze Zeit von schwarzen Engeln. Helga meint, dass sie mir Farben und Papier bringen würde. Ich sage nur, dass ich sowieso alles nur schwarz malen werde. Helga antwortet darauf: „Dann male schwarz und irgendwann kommt ein heller Punkt und zum Schluss wird's wieder bunt." Ich bleibe stur und erzähle voller Zorn: „Schwarze Engel, schwarzes Kreuz. Ich will nicht mehr!

Die Tussis in meinem Zimmer gehen alle feiern und schmeißen sich in schöne Kleidung. Haben Chips und Knabberzeug gekauft. Ich bleibe im Bett, das interessiert mich überhaupt nicht! Ich wollte Schaumröllchen backen, aber hier darf man ja gar nichts!"

Helga nimmt mich mit, um ins Café zu gehen. Sie muss mich richtig festhalten, weil ich nur schwankend gehen kann. Und ich gehe in Socken. Helga fragt, ob ich keine Schuhe anziehen mag. Ich sage „Nee". Wir gehen, da kommt die zuständige Pflegerin und fordert mich auf, Schuhe anzuziehen! Ich sage, dass ich immer in Socken gehe. Ich schimpfe über die Schwester. „Diese blöde Kuh, ich muss Schuhe anziehen und die anderen laufen barfuß in Schlappern rum. Ist wohl auch nicht besser!" Ich bin wütend auf alle und alles und Helga hat richtig Bedenken, dass ich umfallen könnte! Ich merke das nicht. Mir ist eh alles egal. Bin froh, dass Helga da ist, dann komme ich wenigstens raus hier. Ich zeige Helga mein linkes Handgelenk und erzähle, dass ich mit allem möglichen versucht habe die Pulsadern aufzuschlitzen, mit Draht von einem Teelichterglas und mit Gräsern eines Straußes! Ziemlich entzündet ist es, aber hat eben nicht den Effekt gehabt, den ich mir gewünscht hätte! Ja, Helga bringt mich dann wieder zur Station hoch und verabschiedet sich.

Handy-Kontakt mit Markus am 1. 1. 15

Markus, 8:53: Morgen, Moni. Wir wünschen dir ganz viel Kraft. Bitte glaube an dich. Wir vermissen dich so sehr! Ich liebe dich! Schicke mir bitte die Liste!

Ich, 9:22:	Bringe das Ladekabel von der Zahnbürste, meine Haarbürste und eine kleine Gesichtscreme. Mache keine Liste, bringt eh nichts!
Markus, 9:23:	Mache ein Foto, von dem, was wir gestern geschrieben haben.
Ich, 9:24:	Nein, ich mag nicht!
Markus, 9:40:	Doch, mache. Hast du gefragt, ob du aufs Rad darfst?
Ich, 9:42:	Darf ich nicht! Die geben mir lieber Thrombosespritzen!
Markus, 9:43:	Hast du gefragt? (er schickt ein Foto von der leeren Kuchenbox) Und jetzt???!
Ich, 10:59:	Mir egal! Gehst halt Muffins kaufen! Oder es gibt endlich mal Marmeladebrot, welches ihr von mir nie gekriegt habt!! Ich mache eh alles falsch!!
Markus, 11:02:	Es hat immer gepasst!! Geh bitte ans Handy oder ruf mich an. Ignorier mich nicht! Brauchst du noch etwas? Maus??????
Ich, 17:40:	Anschiss vom Doc, der lernt mich kennen, Arsch!!!!!
Markus, 21:30:	Schlafe gut, Maus! Was sollen wir morgen bringen? Ich hab dich lieb!
Ich, 21:35:	Ich will nicht mehr leben! Nichts essen. Feiert und genießt den Tag!
Markus, 22:37:	Aber sicher doch, auf geht's! Die Heizung hat gerade viel Wasser verloren. Habe voll Scheiße gebaut! Hey, Kopf hoch, Schatz, rede mit dem Doc und lass dir helfen!! Unsre Kleine, Kevin und ich brauchen dich! Wir haben dich ganz fest lieb!

Handy-Kontakt mit Margot am 1. 1. 15

Margot, 9:15:	Guten Morgen, Moni!! Wünsche dir ein gutes neues Jahr und ganz viel Kraft und Geduld!!
Ich, 9:19:	Ich wünsche euch auch ein gutes neues Jahr! Meines ist beschissen hoch drei! Ich will nicht mehr!!!

Margot, 9:22:	Du kannst jetzt nicht das Jahr schon abhaken! Lass es auf dich zukommen! Und meistere deine Aufgaben, Schritt für Schritt!!
Ich, 9:23:	Margot ich kann nicht mehr! Wollte auf den Hometrainer, stattdessen hauen sie mir Thrombosespritzen rein!!
Margot, 9:24:	Wieso das?
Ich, 9:25:	Weil ich in der „Deppenabteilung" bin!!
Margot, 9:26:	Verstehe nicht, was sie für Spritzen geben. Haben sie gesagt warum? Vielleicht musst du einfach die zehn Tage abwarten, wegen den Medikamenten! Und dann darfst du sicher auf den Hometrainer!!
Ich, 9:33:	Bis dahin bin ich verfault!!
Margot, 9:44:	Sicher nicht!!
Ich, 11:11:	Margot, bitte akzeptiere meine Entscheidung, ich kann nicht mehr!!
Margot, 12:13:	Nein, Moni, zusammen schaffen wir das! Hast du Besuch?
Ich, 15:47:	Nein, nicht mehr.
Margot, 15:54:	War Markus bei dir?
Ich, 15:59:	Nein, Coni und Mami.
Margot, 16:08:	War's dir nicht zu viel?

Handy-Kontakt mit Svenja am 1. 1. 15

Ich, 9:27:	Ich hab dich lieb. Schau, dass ihr zu Hause gut klar kommt, ich komme nicht mehr!

Handy-Kontakt mit Kevin 1. 1. 15

Kevin, 0:04:	Gutes Neues, Mami.
Ich, 9:26:	Dir auch, Schatz, schaut dass ihr zu Hause klar kommt!
Kevin, 12:00:	Nein, tun wir nicht, wir brauchen dich!

Handy-Kontakt mit Coni am 1. 1. 15

Ich, 9:32:	Ein gutes neues Jahr. Mein Bild, welches ich dir geschickt habe gestern, mit dem Gesicht wie ein Walfisch! Darf immer noch nicht auf den Hometrainer. Dafür knallen sie mir Thrombosespritzen rein! Nichts darf ich tun. Wenn ich dazu komme, mache ich Schluss. Ich kann einfach nicht mehr! Ich mag nicht mehr! Die Geschenke für deine zwei Geburtstagsmäuse lasse ich euch schicken, damit sie die „depperte" Gotti nicht so sehen, sondern in Erinnerung behalten, wie sie war.
Coni, 9:35:	Auch ein gutes Neues! Hab dich lieb.
20:00:	Liebes Schwesterlein!! Hab dich sehr lieb und hoffe, du hattest heute etwas Freude gehabt. Nur ein wenig. Schlafe gut.
Ich, 20:08:	Ja, ich habe mich gefreut. Ich will sterben und es war schön euch nochmals gesehen zu haben. Mach es gut.
Coni, 20:19:	Ich habe dich sehr lieb und bin immer für dich da.
Ich, 21:31:	Danke, ich glaube nicht, dass ich es noch ewig aushalte. Alle finden es irgendwie lustig hier, ich bin echt voll k. o. Sorry, aber meine Todesgedanken bleiben.
Coni, 21:40:	Ich finde es nicht lustig, sondern traurig! Viele können mit dem Ganzen nicht umgehen und finden es deshalb lustig!! Ich habe dir gesagt, ich bin da, und das meine ich auch! Ich kann dir diese Gedanken nicht nehmen und mir auch nicht vorstellen, wie es so weit kommen konnte!! Es ist jetzt leider so und ich hoffe ganz fest, dass du deinen Weg findest. Drück dich ganz fest und hab dich lieb. Egal, was ist und sein wird.
Ich, 21:46:	Danke! Ich kann nicht mehr. Hoffe meine linke Hand vergiftet mich. Alles ist so scheiße!! Ich kriege solche Hämmer von Medis, bin voll neben mir!

Coni, 21:45:		Schlafe gut! Es ist einfach nur sehr, sehr traurig! Drück dich fest.
Ich, 21:52:		Ich muss jetzt, sorry bin voll k. o.
Coni, 21:53:		Ja, ich merke es! Also schlafe jetzt! Ich gehe auch zu Bett. Eine feste Umarmung.

Handy-Kontakt mit Maria am 1. 1. 15

Maria, 9:20:	Hallo Moni, wie geht es dir? Kann ich dir irgendwie helfen?
Ich, 9:41:	Maria, müssen sie dich auch noch hineinziehen! Ich wünsche dir ein gutes neues Jahr! Bitte vergiss mich, ich mag nicht mehr! Ich komme nicht mehr! Ich will nicht mehr! Lasst mich einfach alle gehen! Und behaltet mich in guter Erinnerung! Hab dich immer lieb gehabt. Mache es gut!

Maria hat nach der SMS mit Markus telefoniert und mit ihm geredet, was er den Arzt fragen kann, z. B. ob er Möglichkeiten schaffen kann, damit man vormittags etwas mit mir unternehmen darf. Ob er in die Therapie miteinbezogen werden kann. (sobald die med. Therapie greift)

Handy-Kontakt mit Brigitte am 1. 1. 15

Ich, 9:39:	Brigitte, ich bin voll neben mir und freue mich ins helle Licht zu gehen.
Brigitte, 10:09:	Ich würde dich sehr gerne besuchen kommen, morgen.
Ich, 11:02:	Bitte nicht, macht keinen Sinn. Bin so mit Suizidgedanken beschäftigt. Es bringt nichts! Bin sowieso noch ewig hier! Hab andere Probleme auch noch!
Brigitte, 11:44:	Och, das tut mir soo weh, so etwas zu lesen! Aber bitte melde dich, wenn ich einmal kommen darf.

Handy-Kontakt mit Markus am 2. 1. 15

Markus, 7:26: Morgen, Maus, was soll ich bringen?
Ich, 8:35: Nichts, sie haben mir früh am Morgen schon Blut abgenommen, dass ich fast zusammen- gesackt wäre! Und um 9.00 Uhr kommt die Person, welche mich fett macht! So lebe ich nicht mehr lange! Ich möchte nur noch sterben! Hättest du mich doch einfach machen lassen!! Zum Kotzen! Alles zusammen! Habe keinen Lebenswillen mehr und habe schon fressen müssen!
Markus, 8:47: Kopf hoch, Maus, wir brauchen dich!
Ich, 8:55: Lass mich in Ruhe! Zuerst kommt die, welche mich Fett macht, und dann der Doc.
Markus, 8:59: Nein, nein, ist nicht so
Ich, 9:15: Doch, ich werde vollgestopft und Medis kriege ich und fett werde ich! Hättest du mich nur sterben lassen. Ich kann nicht mehr!
Markus, 9:16: Geh ans Handy!
Ich, 9:45: Kleine weiße Gummis aus meiner Schublade und „Klipsle" und „Spangen".
Markus, 13:58: Schicke dir gleich mal ein Foto. (Kevin im Anzug mit blauem Hemd, und ein Foto von einem Pyjama)
Ich, 14:49: Wow, mein Großer! Würde mir an meiner Beerdigung auch gefallen! Passt super! Der Schönste! Wo seid ihr?
Markus, 14:50: Pyjama? C & A. Schuhe (O Gott, schwirig)

Handy-Kontakt mit Margot am 2. 1. 15

Margot, 7:47: Guten Morgen, Moni!
Ich, 9:14: Hallo Margot. Ich wäre am liebsten tot. Ich mag nicht mehr, ich kann nicht mehr. Jetzt machen sie mich fett und Medis krieg ich auch noch.

	Und vor dem Aufstehen hat man mir Blut abgenommen.
Margot, 9:18:	Das ist jetzt wichtig, damit du gründlich durchgecheckt wirst. Ist doch gut, dass sie jetzt was tun und dich nicht nur mit Medis vollstopfen.
Ich, 9:42:	Ich will nur noch sterben, warum versteht das niemand? Ich kann und will nicht mehr.
Margot, 11:06:	Wir verstehen dich schon, aber wir möchten dir helfen, damit du deinen Weg ins Leben findest.
Margot, 13:42:	Halloooooo
Ich, 14:45:	Mir macht nichts mehr Spaß, und ich mag nicht und ich will einfach nicht mehr. So ein tolles Leben mit Spaß, Kaffee und das Leben genießen, das wird nie mehr, wie es war. Ich mag nicht.
Margot, 14:47:	Der Spaß kommt wieder, sobald du wieder zur Ruhe kommst.
Ich, 14:55:	Nein, ich kann nicht mehr. Mir geht es nur schlecht und ich habe keinen Lebenswillen mehr. Habe einen Suizidversuch machen wollen.
Margot, 14:58:	Das weiß ich und verstehe es auch, es war die letzte Zeit einfach viel zu viel geworden.
19:25:	Hey, ich habe gehört, du durftest heute auf den Hometrainer.
19:45:	Schreibst du nicht mehr mit mir?
Ich, 19:59:	Ja, ich bin einfach gegangen.
Margot, 20:00:	Und?
Ich, 20:01:	Sorry, man hat mir meine Lieblingspatientin aus dem Zimmer genommen, sie ist fix und fertig und ich am Suizid-Möglichkeiten-Suchen. Ich mag, will und kann nicht mehr. Hab dich lieb.
Margot, 20:04:	Die, welche in der Mitte war?
Ich, 20:31:	Ja, ist echt schlimm. Sie weint bei mir und ich habe auch keine Kraft! Mit den anderen rede ich gar kein Wort. Und jetzt hat Herbert 10 Tage frei. Kein anderer Doc hört etwas von mir. Keiner! Lieber bringe ich mich um. Habe es eh schon

	probiert. Dann haben sie mich zusammen geschnauzt! Und ich solle versprechen, es nie mehr zu probieren. Ich, nein, bitte!! Ich verspreche nichts, was ich nicht halten kann! Die können mich alle mal!
Margot, 20:43:	Ist sie in ein anderes Zimmer gekommen?
Ich, 20:45:	Ja, voll beschissen!
Margot, 20:46:	Ist in ihrem Zimmer nichts mehr frei, dass du zu ihr könntest?
Ich, 20:50:	Keine Chance. Voll stur, aber egal, mache eh nicht mehr lange.
Margot, 20:51:	Aber ihr könnt ja hin und her, oder ist sie in eine andere Abteilung gekommen?

Handy-Kontakt mit Wilma am 2. 1. 15

Ich, 20:03:	Wilma, ich kann einfach nicht mehr! Ich lache schon 3 Jahre nicht mehr von Herzen, lasse keine Nähe mehr zu von Markus und ich hasse mich nur noch! Sorry, hab dich lieb!
Wilma, 20:07:	Moni, bitte lasse dir helfen! Es gibt einen Weg. Sicher nicht einfach, aber es gibt immer einen Weg! Glaube mir! Ich habe dich auch lieb!
Ich, 20:27:	Wilma, es sind Suizidgedanken, Depressionen, Anorexie und Bulimie. Unerträglich! Bei jedem Biss, Angst vor dem Essen, immer dieses blöde Gefühl. Nie Frühstücken, im Restaurant nie bestellen, was mich gerade anmacht und was mir schmeckt. Überall habe ich mich zurückgezogen! Und jetzt falle ich ins Loch und kann nicht mehr!
Wilma, 20:44:	Moni, das ist alles sicher sehr schwer für dich! Aber ich versuche trotzdem, dich zu überzeugen, dass es wieder aufwärtsgehen kann!! Gib dir diese Chance. Du bist ein so wertvoller Mensch!!

Handy-Kontakt mit Coni am 2. 1. 2015

Coni, 10:11:	Hallo Liebes!! Geht's dir etwas besser? Ich gehe jetzt noch einkaufen und danach backe ich einen Kuchen. Mal schauen. Dein Patenkind meinte gestern, dass ich das halt nicht so gut könne, wie ihre „Gotti".Und dein Neffe möchte dich unbedingt besuchen kommen! Eine Umarmung von uns allen!!
Ich, 14:48:	Du musst es lernen, ich werde nie mehr backen. Und der Kleine soll mich in Erinnerung behalten, wie ich war!
Coni, 14:56:	Du kennst meine Meinung auch und ich kann das Ganze nicht einfach vergessen! Du bist ein Teil von meinem Leben und das ist so und bleibt so! Wenn du dir nicht helfen lassen willst, kann dich niemand zwingen und es hat auch niemand das Recht dazu! Ich möchte einen wundervollen Menschen nicht einfach verlieren, sorry! Ich drücke dich fest! (schickt ein Foto vom gebackenen Hello-Kitty-Kuchen) Das Ohr ist fast abgefallen!
Ich, 19:59:	Super gemacht! Siehst du, jetzt brauchst du mich nicht mehr! Ich kann mit gutem Gewissen gehen!! Hab euch lieb!!
Coni, 20:03:	Neiiiin!!!!!!! Sicher nicht!!! Hör doch auf! Ich backe eben nicht gerne! Aber du weißt, wie ich fühle und denke. Also wenn du so ohne zu kämpfen gehen kannst, kann ich nichts machen! Es klemmt mir das Herz ab!!
Ich, 20:35:	Sorry. Ich mag nicht mehr!! Mein Doc ist in den Ferien und mit dem anderen rede ich kein Wort! Die Einzige, mit der ich rede, haben sie wieder aus dem Zimmer genommen! So eine Scheiße, es sind nur noch richtig blöde Weiber hier im Zimmer! Feiert noch schön morgen! Ein großer Schmatz den kleinen Mäusen!! Und bitte kaufe

	dem Kleinen Smarties von mir, mit einem letzten Gruß von der Tanti.
Coni, 21:19:	Sorry, ich mag nicht mehr! Es macht mich traurig! Ich hab dich sooo lieb! Der Kleine hat eine Zeichnung für dich gemalt! Jetzt gehe ich schlafen und hoffe auf Engel, welche dir helfen!!

2. Januar 2015

14.30 Uhr–18.00 Uhr Besuch von Maria (sie erzählt):

Ich bin total mit Medikamenten zugedröhnt! Ich habe keine Orientierung gehabt, eine lallende Aussprache und langsames, wiederholendes Sprechen!! Einen schwankenden Gang habe ich und ich rede viel von mir. Ich kann aber nicht wirklich aufnehmen, was Maria mir sagt!! Nach 2 Stunden reden sind wir ins Café gegangen. Wir haben sehr viel geredet! Ich habe gesagt, wie ich mich fühle, und dass ich nichts mehr will!! Ich möchte nur, dass mich alle in guter Erinnerung behalten! Maria versucht mir Mut zuzusprechen! Allerdings ist es Maria bewusst, dass ihre Worte nicht zu mir durchdringen! Wir haben uns in die Arme genommen und beide geweint! Um ca. 17.45 Uhr muss Maria dann nach Hause.

Handy-Kontakt mit Markus am 3. 1. 2015

Markus, 7:29:	Morgen, Mausi, ruf mich bitte an!
9:54:	???????
10:52:	Geh bitte ran!!
Ich, 10:57:	Nein, bin an etwas dran!
Markus, 10:58:	Was denn??
Ich, 10:59:	Geburtstagswünsche!
Markus, 11:01:	Wir haben gerade Pause. Mausi, wir kommen nachher zu dir.

Ich, 11:18:	Nein! Komme nicht ins Internet, um ein Video zu schicken!
Markus, 11:19:	Wie????!!!!
Ich, 11:20:	Ja, wenn es nicht geht, geht es halt nicht und Ende!!
Markus, 11:20:	Was geht nicht??
11:25:	????????
Ich, 11:27:	Ein Geburtstagsvideo zu schicken.
Markus, 11:28:	Gehe ans Fenster!
Ich, 11:40:	Nützt auch nichts! Vergiss es! Gratuliere einfach so, scheißegal!!
Markus, 11:41:	Hast du von Kevin was gehört?
Ich, 11:44:	Nein, lass mich endlich in Ruhe!!!!
Markus, 11:45:	Warum jetzt?
12:13:	Geh' ans Handy, muss noch was wissen!!
13:22:	Schatz wir haben dich lieb!

Handy-Kontakt mit Kevin am 3. 1. 2015

Kevin, 21:55:	Hey, Mami! Wir sind heute 2. geworden! Das letzte Match haben wir versaut! Schade, dass du nicht dabei warst!!!
Ich, 22:09:	Super! Cool!! Bin stolz auf dich!! Aber vom Himmel oben sehe ich alles! So einen „Anschiss" gekriegt, weil ich es noch nicht schaffe, so ein Scheiß!!
Kevin, 22:11:	Danke, Mami, lieber so! Ach Scheiße! Gute Nacht!

Handy-Kontakt mit Margot am 3. 1. 15

Margot, 8:59:	Guten Morgen!
Ich, 10:49:	Alles Scheiße! Mache es gut, Margot, hab dich sehr lieb! Ich mag nicht mehr, sorry! Meinen Finger habe ich glaube ich auch noch verstaucht!! Aber egal! Sage sicher nichts! Mache es gut!

Margot, 10:50:	Was hast du getan?
Ich, 10:50:	Gefallen, egal!
Margot, 10:51:	In der Dusche??
Ich, 10:57:	Nein, im Zimmer, egal!
Margot, 10:58:	Nein, das ist nicht egal! Ich komme gegen Abend zu dir, soll ich dir eine Arnika-Creme bringen?
Ich, 11:19:	Nein, scheißegal, gehe lieber zu deiner Familie. Ich will nicht mehr!!
Margot, 11:24:	Ich komme trotz alledem!

Handy-Kontakt mit Coni am 3. 1. 15

Ich, 6:25:	Okay. Ich melde mich nicht mehr! Vielleicht bin ich dann auf dem hellsten Stern daheim! Macht's gut!!
Coni, 6:45:	Du kannst mich so bestrafen, indem du dich nicht mehr meldest!! Du sagst sehr oft, du magst nicht mehr! Und ich sage einmal ich mag nicht mehr zuhören und du kommst so!! Ich versuche das Ganze ein wenig positiv zu reden, aber du willst ja nichts davon hören!! Was kann ich denn machen? Ich möchte, dass du kämpfst und du willst nicht mehr! Ich mag dich nicht verlieren, das kapierst du einfach nicht! Hier sitzen und nichts machen können ist auch nicht so toll, glaube es mir!! Ich hab dich lieb und ich kann deine Entscheidung eh nicht beeinflussen!! Bin nicht böse auf dich und bin froh, wenn ich von dir höre!! Dein Schwesterchen.
Ich, 11:44:	Liebes Patenmädchen, alles Gute zum Geburtstag und viel Spaß, NJAMM!! Feiert schön! Und einen guten Schulanfang! (Ich schicke eine Sprachnachricht, welche man kaum versteht!)
Coni, 12:12:	Danke, sie hat sich gefreut! Hab dich lieb!
Ich, 12:13:	(Noch eine total lallende Sprachnachricht!)

Coni, 12:14:	Es ist gegangen! Ich drücke dich! Sie hat dich gehört gehabt! Sie ist ziemlich traurig! Ich habe ihr schon gesagt, dass du krank seist! Wir hoffen einfach!!
Ich, 17:08:	(Schicke eine Videobotschaft von mir)
Coni, 17:48:	Man sieht und hört nichts, sorry!
Ich, 17:49:	Egal, ist vielleicht besser!
Coni, 18:20:	Aber danke trotzdem! Geht's dir besser? Bei uns ist wieder Ruhe eingekehrt. War viel Trubel mit 7 Kindern! Hab dich lieb und drück dich!
Ich, 18:30:	Nein, eher schlechter, aber egal!
Coni, 18:33:	Nein, ist nicht egal! Aber ist jemand Neues im Zimmer? Hast du Besuch gehabt? Hab dich lieb und bin für dich da! Dein Schwesterchen! (Schickt ein Foto vom Kindergeburtstag)
Ich, 20:51:	Schön habt ihrs! Für mich ist alles vorbei. Ich werde es nie wieder genießen können! Du genießt es, isst mit den Kindern Kuchen, dann noch eine Schnecke und ich nichts, außer ich esse und werde ein Fass!! Du hast es gut! Ich möchte auch wieder genießen, ohne schlechtes Gewissen. Deshalb holt mich jede Nacht der schwarze Teufel und am Morgen erwache ich in derselben Scheiße! Sorry, feiert schön, esst Kuchen und die guten Sachen, du kannst das ja gut. Gute Nacht!
Coni, 21:00:	Hast du Angst in der Nacht? Träumst du schlecht? Es gibt viele, die das geschafft haben! Welche gekämpft haben! Es würde sich doch auszahlen! Es ist ja auch nicht jeder Tag so ein Schlemmertag und dann schaue ich auch und esse nicht alles durcheinander! Genießen wäre doch sooo schön! Und das kann man sich auch mal gönnen!! Du könntest das ja auch lernen!! Ich kann reden, will nach einer Lösung suchen. Aber vielleicht kommt der Engel in der Nacht, macht dir Mut und trägt dich durch diese schwarze Zeit! Drück dich ganz fest!

Ich, 21:06: Ich will nur mit dem schwarzen Engel mitgehen! Zum weißen Licht! Dann brauche ich kein Essen mehr und alles ist gut!
Coni, 21:10: Aber schwarze Engel gibt es nicht!!!!! Ich hab dich lieb! Hoffe du triffst den weißen Engel an in der Nacht!

Handy-Kontakt mit Markus am 4. 1. 15

Markus, 7:46: Morgen, Mausi habe mich gestern nicht mehr gemeldet, wir sind erst kurz vor halb elf heimgekommen! Um 3 Uhr nachts Alarm! Wasser in der Firma! Sch… (schickt mir ein Bild mit einem Präsent für mich) Ein Danke von einer Bekannten für meine Hilfe im Training vor zwei Monaten.
Ich, 10:59: ??????? Holzknospen, Haarspangen, rosa Pulli, Gilet, Kuschelstrickhose, beige Strickhose und blaue Strickhose. Pluderhose schwarz und beige, Bic Rasierer!
Markus, 13:29: Habe es erst gesehen. Haben die Leiter mit Engel der Weihnachtsbeleuchtung abgebrochen, sie war umgefallen!
Ich, 13:33: Scheißegal, nächstes Jahr gibt es mich nicht mehr! Wirf alles in den Müll! Bin froh, wenn ich von der Weihnachtsscheiße nichts mehr sehe! Und jetzt will ich schlafen, lass mich in Ruhe! Es interessiert mich eh einen Scheiß!!
Markus, 13:34: Hey, Mausi! Hier ist es zäh! Ist Kevin noch bei dir?
Ich, 16:43: Nein! Ihr könntet ja alle mit einem Reifen über meinen Hals fahren, dann wäre alles gut und jetzt lass mich in Ruhe!!
Markus, 16:52: He, He, nichts davon!
Ich, 18:30: Schwarzer Spray im Korb und Glätteisen, einen Lockenschaum, ist glaube ich im Keller! Ratschkachel!! Blöde!!! Lass mich in Ruhe!!!

	(Markus hatte die Pfleger über ein von mir geplantes Vorhaben informiert.)
Markus, 20:14:	Hey, Maus, schlafe gut! Hab dich lieb! Ich habe nicht geratscht!
20:16:	Ruf mich bitte an!
20:35:	Biiiittttteeeeee!!!! Wir haben geredet und dann habe ich es so nebenher erwähnt. Tut mir leid!
21:55:	(schickt ein Bild von drei Küchengeschirren) In welchen Kasten?

Handy-Kontakt mit Margot am 4. 1. 15

Margot, 17:18:	Hallo Moni! Du hast im Facebook gerade etwas an deine Yogalehrerin geschrieben!! Das können aber alle lesen!!!
17:40:	Es hat sich erledigt, ist gelöscht!
17:41:	Hast du heute etwas Besuch gehabt?
Ich, 18:01:	Kevin war hier. Danke fürs Löschen! So gut kenne ich mich aus, scheiße noch mal, noch ein Grund mehr, Schluss zu machen! Ich habe keinen Lebenswillen mehr und will nicht mehr!! Mir ist alles soooo egal, Margot, echt! Machs gut, hab dich lieb!
Margot, 18:03:	Ich kenne mich da auch nicht aus, da bist du nicht alleine! Ich muss auch meine Jungs fragen. Das ist kein Grund! Kopf hoch!
Ich, 18:14:	Sorry, mache dir keine Gedanken wegen mir! Du hast sooo viel positive Energie und bist so ein herzensguter Mensch! Aber ich mag nicht mehr! Die Suizidgedanken schwirren immer umher! Mir ist alles scheißegal. Wie ich die nächste Therapie auch noch schaffen soll, keine Ahnung!
Margot, 18:16:	Das schaffst du, ich glaube fest an dich! Da sind sooo viele, die dir helfen wollen auf deinem Weg!!

Handy-Kontakt mit Wilma am 4. 1. 15

Wilma, 7:55: (Schickt mir einen Spruch)
MANCHE MENSCHEN WISSEN NICHT; WIE WICHTIG ES IST; DASS SIE DA SIND; WIE GUT ES IST SIE ZU SEHEN; WIE TRÖSTLICH IHR LACHEN WIRKT; WIE WOHLTUEND IHRE NÄHE IST; WIE VIEL ÄRMER WIR OHNE SIE WÄREN UND DASS SIE EIN GESCHENK DES HIMMELS SIND, BIS WIR ES IHNEN SAGEN!!!!!!!!!!!!

Ich, 8:28: Ach, Wilma, du sicher! Aber mich braucht es absolut nicht mehr!! Ich will nur gehen!! Hab dich lieb, danke!

Handy-Kontakt mit Coni am 4. 1. 15

Coni, 8:38: Wir haben gerade die Geburtstagsgeschenke von Papi überbracht bekommen. Danke!!

19:45: Hallo Liebes. Wir waren etwas unterwegs gewesen! Leider hat es keinen Schnee mehr! Wie geht es bei dir? Drück dich fest und hab dich lieb! Die Sprachnachricht von deinem Patenkind, hast du gesehen? Bin schon gespannt auf die Cupcakes!

Ich, 20:12: Kann die Nachricht nicht anschauen, leider! Gute Nacht! Ich hoffe er holt mich diese Nacht!!!! Wäre erlöst! Schlafe gut!

Coni, 20:17: Sie hat Danke gesagt für die Geschenke und sie habe dich lieb. Und es wäre schön, wenn du wieder gesund wirst!! Ich probiere es morgen nochmals. Ich habe dich lieb und vergiss das nie!!!!

20:18: Schlafe gut!

Handy-Kontakt mit Maria am 4. 1. 15

Maria, 12:50:   Wie geht es dir denn so?
Ich, 12:55:   Danke, mir geht es beschissen! Wäre am liebsten nicht mehr hier!

Laut Kevin:
Kevin kommt alleine zu mir auf Besuch. Er zeigt mir Videos vom Turnier. Mein Kommentar dazu ist: „Wenn ich im Himmel wäre würde ich es besser sehen, als auf dem Video!!!"

Immer wieder habe ich gesagt, dass ich nicht mehr leben will!! Beim Tschüss-Sagen sage ich: „Heute siehst du mich das letzte Mal, Kevin. Mache es gut, denke an mich und vergiss mich nicht!" Kevin sagt zu Hause, dass er nie wieder alleine zu mir zu Besuch kommen würde! Er ist ziemlich geschockt!!

Handy-Kontakt mit Markus am 5. 1. 2015

Ich, 11:00:   Bin wie im Karussell! Chips und Polenta mit Reis oder Nudeln hat es gegeben.
11:01:   Hätte gerne meine rosa Tigerjacke und das blaue Gilet.
Markus, 13:05:   (schickt Fotos von den Jacken)
Ich, 13:06:   Nein, dunkelblau wie Tiger und Leopard!
Markus, 13:06:   (schickt Foto mit Haarspray, welchen ich gewünscht habe)
Ich, 13:07:   Ja, kannst du auch bringen! Scheißegal, es ist eh alles unsinnig, ich will eh nicht mehr!!
Markus, 13:07:   Gilet wo? Oder Bench-Jacke?
Ich, 13:11:   Gilet ist auch dort. Bench-Jacke nein. Kerzen und einen Strick, dann hört diese Scheiße auf!!
13:21:   Stellen mir einen Drink hin, wo ein kleines Fläschchen 400 cal. hat!!! Das können die alleine saufen!! Ich sicher nicht!!!!
Markus, 15:53:   (schickt ein Foto von Kevin am Steuer)

16:50: Hast du Besuch? Brauchst du noch etwas?
Ich, 16:53: Ja, nein.
Markus, 16:54: Okay. Kevin fährt gerade super!!!

Handy-Kontakt mit Margot am 5. 1. 15

Margot, 8:35: Guten Morgen, Moni.
Ich, 10:58: Morgen, Margot! (Viele weinende Smileys dazu)
Margot, 12:54: Ich komme gegen Abend kurz vorbei.
Ich, 13:05: Lass es doch, für mich musst du nicht alles einteilen. Habe eh schon ein schlechtes Gewissen!
Margot, 14:01: Du musst kein schlechtes Gewissen haben, wieso auch? Ich komme gerne!

Handy-Kontakt mit Coni am 5. 1. 15

Ich, 11:03: Mir geht es ganz schlecht. Antidepressiva werden erhöht, ich bin ganz durcheinander im Kopf. Will nicht mehr leben! Und einen Drink zum Zunehmen wollen sie mir auch geben!! Die spinnen doch!!!
Coni, 12:53: Wenn du das annehmen kannst, geht es dann auch etwas besser! Sie wollen nur das Beste für dich! Ist sicher nicht einfach, aber ein Versuch!
Ich, 13:11: Du bist viel dünner als ich und nimmst auch keinen Drink zum Zunehmen!!! Isst auch das, was du willst, Schokolade und allerhand süße Sachen! Ich gehe so schon auf und soll noch einen Drink nehmen!!! Mache ich sicher nicht! Es reicht schon, dass ich aufgehe von den ganzen Medis!!!
Coni, 20:13: Hallo, Liebes. Bin gut nach Hause gekommen. Bin sehr beeindruckt, dass du so offen und ehrlich ein wenig von dir erzählt hast!! Du bist eine starke Frau, die aber auch Schwäche zeigen darf! Hoffe,

	es hat dir ein wenig gutgetan. Ist auch schwierig, wenn man nach Hause geht und dich so zurücklassen muss. Aber das Wissen und Hoffen, dass du deinen Weg findest, welcher sicher etwas steinig wird, macht doch auch wieder Mut! Das Büchlein, das ich dir mitgebracht habe, hat mir echt aus dem Bauch geredet. Habe dich soooo lieb! Versuche doch, dem komischen schwarzen Mann, welcher am Bett rüttelt, die Stirn zu bieten, und sag etwas energisch, er solle dich in Ruhe lassen!! Ich drücke dich ganz fest! Dein Schwesterchen, das dich ganz lieb hat!!
Ich, 20:15:	Ja, aber das Büchlein ist echt lieb! Bin voller Medis, sorry!! Ich will ja, dass mich der, welcher am Bett rüttelt, holt! Ich kann und will nicht mehr!! Und dann noch die Medis! Ich mag nicht mehr! Sorry, habe mein „Ich" verloren!! Lache und genieße nichts mehr! Ich hasse mich nur noch!!!!

Laut Handy-Kontakt war meine Schwester zu Besuch. Und ich muss viel über mich geredet haben. Sie hat mir auch ein Büchlein gebracht. FÜR DIE BESTE SCHWESTER DER WELT!

Handy-Kontakt mit Markus am 6. 1. 15

Ich, 10:41:	Pinzette, Ohrenstäbchen, Engelwurz. Entweder im Spiegelschrank von Kevin oder im Spiegelschrank vom unteren Klo. Und Herbert kannst du sagen (falls du ihn siehst), dass ich mich umbringe, wenn ich diesen Drink trinken muss! Es ist genau das Gegenteil, was die wollen! Ich bringe mich um!!!
10:53:	Ich finde es echt zum Kotzen!! Ich kämpfe zuerst, dass ich meinen Lebenswillen finden soll und dann so was!!! Hallo!!! Das ist gerade das Gegen-

	teil von meinem Genesungsprozess!! Wenn ich das trinken muss, siehst du mich nie wieder!!!
Markus, 10:55:	(schickt mir ein Foto von der Saeco-Kaffeemaschine mit einer Störmeldung) Was will das Ding????
Ich, 11:23:	Trester leeren! Wirf bitte alle Jogginghosen und Pullis raus, in den Caritas-Sack. Habe jetzt ein paar schönere, normalere Sachen. Vielleicht brauche ich gar nichts mehr! Ich bin soooo weit unten!!! Am liebsten wäre ich sofort tot!!! Ich mag nicht mehr!! Fühle mich nicht verstanden, sorry!!!
Markus, 11:38:	Mäuschen, ich habe dich lieb und ich brauche dich!
Ich, 13:23:	Bitte nicht das Glätteisen, sondern meinen grauen Krallenföhn, im Arbeitszimmer im Eck! Und ein Serviettenfaltbuch im Keller, im Kasten ein großes, beiges Papierfaltbuch.
Markus, 13:29:	(schickt mir ein Foto vom Föhn) Der??
Ich, 14:04:	Ja.
Markus, 16:54:	(schickt ein Foto von zwei grünen Dekoflaschen, welche ich haben möchte) Okay???
Ich, 16:56:	Ja. Zwei. Ich schreibe noch ein paar Dinge auf. Nimm alles aus dem Kasten. Die grüne Filztasche mit den blauen Blumen.
Markus, 17:03:	(schickt mir wieder Fotos von diversen Dekomaterialien)
Ich, 17:03:	Es passt, aber es müsste noch ein Tuch, weiß mit grünen Blumen irgendwo sein.
Markus, 17:05:	(schickt wieder diverse Fotos von lauter grünen Dekosachen, nach welchen ich verlange)
Ich, 17:05:	Die kitschigen weißen Tulpen nicht! Und vielleicht noch ein paar Korkenzieherhaselstauden.
Markus, 17:05:	Okay.
Ich, 17:07:	Grüne Tasche und zwei grüne Gläser, um Teelichter reinzustellen, müssten auch noch irgendwo sein. Und ein Schmetterling mit Klammern.
Markus, 17:07:	Wo sind die?

Ich, 17:09:	Was? Die Gläser müssten auch dort sein und die Schmetterlinge vielleicht im großen Glas. Ich muss essen gehen. Scheißegal, irgendwie geht es schon.
Markus, 18:08:	Ich bringe dir alles. Herbert kommt am Donnerstag zu dir. Ich rede nachher noch mit ihm.
Ich, 18:11:	Heute musst du nichts mehr bringen, ist besser so!
18:16:	Brauche sowieso ein zweites grünes Tuch. Komme heute besser nicht mehr!!
Markus, 18:16:	Warum?
18:17:	Die Sitzung ist zäh! Was ist los, Maus?
18:20:	Hat sich Svenja bei dir gemeldet?
18:22:	Was ist passiert?
18:30:	Maus, was ist los?
18:38:	Bitte schreibe kurz zurück.
Ich, 18:55:	Nichts, sie haben mich gerade erwischt. Scheiße, nichts ist, so eine Scheiße!
Markus, 19:01:	Was hast du gemacht?
19:09:	Geh bitte ran!
19:10:	Bitteeee!
19:12:	Halllooooo!
19:12:	Moni bittee!
19:12:	Ich komme gleich!
Ich, 22:29:	Bin im Spital. Wunde klammern. Nachher bringen sie mich wieder hierher. Sie haben mir noch Blutverdünnung gegeben. Tschüss bis morgen. (Eigentlich Wundstarrkrampfimpfung. Wusste ich nicht mehr!)
Markus, 22:30:	Schatz, jetzt?
22:32:	Gute Nacht Maus. Schreibe kurz, wenn du zurück bist.
Ich, 22:32:	Ja, warte auf den Krankentransport, sie bringen mich wieder in die Klinik.
Markus, 22:33:	Bist du noch im Zimmer?
22:37:	War der Doc nochmals bei dir?

Handy-Kontakt mit Margot am 6. 1. 15

Margot, 13:22: Hast du Besuch?
Ich, 13:26: Nein, und ich bin in einem großen Loch in dem ich noch nie war!! Ich bringe mich um, wenn sie mich zwingen dieses Zeugs zu trinken!! Das widerspricht meiner Therapie voll. Ich kann nicht mehr!
Margot, 13:29: Warte bis morgen, da hat Markus einen Termin mit dem Doc. Hast du heute noch einen Drink gekriegt?
Ich, 14:07: Nein, gestern erst am Nachmittag. Ich mag nicht mehr!!
Margot, 14:07: Ich würde einfach das Gespräch von Markus mit dem Arzt abwarten. Da können sicher ein paar Dinge geklärt werden.
Ich, 14:08: Nur wenn ich das noch schaffe! Ich will und mag nicht mehr!!
Margot, 14:10: Jetzt warte mal ab. Ab morgen sind sicher wieder alle Ärzte im Einsatz. Dann kannst du abklären, wie es weitergeht und auch, welche Therapien infrage kommen.
Ich, 16:37: Sorry, Margot, ich kann nicht mehr! Habe noch geplant gehabt, den Essbereich umzudekorieren. Und nun, keinen Lichtblick mehr! Diese Nacht bin ich tot. Sorry! Das Zweier habe ich dir übergeben. Und vielleicht bekommen meine Kinder ab und zu mal einen Kuchen von dir. Danke für alles!
Margot, 16:41: Was ist diese Nacht, Moni? Du bist für das Zweier zuständig, ich schaue im Training nur zu, bis du wieder kommst! Deine Kinder sind deine Kuchen gewöhnt! Und sie freuen sich, wenn du ihnen wieder einen machst!

Handy-Kontakt mit Coni am 6. 1. 15

Ich, 11:09: Ich glaube nicht mehr daran! Die sollten mich wegen Suizid behandeln und machen mit ihrer Zwangsernährung alles noch viel schlimmer!! Bin ganz, ganz unten, ich glaube, ich mache Schluss! Ich möchte das Ganze anders aufbauen, die haben mich wieder voll in ein Loch geworfen! Hab dich ewig lieb!

Coni, 11:26: Sage das doch bitte Markus, das kann's doch nicht sein!! Was hast du denn machen müssen? Musstest du den Drink trinken? Die sollten doch geschult sein!! Ich kann das nicht verstehen!! Verlange doch die Frau, welche in dieser Abteilung für Essstörungen zuständig ist! Sie kann dir sicher alles erklären und dich besser verstehen!! Hab dich sooooo lieb!!

Ich, 13:21: Nein, ich weigere mich, das zu trinken!! Ich habe deswegen Riesenärger!! Und mehr im Loch als je zuvor!! Denke nicht an mich! Für mich ist bald eine Erlösung geplant! Hab dich lieb!

Coni, 13:24: Ach, das kann es doch nicht sein! Ich verstehe das nicht! Was für eine Erlösung? Wollen sie dich nach Hause schicken? Es ist schon komisch!! Sie wollen dir helfen, aber dich nicht verstehen! Ist schon schwierig! Hab dich ganz doll lieb!

Ich, 14:06: Nein, ich ziehe endgültig einen Schlussstrich! Ich kann und mag nicht mehr!! Bin mehr in einem Loch, als ich es je war!

Coni, 17:07: Es ist schwer! Versteht dich niemand? Markus? Es muss doch eine andere Lösung geben! Drück dich fest!

18:46: Ich denke mehr als du glaubst an dich! Ich gehe morgen mal wohin, vielleicht kann ich dir etwas helfen! Ich hoffe sooo fest, dass sich irgendein Engel Zeit nimmt für dich!! Diese Fähigkeit haben

	wir Menschen leider nicht!! Hab dich sehr lieb, für immer und ewig!
Ich, 18:53:	Habe mir gerade die Pulsadern aufgeschnitten, bin aber erwischt worden … zu wenig tief, leider!!
Coni, 19:00:	Scheiße, Himmel noch mal!!! Das gibt's doch nicht!! Mit was??! Was kann man dir denn Gutes tun? Gibt es keinen Doc, dem du dich anvertrauen kannst? Hab dich lieb!!

In dieser Nacht habe ich mir ein zweites Mal mit einem Bic-Rasierer (den ich auseinandergenommen habe) die Pulsader aufgeschnitten. Es war schon eine Blutlache am Boden, als der Pfleger reinkommt, weil er vergessen hat, mir meine Thrombosespritze zu geben! Er geht rund ums Bett und sieht das ganze Blut. Ich muss ihm ins Ärztezimmer folgen und ein Arzt schaut sich das Ganze an. Er bringt das Blut nicht zum Stoppen und schickt mich ins Spital, um Klammern setzen zu lassen. Tja, so muss ich in der Nacht um ca. 22.00 Uhr ins Spital und komme vor Mitternacht wieder zurück! Scheiße, dass sie mich erwischt haben!!!!!!!

Handy-Kontakt mit Markus am 7. 1. 15

Markus, 6:07:	Morgen, Maus, alles okay?
Ich, 10:18:	Nein, ich bin müde!
13:40:	Die Hälfte hast du vergessen! Grüne Lichter, weiße Tulpen, die Bambustücher, Schmetterling. Schmetterlinge und die grünen Blumen könnten im Schiebeschrank (in Richtung Nachbarhaus) sein, die und der grüne Busch auch bringen. Dort sind glaube ich auch Schmetterlinge befestigt. Nimm alles mit und ein grünes Tuch, am liebsten länglich. Und die Bambusrolle für auf dem Tisch und bitte einfach alles Grüne.
Markus, 13:50:	Ich schaue mal, was ich finde. (schickt einige Fotos mit sämtlichen Dekoartikeln)

Ich, 13:56:	Hinter der Kellertür hat es vielleicht ein grünes Gehänge. Bringe alles aus dem grünen Bereich mit, außer der grünen Kiste. Und Tulpen müssten auch noch irgendwo sein.
14:03:	Tja, wenn du noch mehr in Grün findest, ein kleines Tuch wäre gut, alles außer das große Glas, den Inhalt aber schon. Auch Strohschmetterlinge müssten im uralten Schrank sein, und auch alle grünen Übertöpfe.
14:59:	Und falls wir drei grüne Kissenbezüge hätten, auch im Kasten bei den Tischdecken und drei Kissen. Sind unter der Coladecke, wäre cool.
19:03:	Einen großen grünen Papierbogen, oder zwei.
19:12:	Im alten Schrank ist ein Weidenkorb, wie ein Schlangenkorb, wäre cool. In dem Korb ist der große Schmetterling. Suche noch ein grünes Tuch, im Stoffkasten, dort hat es ein grünes Tuch. Kissen reicht eines.
Markus, 19:41:	Wo ist das Papier?
Ich, 19:43:	Lass aber die Tücher aus dem Stoffkasten.
Markus, 20:12:	Was sagst du? (Schickt mir ein Video von Svenja und ihrer Partnerin bei einer Kunstradübung, welche ich ihnen am Beibringen war, bevor ich in die Klinik kam.)
Ich, 20:13:	Sehe nichts!
Markus, 20:13:	Video??
Ich, 20:15:	So weit waren sie schon! Aber ich werde es nicht mehr erleben. Bis sie es können, lebe ich nicht mehr!!!
Markus, 20:16:	Doch, sie haben es sehr oft trainiert! Aber eben noch mit Hilfe. Sie haben heute super trainiert!
Ich, 20:18:	Nacht! Ich reiße diese Scheißklammern am Handgelenk raus! Die schmerzen extrem!
Markus, 20:18:	Nein, die lässt du jetzt schön sein!!! Gute Nacht, Mausi!!
Ich, 20:25:	Meine Pinzette!

Handy-Kontakt mit Margot am 7. 1. 15

Margot, 9:46: Guten Morgen.
Ich, 10:16: Morgen, Margot. Habe mir gestern die Pulsadern aufgeschnitten! Leider zu wenig tief! Und sie haben mich zu früh gefunden! Musste ins Spital, in der Nacht um ca. 23.45 Uhr war ich wieder im Bett. Hätten sie mich doch einfach gehen lassen!! Diese Scheißklammern tun voll weh!!
Margot, 10:22: Was machst du denn für Sachen?
Ich, 11:13: Ich mag nicht mehr, das versteht nur niemand!
Margot, 11:14: Gib dir etwas Zeit!!!
Ich, 13:27: Ich mag nicht mehr, Margot!!
Margot, 13:30: Kämpfe dich durch!! Es ist sicher nicht einfach, aber versuche es!! Deine Kinder und dein Mann brauchen dich!!
Ich, 13:43: Margot, das sagst du so leicht! Ich mag nicht mehr! Sie haben mir die Antidepressiva abgesetzt und jetzt habe ich die Gedanken wieder! Die Klammern tun voll weh!!!
Margot, 13:50: Ich kann den Anfang nicht lesen! Wieso haben sie die Antidepressiva abgesetzt?
Ich, 14:21: Ich kann nicht mehr!! Ich bin total kaputt und habe so über Dritte erfahren, dass sie die Medis geändert haben! Deshalb wieder diese Suizidgedanken und ich will nicht mehr, die Scheißklammern tun soo schrecklich weh!!!
Margot, 14:27: Ich weiß schon, dass es nicht einfach ist, und dass es seine Zeit braucht!! Es dauert auch ein Weilchen, bis die neuen Medis wirken. Es muss sich jetzt einfach alles einspielen! Markus hat mir erzählt, dass du das Esszimmer umdekorieren darfst, finde ich voll super!!
Ich, 14:40: Aber ich bin nicht fähig dazu, keine Power, keine Kraft! Dazu kommt, dass ich im Zimmer dahinvegetiere. Eine Neue im Zimmer, furchtbar!! Das

	Rauchen und Kaffeetrinken ist das Wichtigste! Und am Reden und am Quasseln, dass man es vor der Tür hört!!! Ein Riesenlärm, ich verrecke fast, ich kann nicht mehr!!
Margot, 14:50:	Oje, ist es eine Ältere?
Ich, 14:50:	Ja, von einem anderen Bundesland. Der Mann ist ein Rocker! Ich rede sicher mit niemandem!! Ich möchte wirklich keinen Kontakt! Ich will nicht mehr!
Margot, 14:51:	Ich könnte um vier eine Stunde zu dir kommen, soll ich kommen?
Ich, 14:55:	Margot, du hast sonst einen Stress, lass es bleiben!! Echt lieb von dir, aber ich bin echt schlecht drauf! Dass mich niemand so sehen muss!!! Bist ein Schatz, aber gehe lieber ausgeruht ins Training!
Margot, 14:57:	Das ist kein Stress! Ich muss erst um 17.45 Uhr in der Halle sein! Es geht sich wunderbar aus! Einen schnellen Kaffee!
Ich, 15:01:	Essen? Ruhen? Nachher gehst du mit zu vielen Gedanken von mir weg. Margot, lass es, echt!
17:45:	Danke für deinen Besuch! Meine Gedanken waren so kurz weg. Aber ich komme ins Zimmer und die Neue sagt: „Es geht dir eh gut. Gehen wir mit dem Bus raus? Bisschen Rambazamba machen?!" Weiß echt nicht, was der fehlt!! Danke für alles, aber ich würde mir am liebsten meine Wunde aufreißen!! Und dann hätte ich alles endlich geschafft!!
17:47:	Vielen Dank, nochmal Hätte gerne ein Video vom Sattelstand-Lenkerstand ALLEINE! Sie können das, ich weiß es!
Margot, 17:48:	Lass sie reden!!! Ich schaue, dass sie die Übung machen.
Ich, 19:01:	Was ist los? Foto?? Auf geht's!
Margot, 19:06:	Wir sind dran!

Ich, 19:07:	Und??? Jetzt???? Hallo!! Vorwärts, möchte was sehen!! Sie dürfen die Windelchen nicht voll haben!
19:34:	Ich kann nicht mehr! Ich reiße mir die Klammern gleich raus!! Habe wieder volle Todessehnsucht!! Ich schlafe jetzt, sonst weiß ich nicht mehr wie, wo, was!
Margot, 19:34:	(schickt ein Video von Svenja und Partnerin aus der Trainingshalle)
Ich, 19:39:	Geht nicht zum Schauen! Muss morgen schauen. Danke, erkenne nichts. Ich lasse mich überraschen. Habe schon wieder diesen Todesdrang, reiße mir gleich die scheiß Klammern raus! Versuche nun zu schlafen.
Margot, 19:40:	Sie haben top trainiert! Ist super gelaufen! Sie haben die Übung nur noch mit ganz wenig Hilfe gemacht! Versuche jetzt zu schlafen.
Ich, 19:41:	Sattelstand-Lenkerstand fix, Dornenstand-Lenkerstand haben sie ja schon in der Kür!
Margot, 19:59:	Markus hat noch was gefilmt, geht aber nicht zum Schicken.
Ich, 20:12:	Ja, bis morgen ein Video schneiden und mich für blöd anschauen! Wenn ich morgen nicht mehr bin, habt ihr mich alle belogen!
Margot, 20:15:	Was meinst du?
Ich, 20:16:	Weil ich das erste Video gekriegt habe!

An diesem Nachmittag kommen Margot und Wilma zu Besuch! Wilma ist ziemlich entsetzt, als sie mich sieht!! Ich freue mich über den Besuch, bin aber nur negativ unterwegs. Wir gehen einen Automatenkaffee holen und ich erzähle Wilma alles! Margot kennt meine Geschichte ja schon. Ich erzähle auch vom schwarzen Mann und von meinem Todesdrang.

Handy-Kontakt mit Wilma am 7. 1. 15

Wilma, 11:17: Schickt mir einen Spruch:
DICH GIBT ES NUR EIN EINZIGES MAL AUF DIESER WELT UND ICH BIN FROH, DASS GERADE ICH DAS GLÜCK HABE, DICH KENNENZULERNEN!
Herzliches Grüßchen, Wilma

Ich, 13:26: Danke, habe gestern die Pulsadern aufgeschnitten. Leider zu wenig tief und sie haben mich zu schnell gefunden.

17:38: Danke für deinen Besuch, hat mich sehr gefreut! Kannst ja gerne wieder einmal auf einen Kaffee vorbeikommen, falls ich dich nicht zu sehr erschreckt habe! Ich habe schon ewig nicht mehr gelacht, keinen Humor und ich hasse mich und wäre lieber tot! Du kannst es fast nicht verstehen, ich schäme mich auch, wie ich aussehe! Trotzdem danke, dass du gekommen bist! Jetzt ist gerade die Neue ins Zimmer gekommen. Ob wir ins Café gehen sollen. Ich halte es fast nicht aus! Man, geht die mir auf die Nerven! Erst gekommen und schon ins Dorf Kaffee trinken gehen und Spaß haben wollen! Die hat echt keine Probleme! Hoffe, du bist gut nach Hause gekommen!!

Wilma, 18:39: Liebe Moni, ich bin gut heimgekommen. Danke, Moni. Ich kann dich schon verstehen. Glaube mir. Aber ich möchte so gerne, dass du deinen Lebenswillen wiederfindest. Und ich glaube auch, dass du es schaffen kannst. Wenn es dir recht ist, komme ich gerne wieder zu dir auf Besuch. Auf einen Kaffee. Hab dich lieb.

Ich, 19:00: Ja, gerne. Besuche, welche keine neugierige Besucher sind, die ernst gemeint sind, können gerne kommen. Danke, dass du für mich da bist!

Wilma, 19:16: Moni, ich bin gerne für dich da!

Ich, 19:18: Danke!!!

Laut Kevin:
Kevin ist Schalke-Fan. Ich habe ihm im Herbst das ganze Gartenhäuschen innen drinnen mit Schalke-Logos und WM-Wappen bemalt. Er hat sich eine blaue Handy-Kunststoffhülle gekauft. Als ich die sehe, schlage ich ihm vor, das Schalke-Logo aufzumalen. Er bejaht. Voller Freude bemale ich die Hülle in Anwesenheit von Kevin, Svenja und Markus. Aber wie!!! Anscheinend voll daneben und unkenntlich! Dazwischen muss ich kurz aufs Klo. Kevin wendet sich verzweifelt an Markus und fragt, was ich denn da gemacht habe!! Anscheinend ein wildes Gekritzel! Ich komme vom Klo zurück und Kevin meint, dass es wohl nicht so gut geworden sei. Ich meine eigentlich schon! Aber ich bin ja voll neben mir! Ich kratze das Gemalte irgendwie weg. Entsetzt schaut Kevin, wie ich die Handyhülle zerkratze und immer noch mehr zerstöre! Irgendwann geht Markus mit den Kindern heim. Was dann noch ist, keine Ahnung!!

Handy-Kontakt mit Markus am 8. 1. 15

Markus, 8:22: Morgen, Maus, was soll ich heute bringen?
Ich, 9:44: Was ich gesagt habe!
Markus, 9:45: Sonst nichts mehr?
9:57: ????
10:09: Wie geht es dir?
Ich, 10:53: Zahncreme und meine Haarspangen, welche du wieder mitgenommen hast.
10:56: Eine große Vase, eine so große, wie so eine, in welcher ich Weihnachtskugeln hatte. Im Keller, beiger Schrank.
10:57: Nein, ich glaube im grünen Schrank gegenüber der Waschküche.
11:12: Grüne Federn, an einem Draht befestigt, müssten auch noch irgendwo sein. Aber nicht Osterdeko!!
Markus, 15:18: Noch etwas?

Ich, 15:22:	Eventuell ein grünes Körbchen und ein Stück grüne Klebefolie, müsste auf dem weißen Schrank sein. Ein Draht oder Gummiband müsste in der orangen Box sein. Dort habe ich das Nähzeug drin.
15:30:	Ich habe eine Idee! Glas zu Hause lassen Körbchen zu Hause lassen, dafür unbedingt grüner Stoff (giftgrüner), Korkenzieherhasel und grüne, viereckige Schale von der Firma. (Die, von denen 3 Stück rumstehen.) Ansonsten Korkenzieherhasel, Glas und Korb.
Markus, 16:01:	Ich schaue mal, was ich finden kann.
Ich, 20:24:	Hz. D. au. (Unverständlich wegen Medis)
20:25:	Hund au glaube ich
20:26:	Muss morgen vi ko
Markus, 20:27:	Schreibe morgen wieder!
Ich, 20:27:	Weshalb?
Markus, 20:28:	Hund, Katze, (Markus schickt mir div. Fotos, wo er die Weihnachtsdeko verstauen soll, ob alles passt)
Ich, 20:31:	Du, ist es in der blauen Kiste?
Markus, 20:31:	Rentiere und Tannen, wohin?
Ich, 20:32:	Rentiere auf die Truhe oder in die Ecke. Tannen legst du quer darauf.
20:34:	Im zweiten Regal ist die Osterdeko.
Markus, 20:34:	Was kommt in die alte Truhe?
Ich, 20:35:	Obendrauf die Pappschachtel.
20:38:	Die grünen Streifen bitte, die mit den Lochmaschen.
Markus, 20:39:	Was für einen grünen Streifen?
Ich, 20:41:	Auf die alte Truhe die Tanne, das Rentier gehört auf die Seite mit der Weihnachtsdeko! Auf die andere Seite gehört das Kugelglas zu den Krippenfiguren in die Ecke. Höchstens zwei Schneemänner dürfen auf die Osterseite!!
Markus, 20:42:	Oje!!

Ich, 20:44:	Bei den Ostersachen habe ich sooo viel Arbeit gehabt, alles zu verstauen. Es hat alles seinen Platz! Geh einfach schlafen, ich komme noch lange nicht heim.
20:46:	Kein Stress. Das Glas mit den Stecken bleibt in der Stube. Mit Strohkugel und Lichterkette, nur die Weihnachtskugeln müssen raus! Schlafe gut!!
21:14:	I det gerd habel ufsacbigldc bibvegenzuel, ab das galtuvidkzuid babs zbsxgbiede wukl.I büüne ich bib uxg halte das bis aus!!!!
Markus, 22:15:	Schatz, ich kann das nicht lesen! Schreibe bitte der Reihe nach wohin. (Er schickt diverse Fotos von Weihnachtsdeko, welche er wegräumen möchte.)
Ich, 22:52:	(Ich schreibe nur noch unleserliche Nachrichten, wie oben. Unmöglich zu entziffern.)
Markus, 23:03:	Maus, danke, aber ich kann keine Nachricht lesen! Gute Nacht, schlafe gut, ich muss auch schlafen.
Ich, 23:04:	Bitte große Reiher und es hat nochmals grüne Bambusstecken im alten, braunen Schrank, wo die künstlichen Blumen sind, dort ist auch ein grüner Schmetterling.
Markus, 23:05:	Schicke mir bitte die erste der drei Nachrichten nochmals.
Ich, 23:05:	Ich glaube ich bringe die Klammern nicht raus!
Markus, 23:06:	Reiher? Schlafe jetzt, Schatz, und lasse die Hand mit den Klammern in Ruhe!!!!

Handy-Kontakt mit Margot am 8. 1. 15

Margot, 9:00:	Guten Morgen.
Ich, 9:43:	Hallo. Leider habe ich es nicht geschafft, die Klammern rauszureißen! Ich mag nicht mehr! Jetzt glaube ich Verbandwechsel und eine Psychotante – voll unsympathisch!!! Rede kein Wort! Dir einen schönen Tag!

Margot, 13:33: Sorry, dass ich mich erst jetzt melde. War am Vormittag unterwegs und musste dann gleich kochen. Hast du die Fotos und Videos von gestern bekommen?
Ich, 13:59: Ja, daaaannkeeee, ich schlafe nur, wurde versorgt!
Margot, 16:25: Hast du Besuch?
Ich, 17:32: Gehabt. Helga war kurz da, sorry, das Handy lasse ich immer im Zimmer.
Margot, 17:39: Passt schon.

Handy-Kontakt mit Coni am 8. 1. 15

Coni, 8:21: Geht's dir etwas besser? Konntest du schlafen? Schmerzen? Bin am Arbeiten.
Ich, 9:49: Nein, wollte mir die Klammern rausreißen, habe es leider nicht geschafft. Deppi-Gruppe hätte ich gehabt, zum Glück wurde sie abgesagt! Ich habe keinen Bock, ich hätte das nicht gepackt!! Jetzt noch Psychotanten-Termin, wenn sie mir nicht sympathisch ist, rede ich kein Wort!
Coni, 16:08: Wie ist es dir ergangen, mit der Psychotante? Habe dich lieb!
Ich, 17:35: (Ich schreibe einen ganzen Schwall Nachrichten aber total unlesbar! Total chaotisch.)
Coni, 18:14: Ich kann es leider nicht entziffern, aber den Sinn verstehe ich. Klingt aber ein wenig besser, oder? Hab dich lieb! Oje, mein Chef hat mich gerade erwischt beim Schreiben.
Ich, 18:20: Scheiße! Nein, bin einfach nicht mehr ich! Und die Suizidgedanken verfolgen mich! Medis habe ich wieder umstellen müssen. Hab dich lieb, hoffe, du kriegst keinen Ärger wegen mir!
Coni, 18:34: Nein, nein! Aber ich denke, wenn die Medis die Richtigen sind, geht's auch besser. Ich hab dich lieb. Denke fest an dich! Gehe jetzt die Kidis holen.

Ich, 18:36:	Liebe Grüße, am liebsten würde ich die Klammern rausreißen!!
Coni, 18:43:	Wegen den Schmerzen oder sonst?
Ich, 18:44:	Ich bin nicht mehr ich, absolut nicht! Ich bin nicht ich und das ist soooo schlimm!!!!
Coni, 21:35:	Warum bist du nicht du? Du schreibst wie du und du machst, was du willst und sagst, was du denkst! Das ist doch meine Schwester!! Drück dich fest!!

Handy-Kontakt mit Wilma am 8. 1. 15

Wilma, 22:53:	Gute Nacht, Moni. Muss morgen, am Samstag und am Montag arbeiten. Danach komme ich dich wieder besuchen. Alles Liebe und Gute.

Handy-Kontakt mit Markus am 9. 1. 15

Ich, 7:15:	Pallrs.Z Wop
7:21:	Sorry, bin ganz durcheinander! Alles z. B. Garage. Kleiner Engel in die Küche, wo die Figuren waren. Tongehänge, großer Engelschopf, Gehänge Keller, jenes, welches Svenja getöpfert hat, kommt wieder an die Haustür.
Markus, 7:39:	Ich schicke noch mehr! (Er schickt mir von allen Dekorationen Bilder, damit ich ihm Anweisungen geben kann, wohin er was wegräumen soll.)
Ich, 11:09:	Ich bin total k. o. Die ganze Nacht wollte ich mich umbringen. Jetzt bin ich ein wenig am Dekorieren. Es ist die Hölle! Nicht mal auf einem Stuhl kann ich stehen! Habe überhaupt keine Kraft! Ich mag so nicht mehr! Ich kann so nicht mehr! Ich will nicht mehr!!!

Markus, 11:12:	Hey, Mausi, Kopf hoch! Positiv denken! (wieder Bilder, wo er auf Anweisungen von mir wartet, damit er die Sachen wegräumen kann)
Ich, 15:32:	Herz und Tonkugel kannst du stehen lassen. Einfach das ganze Weihnachtszeug wegräumen! Alles in einen Karton packen und „Haustür" darauf schreiben. (Ich schicke ihm Berge von Anweisungen, wo er was wegpacken soll, aber er kann die Sätze fast nicht entziffern! Schreibe so wirres Zeug!)
15:51:	Könntest du mir schauen, ob ich in meiner Handtasche oder in der Küche meinen „Touchstift" liegen habe, fürs Handy? Könntest du mir bringen, vielleicht tue ich mir dann leichter mit Nachrichten schreiben.
21:06:	Bringe keinen Reiher, aber ein grünes Tuch, ein grünes Kissen und einen großen, grünen Topf. Und der Metallständer mit dem dreieckigen Fuß, einen weißen Lackstift, um auf das grüne Papier zu schreiben. Bitte noch ein beiges Tuch, wie ich es immer bei den Krippenfiguren verwende. Im Kasten bei den Badehandtüchern.
21:08:	Danke, du kannst mir einfach das rosa Federpenal bringen, welches im Stubenkasten in meiner Schublade liegt. Und einen Karton, wo das grüne Papier drauf passt.
Markus, 21:14:	(Markus schickt Fotos, von der Weihnachtsdeko leer geräumten Haustür und dem Küchenkasten, welchen er auch vom Weihnachtsglanz befreit hat.)
21:16:	Passt das?
Ich, 21:16:	Passt! Gut!
21:17:	Nacht!
Markus, 21:18:	Bussi, Maus!

Handy-Kontakt mit Margot am 9. 1. 15

Margot, 10:07: Schon munter?
Ich, 10:18: Bitte schöne Tulpen, weiß oder bunt ca. 11 Stk. Wenn es 10 sind ist auch egal! Wäre lieb. Noch ein paar Korkenzieherhasel und ein oder zwei braune Tischsets, in die grünen Blumentöpfe stopfst du einen Fetzen. Sonst ersäuft meine Deko in dem großen Geschirr. Und schau im alten Schrank im Keller, ob du weiße, große Kunstblumen und den großen Schmetterling finden kannst.
Margot, 10:19: Ich glaube deine Nachricht gilt Markus. Bist du noch am Dekorieren?
10:44: Hast du bemerkt, dass du die Nachricht vorhin mir geschickt hast?
16:37: Wie geht es dir heute?
Ich, 16:38: Schicke es bitte an Markus weiter.
16:41: Mir geht es gar nicht gut. Wollte Blumengirlanden aufhängen, bin viel zu kaputt und schaffe es nicht!
16:51: Der Oberarzt hat gemeint, ich sei kein klassischer Burn-out-Patient, sondern ein doppelter. Bei den meisten hier reicht eine volle Dosis Medis. Bei mir müssen sie nochmals das volle Programm geben, da ich nicht angesprochen habe und wieder ins Burn-out renne, mit Deko usw. Ich würde wieder Vollgas laufen mit dem Dekorieren. Immer voll drauf und kein Ende, und lieber schon fertig sein, bevor ich angefangen hätte! Sorry, bin voll durcheinander und fertig. Kriege wieder die volle Dosis! (Konnte nicht alles entziffern, was ich schrieb, da ich wieder voll neben mir war.)
Margot, 16:54: Soll ich das auch weiterschicken? Hast du heute Besuch gehabt?
Ich, 17:01: Ja, die obere Nachricht bitte.
Margot, 17:08: Das ist glaube ich nicht für mich!

Handy-Kontakt mit Coni am 9. 1. 15

Ich, 7:26:	Nein, kein Gefühl, alles egal! Wollte mir die Klammern rausreißen, war wieder im Todesfieber! Habe sie nicht rausgekriegt, ich bin nicht mehr ich.
11:08:	Bin kaputt! Die ganze Nacht wollte ich mich umbringen. Und jetzt wollte ich ein wenig dekorieren, es ist die Hölle, kann nicht mal auf einen Stuhl steigen! Keine Kraft! Ich kann so nicht mehr! Ich mag so nicht mehr! Ich will so nicht mehr!
Coni, 11:18:	Du hast ja bei deiner letzten Aktion auch Blut verloren! Es tut mir leid, aber du musst erst zu Kräften kommen! Dann geht es sicher wieder bergauf. Habe dich sehr lieb!
21:45:	Hallo Liebes! Wie geht es? Was hast du denn dekoriert? Hast du Therapien gehabt? Wir waren im Schwimmkurs. Dein Patenkind hatte sehr viel Spaß, zum Glück! Drück dich fest und hab dich lieb!

10. Januar 2015

Handy-Kontakt mit Markus am 10. 1. 15

Ich, 5:30:	Okay. (Markus hat mir am Vortag noch Fotos geschickt, wie der Küchenkasten ohne Weihnachtsdeko aussieht) Cool, danke! Schlafe weiter!
Markus, 5:33:	Morgen, Schatz, ich auch.
Ich, 5:48:	Hat mich umgehauen, beim Aufs-Klo-Gehen!
5:56:	Bringe mir heute bitte alles für die Deko mit, möchte alles fertig machen, wie ich es im Kopf habe. Ich nehme einfach Hilfe an, von meiner

	Zimmernachbarin. Grünes Tuch, grünes Kissen, egal, welches Grün und ein kleiner Fetzen grüner Stoff! Den Ständer, grüner Karton, ein beiges Tuch, weißer Lackstift.
6:40:	Bitte auch Haarbänder und Haarspangen.
7:01:	Große grüne Schale, Haarbänder und ein paar Haarspangen.
7:09:	Am liebsten noch heute Vormittag! Habe ganz schlecht geschlafen. Weil ich nichts schaffe und trotzdem fix und fertig bin! Und das kann ich nicht akzeptieren! Und trotz Tabletten plane ich die Deko und die spukt mir im Kopf herum! Und wenn ich das nicht erledige, finde ich keine Ruhe! Und weil ich nichts von alledem schaffe, weine ich nur noch!!!
Markus, 7:10:	Lackstift, wo?
Ich, 7:12:	In meiner Schublade in der Stube. Kannst auch das ganze rosa Federpenal mitbringen.
Markus, 7:12:	Maus, vormittags geht nichts, bin gerade auf dem Weg ins Büro!
7:13:	Grünes Tuch und grüner Topf gibt es nicht!
Ich, 7:13:	Okay, weiß nicht. Am Nachmittag mache ich nichts, dort ist Besuchszeit. Karton brauche ich nicht mehr!
Markus, 9:45:	(Schickt mir ein Foto von Karton) Soll ich das mitnehmen?
Ich, 11:45:	Kannst schon. In der Tischtuchabteilung ein kleines, grünes Tuch oder ein Kopftuch. Das Handtuch ist blöd für die Deko.
Markus, 13:56:	(Schickt ein Foto von unserem Gartenhäuschen)
Ich, 13:59:	Ja, und??
14:00:	Von Kevin bin ich enttäuscht! Nicht wegen dem Besuch, sondern weil ich nie eine WhatsApp-Nachricht kriege.
Markus, 14:02:	Habe alle Weihnachtsdeko weggeräumt!
Ich, 14:10:	Super!

15:52:	Lass Kevin daheim, kein Problem!
Markus, 15:53:	Was brauchst du noch?
Ich, 15:59:	T-Shirt, 2–4 Tempopackungen oder besser eine Tempo-Box und ein leeres Buch, wie ein Block. Möchte malen.
18:39:	Ein paar Korkenzieherhasel, Tischtuch kannst du wiederbringen, um in das Geschirr zu stopfen. Ständer und ein gutes, breites Klebeband. Pampers-Feuchttücher, Abschminktücher, dünnes Haarband, graues Haarband gezopft, grünes Tuch.
18:40:	Danke, gute Nacht.
Markus, 18:49:	Bin schon alles am Herrichten.
19:05:	(Markus schickt ein Bild von Kevin im Anzug. So gehe er auf einen Ball.)
Ich, 19:14:	Wow, der kommt sicher mit einer Freundin nach Hause! Ich weine schon wieder, weil ich die eigenen Kinder nicht ertrage!! Mir ist alles zu viel! Ich schaffe das nie!!!
20:02:	Im Garagenschrank? Im Schuppen vielleicht. (Den Rest, was ich schrieb, kann ich nicht entziffern.)
Markus, 20:03:	Dort schaue ich noch. Was heißt das Ende der Nachricht?

Handy-Kontakt mit Margot am 10. 1. 15

Margot, 19:34:	Wie geht es?
Ich, 19:59:	Nicht gut! Weine und bringe nichts auf die Reihe! Shy doetvhornichstande bershvh wummer jabdvho (so verwirrt schrieb ich immer mal wieder!!)

Handy-Kontakt mit Coni am 10. 1. 15

Coni, 17:28: Hab dich sehr lieb und ich finde, dass du das sehr gut machst! Wenn du den Spruch, welchen du auf dem Zettel skizziert hast (das, was du auf die Tafel schreiben willst), befolgen kannst und auch versuchst zu leben, dann bist du auf einem sehr guten Weg! Ich versuche dich so gut es geht zu unterstützen. Aber sage bitte, wenn es dir zu viel wird. Ehrlichkeit wird sehr groß geschrieben und man erreicht auch jene Leute, welche einen schätzen. Drück dich fest! Dein Schwesterchen.

Ich, 18:37: Danke vielmals für deinen Besuch, aber ich bin einfach nicht ICH! Es ist wieder Abend und ich weine, weil ich wieder nichts getan und fertiggebracht habe!! Ich könnte echt schreien!! Bin wieder ganz, ganz unten!!!

Coni, 22:03: Das braucht einfach Zeit! Wenn du wieder alles mit Vollgas erschaffen willst, bist du wieder gleich weit und im Burn-out! Du kannst dir auch mal was gönnen! (Ruhe z. B.) Du musst niemandem etwas beweisen!! Du bist so ein lieber Mensch! Und wenn du nicht alles hier und jetzt erledigst, stört das niemanden!! Habe dich sehr lieb!!!

SMS an Maria am 10. Januar 2015

Ich, 9:40: Mir geht es nicht gut! Hatte vor 4 Tagen den zweiten Suizidversuch! Ich bin am Ende! Und werde nie mehr sein, wie ich war …

An diesem 10. Januar kommt meine Schwester zu Besuch. Wir haben viel geredet und ich habe ihr meine Skizze, von einem von mir geschriebenen Spruch, gezeigt. Diesen werde ich auf einen

Karton schreiben und in meine Dekoration integrieren (Meine Schwester hat an diesem Tag ihre Kinder zu Kevin und Svenja gebracht. Allerdings war es für meine Kidis belastend, denn sie waren etwas überfordert damit, da sie an der Situation mit mir zu knabbern hatten.)

SPRUCH:
In etwa (habe den Sinn zusammengefasst):
AUF DIESEM STEINIGEN WEG BEFINDEN WIR UNS. ABER MIT JEDEM STEIN DEN WIR AUF UNSEREM WEG HINTER UNS LASSEN, WERDEN WIR STÄRKER, UND AUCH WENN WIR WIEDER EINEN STEIN NICHT GLEICH BEWÄLTIGEN KÖNNEN, GEHEN WIR TROTZDEM WEITER. IRGENDWANN ERREICHEN WIR DEN ERSTEN GLÜCKSKÄFER. DANN DEN NÄCHSTEN, UND STUFE FÜR STUFE WEITER ZU DEN KNORRIGEN ÄSTEN MIT GLÜCKSKÄFERN UND BLUMEN. UND JE WEITER WIR POSITIV NACH VORNE SCHAUEN, UMSO BLÜHENDER WIRD DAS LEBEN.
(Die Deko möchte ich sinngemäß gestalten.)

11. Januar 2015

Handy-Kontakt mit Markus am 11. 1. 15

Ich, 7:25: Hast du den großen Schmetterling im Deckelkorb gefunden? Wäre cool und drei Holzklötze. Danke.
Markus, 7:30: (Schickt mir ein Bussi-Smiley)
Ich, 7:40: Ja, aber das Schlimmste, meine Kinder haben „geblödelt" und ich habe gleich losgeheult! Mir ist alles zu viel!! Morgen habe ich Tanztherapie! Ich schaffe ja nicht mal, auf einem Bein zu stehen! Oder mich umherzudrehen! Da falle

	ich zu Boden, ich könnte echt schreien! Es ist zum Weinen! Ich bin nur noch müde! Ich kann so nicht mehr und ich will nicht mehr! Ich bin ein Nichts!
Markus, 8:34:	Ich habe dich lieb! Ich stehe hinter dir! Ich hab dich lieb!
Ich, 10:11:	Ich schaffe nichts, ich bin soooo schwach! Die Nachtschwester hat mich zusammengefaltet, weil ich so viel dekoriert habe, und noch so viel Dekosachen bei mir habe. Nur keine Hoffnungen machen! Heute habe ich einen für mich zuständigen Pfleger gehabt, welcher den Verbandswechsel bei mir ohne ein Wort und schnell, schnell erledigt hat, es ist alles anders als bisher! Dann habe ich eine neue Bettwäsche gebraucht, ich bin beim Bett beziehen fast zusammengekracht, so schwach bin ich heute! Kann fast nicht mehr stehen!
Markus, 10:35:	Ruf mich bitte an.
Ich, 10:53:	Jaaaaaa!! Wenig Duschbad, Zahncreme und den türkisfarbenen Pullover (dann folgen wieder komplett unleserliche Nachrichten).
Markus, 10:52:	(schickt Fotos von diversen Kleidungsstücken)
Ich, 10:54:	(Wieder die komplette Nachricht nicht zu entziffern oder erlesen!)
Markus, 11:01:	(schickt Fotos vom Erker in der Küche, wie er von der Weihnachtsdeko leer geräumt aussieht)
Ich, 11:04:	Ja, passt gut, ihr müsst euch wohlfühlen!
Markus, 11:05:	Ist okay!
Ich, 11:08:	Wird schon passen, von mir aus kannst du den Sonntag genießen! Mir geht es scheiße, wie am ersten Tag!
Markus, 11:37:	(schickt ein Foto vom verblühten Weihnachtsstern) Was mache ich mit dem?
Ich, 11:38:	Von wo?
Markus, 11:39:	Schwarzer Küchenschrank.

Ich, 11:39:	Weg damit.
Markus, 11:39:	Wie lange braucht der Kärcher Dampfsauger?
Ich, 13:46:	Bitte einige T-Shirts zu den Jäckchen!
Markus, 19:36:	Zufrieden?
Ich, 19:41:	Danke!!!!
Markus, 19:55:	Wir haben dich lieb! Mach dir keinen Stress!!
Ich, 21:13:	(schicke ein Foto vom komplett von mir dekorierten Essraum!)
Markus, 21:13:	Zufrieden?
Ich, 21:14:	Ja, voll okay.

Handy-Kontakt mit Margot am 11. 1. 15

Margot, 10:07: Guten Morgen!

Ich, 11:01: Morgen, beschissen, bin nur am Weinen! Habe es nicht mal geschafft das Bett alleine zu beziehen! Bin fix und fertig! Schlafe nur! Dann bin ich heute einem schlecht gelaunten Pfleger zugeteilt! Ich kann und ich will nicht mehr!

Margot, 11:02: Ich komme noch am Nachmittag zu dir! Dann machen wir das miteinander! Okay?

Ich, 11:06: Es hat mir eine Zimmerkollegin geholfen. Danke. Weiß nicht, ob du dir das antun willst, mich zu besuchen. Mir geht es echt nicht gut! So wie am ersten Tag!!

Margot, 11:08: Doch, doch. Wir gehen miteinander einen Kaffee trinken und wir können ein wenig quatschen. Aber nur wenn du magst und es dir nicht zu viel wird.

Ich, 11:09: Weiß gar nicht, ob ich es ins Café schaffe!
Margot, 11:11: Ja, ansonsten bleiben wir im Zimmer oder in der Teeküche!
Ich, 11:13: Nein, in dieser Abteilung sieht man mich nur zum Essen oder beim Teekochen.
Margot, 11:15: Ja, dann muss ich ja noch deine Deko anschauen! Aber ist auch egal, wenn wir im Zimmer bleiben!
Ich, 11:23: Tja den Rest npschei Blumen aufhängen tot nieeifach nume icj icg.bin nichts! (so verwirrt habe ich geschrieben)
Margot, 11:26: Das sind die Medikamente!!!

Handy-Kontakt mit Coni am 11. 1. 15

Ich, 7:40: Ja, aber das Schlimmste, meine Kinder waren da und haben ein bisschen gerauft und ich begann gleich zu weinen!! Es war mir schon zu viel! Morgen Tanztherapie!! Ich schaffe es ja nicht mal auf einem Bein zu stehen, oder mich zu drehen! Da falle ich auf die Schnauze! Weine nur noch, bin müde! Ich kann so nicht mehr, ich mag so nicht mehr!!! Ich bin ein Nichts!!!!

Coni, 7:54: Die Kinder wissen doch auch nicht wie sie mit dieser Situation umgehen können, oder sollen! Sie haben ihre Mami in der Klinik, welche sie lieber gesund zu Hause hätten. Sicher nicht einfach für die zwei!! Du kannst von deinem Körper nicht verlangen, dass er sofort wieder alles kann und funktioniert! Langsam Schritt für Schritt. Versuche dich an kleinen Fortschritten zu erfreuen. Du hast vorher mit 250 % funktioniert!!!! Du bist keine Maschine, du bist ein Mensch und Stück für Stück ergibt sich zum Schluss ein Ganzes. Nein, nein, 100 % reichen mehr als genug!!

7:56:	Oder wie der Oberarzt gesagt hat, 85 %!!! Langsam das Vertrauen zu dir finden! Ich drück dich fest! Hab dich lieb!
Ich, 10:11:	Ich schaffe nichts, bin voll schwach, die Nachtschwester hat mich zusammengefaltet, die Deko reiche so langsam und ich sei immer noch am Planen!! Ich will ja nur anderen Patienten Hoffnung machen! Heute habe ich einen für mich zuständigen Pfleger, welcher total miese Laune hat, mir den Verbandswechsel schnell, schnell, ohne ein Wort erledigt hat!! Alles ganz anders als sonst! Der Verband ist viel zu eng! Zudem hatte ich eine neue Bettwäsche gebraucht und konnte sie nicht alleine wechseln! Bin fast zusammengesackt!! Die neben mir hat mir mein Bett bezogen, ich bin sooo schwach!!! Ich kann heute nicht mehr aufstehen!!!
Coni, 10:29:	Oje!! Habe das Gefühl, die arbeiten nicht miteinander!! Du machst das gut! Soll ich dir helfen, es zu verarbeiten? Sag einfach, dass du das so abgemacht hast! Es ist schwer, denke ich! Diese Pfleger haben und müssen viel ertragen, aber die Patienten sollten das nicht zu spüren bekommen! Es kommt sicher langsam und geht halt immer besser und weniger gut! Drück dich fest!
Ich, 11:02:	Es geht nur abwärts! Ich mag nicht mehr, schlafe nur und bin fix und fertig!!
12:39:	Das Bett beziehen nicht geschafft! Eingesackt dabei!! Beim Essen … die ganze Zeit ist mir der Salat neben den Teller gefallen, habe meinen Mund fast nicht getroffen!! Wenn ich könnte, würde ich aus dem Fenster springen! Ich bin völlig am Boden, kaputt, ich hasse mich sooo dafür!!!
Coni, 13:01:	Das ist doch nicht schlimm! Du darfst dich nicht immer schlechtmachen! Es gibt gute und schlechte Tage! Es ist nur sehr schwer für dich es

	zu akzeptieren! Aber du bist in der Klinik, um zu lernen, wieder an dich zu glauben und einen Zacken zurückzuschrauben! Du kannst deinen jetzigen Zustand nicht vergleichen mit dem vor der Einlieferung in die Klinik! Du hast unmenschlich vieles erledigt und niemand hat das gesehen oder gemerkt! Das Bewusstsein, was du alles geleistet hast, kommt jetzt zum Vorschein! Aber das Leben ist auch zum Genießen da und das erlernst du jetzt wieder! Zwischendurch liegt wieder ein Stein dazwischen, aber auch den kannst du wieder bezwingen! Drück dich fest! Hab dich lieb!
13:05:	Ich halte dich gaaaaaaanzzzz fest und habe dich sooooooo lieb!!! Meine große Schwester!!
Ich, 13:06:	(schicke nur weinende Smileys)
Coni, 20:07:	Hast du viel Besuch gehabt? Hoffe, du kannst gut schlafen und du erzählst mir dann, wie die Tanztherapie gegangen ist! Halte dich fest!

An diesem Tag habe ich die ganze Station dekoriert und geschmückt, wie weiß ich nicht! Auf jeden Fall ist es schön geworden und habe am anderen Tag von der ganzen Deko Fotos verschickt!!

12. Januar 2015

Handy-Kontakt mit Markus am 12. 1. 15

Markus, 6:14:	Morgen, Maus, heute besser geschlafen? Schaut super aus!! (Deko)
Ich, 6:38:	Nein, müsste heute mit meinem Supergleichgewicht tanzen gehen! Das nervt mich voll! Die neben mir hat geschnarcht, wie Sau!! Noch mehr als du in schlimmster Zeit!! Die Scheiß-Medis ... (wieder lauter unentzifferbare Texte)

Markus, 6:40:	Hey, Maus, du musst im Moment nichts planen!! Du schaust jetzt nur auf dich!!
Ich, 6:51:	Geht nicht!!! Ich muss raus hier!!! Wenn die mich nicht ruhig stellen. So halte ich das nicht aus!!! Margot hat am 10. Januar Geburtstag gehabt!!!
Markus, 6:57:	13. Januar steht im Kalender! Morgen ist der richtige Tag. Wir bereden es am Abend. Bleibe ganz ruhig! Reg dich nicht auf!!
Ich, 7:23:	Doch, aufgestanden einen Schluck Tee, dann Schwindel. So ein Sch… und diese verdammte Tanztherapie! Mir geht es so scheiße!! Wenn ich nicht so müde und kaputt wäre von den Tabletten, könnte ich nach Hause! Das ruhige Erholen ist schon vorbei!!
Markus, 7:26:	Mach dir keine Gedanken, sprich mit Herbert!
10:20:	(Schickt ein Selfie) Habe lauter rote Flecken im Gesicht!!
Ich, 11:15:	??????
Markus, 11:35:	Allergische Reaktion!
11:39:	Wie erging's dir?
Ich, 11:48:	Erzähl ich dir später. Mag nicht mehr! Könntest du mir noch dünne Pullis bringen, egal welche. Mein Parfum ist leer. Blue light bringen, bitte, oder Aliens, aber dann mit Aliens-Deo. Und bringe mir bitte für meine Bettnachbarin was mit, für ihre Hilfe (welche ich von ihr kriege). Schokoblümchen oder Merci als Dankeschön!
11:51:	Wenn du heute nicht kommst, oder sowieso niemand wäre mir am liebsten! Habe keine Nerven und weine immer wieder!! Ist voll scheiße, bin voll im Hamsterrad!!! (Aber nicht mit laufen!!)
Markus, 14:02:	(schickt mir ein Foto von Kevin mit zwei Kolleginnen) HTL-Ball
Ich, 14:32:	So, so, gut!!! Ein Mädchen kenne ich, oder? Du musst heute nicht mehr kommen! Um 17.00 Uhr gibt es Abendessen.

Markus, 14:34:	Ja, das Mädchen kennst du! Habe es ihr auch geschickt, dasselbe Foto! Ihr Kommentar: Lieb oder!!
Ich, 14:38:	Ist auch lieb! So jetzt mag ich nicht mehr! Schalte das Handy aus! Habe den ganzen Tag noch nicht geschlafen. Hoffe, es kommt niemand! Ich schalte aus.
17:02:	Barfußschuhe gibt es! Aber kosten um 70 Euro. Nein, aber einen flacheren Schuh!

Handy-Kontakt mit Kevin am 12. 1. 15

Kevin, 14:28:	(schickt mir ein Foto von selbst gekochten Nudeln)
Ich, 14:30:	Super gemacht!! Da muss ich ja nicht mehr kochen!!
Kevin, 14:48:	Doch es war nicht gut! Sieht nur lecker aus!
Ich, 14:49:	Hat vorher auch nie gepasst! Ach und jetzt musstest du es selber machen!!
Kevin, 14:52:	Doch, bei dir hätte es besser geschmeckt!
Ich. 14:53:	Ach, das meinst du nur!
Kevin, 14:53:	Nein, ist so!!!

Handy-Kontakt mit Margot am 12. 1. 15

Ich, 6:16:	(schicke ein Foto von der dekorierten Ecke) Dafür bin ich jetzt völlig fertig! Entweder sie stellen mich bald ruhig oder ich gehe heim! Bin den ganzen Tag nervös und weine wegen jedem Scheiß! Habe nicht gut geschlafen vor lauter Nervosität! Sollte tanzen gehen mit meinem Gleichgewicht! Spüre überhaupt keine Ruhe in mir! Ich will schon wieder alles zusammenreißen und Vollgas geben! Wenn ich die Medis nicht nehme, welche sie mir geben, bin ich, wie ich war, bevor ich hier landete! Und ich bin die ganze Zeit am Nach-

	denken wegen dem Ball, wo unsere Kunstradfahrer den Auftritt haben! Meine Bettnachbarin kritisiert den Spruch bei meiner Deko! Ich finde einfach keine Ruhe mehr!
Margot, 6:38:	Schön gemacht, die Deko! Studiere nicht diesem Ball nach! Wir bringen schon etwas zusammen! Und wegen der Tanztherapie, nimm's locker und lass es auf dich zukommen! Mache einfach nur, was geht!
14:20:	Und wie war die Tanztherapie?
Ich, 14:27	Sch…!!!!!!!!! Der Doc war hier mit der Visite. Er hat mich angeschaut und gesagt: „Aha … immer noch 150 %! Aber nicht durchführbar!" Deshalb bin ich stinksauer!! Zornig!!! Suizidgefährdet!!!! Wir müssen die Anfangsdosis nochmals geben!! Ich sei viel zu spät in diese Klinik gekommen!! Solange sie mich nicht zum Ruhigstellen bringen, hätten Therapien keinen Sinn!!
14:29:	Sorry, den Rest bequatschen wir mal, ich mag nicht mehr schreiben!
Margot, 14:30:	Oje! Klingt nicht gerade gut!!!
14:37:	Bist du müde?
Ich, 14:39:	Ja! Die neben mir hat ihre ganze Wäsche bei mir am Fenster aufgehängt!! Ist mir ganz egal!!

Handy-Kontakt mit Wilma am 12. 1. 15

Wilma, 6:09:	Guten Morgen, Moni. Wollte dich morgen gerne besuchen kommen, aber ich bin leider krank! War am Wochenende schon sehr stark erkältet! Aber jetzt bin ich krank geworden. Kann dich also leider erst wieder besuchen kommen, wenn ich gesund bin! Wie geht es dir, Moni? Geht es schon ein bisschen aufwärts? Alles Liebe von mir. Wilma

Ich, 6:45: Ich bin, wie ich gewesen war vor der Klinik. Außer das Gleichgewicht ist schlecht und die Psyche noch schlechter als bisher. Weil ich sooo viele Pläne im Kopf habe, aber nichts zum Durchführen schaffe! Am Anfang hatte ich zwar starke Medis, dort war ich voll von der Rolle! Aber die innere Unruhe besser. Ich werde wohl nochmals stärkere Medis kriegen. Ich habe so vieles geplant und nichts durchführen können. Das halte ich nicht mehr aus! Gute Besserung, Wilma, und danke!

Wilma, 9:24: Liebe Moni, ich wünsche dir das Allerbeste und ich denke an dich!! Herzlichst Wilma

Ich, 11:37: Ich bekomme ganz starke Medis! Ich bin schon im nächsten Burn-out. Es sei sehr schwirig bei mir, normal gebe es eine medikamentös scharfe Woche, und dann Abbau der Medis. Bei mir sei der Abbau eine Katastrophe! Jetzt kriege ich nochmals die volle Ladung! Weil ich schon wieder nervös bin, alles machen will und Pläne mache und voll unruhig und „zappelig" bin! Aber ich bin schon so schwach, da rausche ich auf 100 %!! Gute Besserung, Moni

Handy-Kontakt mit Coni am 12. 1. 15

Ich, 6:14: (schicke ein Foto von der Dekoecke) Dafür bin ich total fertig! Entweder sie stellen mich ruhig oder ich kann nach Hause! Bin den ganzen Tag nervös und weine wegen jedem Scheiß! Bin voll drüber! Geschlafen habe ich auch sehr schlecht! Weil meine Bettnachbarin sooo schnarcht!! Und ich finde keine Ruhe, studiere allem Möglichen nach, was ich will, was ich könnte usw. Rastlos auch in der Nacht, wie früher! Finde überhaupt keine Ruhe mehr!

Coni, 7:25:	Super gemacht! Schöne Deko! Du hättest ja Zeit gehabt, die Deko zu machen und hättest dir Zeit lassen können! Aber es ist wunderschön! Hab dich lieb!
Ich, 7:27:	Das bin eben ich! Bin wieder meganervös, alles Mögliche am planen und machen und drehe voll auf. Wenn sie die Medis weglassen, bin ich wie vorher und die Ruhe ist weg!!
13:11:	Anfangen wieder mit den Medis vom ersten Tag! Ich sei ja wieder voll drauf, außer körperlich habe sich nicht viel getan bis jetzt! Jetzt kriege ich eine volle Bombe wie noch nie! Weiß nicht genau, wie sie heißt, und es soll innerhalb 96 Stunden wirken. Tja, der Doc hat gemeint, dass er mich schon irgendwie ruhig kriegen werde! Ich würde ja wieder voll aufdrehen! Nicht schlafen, Pläne schmieden, was könnte ich wo und wie gleich erledigen, zappelig und nervös! Aber ich weine nur, fühle mich in einem fremden Körper! Und dann vollgefressen, dass meine Suizidgedanken wieder voll da sind!!!
Coni, 13:33:	Hm, heißt das Medi nicht L…? Es muss etwas ruhiger gehen, sonst hast du ja nicht ein bisschen Ruhe!! Auch mal an dir oder für dich was Gutes tun! Es kommt sicher, aber langsam! Der Doc meint es sicher gut mit dir! Schau, wenn es überhandnimmt, deine Gedanken meine ich, kannst du mich jederzeit anrufen!! Oder rufe das Pflegepersonal, okay?
18:56:	Hoi, hoi. Hast du es etwas besser? Ein bisschen ruhiger? Keine schlechten Gedanken? Ich hoffe es fest! Hab dich lieb und denke immer an dich!

13. Januar 2015

Handy-Kontakt mit Markus am 13. 1. 15

Markus, 6:47:	(schickt ein Foto vom leeren Küchentisch) Deko???
Ich, 8:13:	Egal, braucht es nicht!
Markus, 8:18:	Was ist los??
Ich, 8:20:	lag nüme dvrty
Markus, 8:20:	?????
Ich, 8:24:	Kann nicht mehr schreiben!
Markus, 8:25:	Warum???
9:34:	Was ist los?????!
11:38:	Geht's wieder besser?
Ich, 12:22:	Bin mit Hilfe Essen gegangen. Aber musste schnell wieder ins Zimmer! Liege halt so da und mir ist voll schwindlig!!!!
Markus, 12:24:	Sch…! Mir tut der Zahn weh!! Habe richtig Panik!
Ich, 12:52:	Dann geh halt zum Zahnarzt! Lass dir eine Spritze geben, dann tut nichts mehr weh! Gib dir einen Ruck! Mich hast du ja auch hierher gebracht!
Markus, 22:50:	Hab dich ganz, ganz lieb!

Handy-Kontakt mit Margot am 13. 1. 15

Ich, 8:23:	Alles Liebe und Gute zum Geburtstag!! Sorry, bin heute zweimal zusammengeklappt! Mag nicht mehr schreiben!
Margot, 8:24:	Danke, ich komme morgen wieder zu dir!

Handy-Kontakt mit Coni am 13. 1. 15

Ich, 10:26:	(schicke ein Foto von meiner Infusion) Was ist das?
Coni, 10:29:	Was steht darauf? Kann es nicht lesen!?
Ich, 10:30:	(schicke noch ein Bild) Jetzt? Ni 3W einmal glaube ich. Puls 24
11:39:	Mir geht's nicht so gut, sorry. Bin zweimal zusammengeklappt!!
Coni, 11:44:	Eine Kochsalzlösung-Mischung! Einfach, um den Wassersalzhaushalt auszugleichen. Und damit die Medis besser wirken. Nichts Schlimmes!
12:02:	Oje das ist nicht gut! Evtl. die Medis! Bist du unter Kontrolle? Hast du etwas gemacht? Entschuldige bitte, mache mir gerade etwas Sorgen! Drücke dich fest!
Ich, 12:19:	Müde bin ich! Zähne putzen und nichts mehr!!
Coni, 12:45:	Hmm, war eben doch schon zu viel gewesen! Hoffe, die Medis lassen sich gut einstellen!!
Ich, 13:00:	Schwierig! Komme mir vor wie ein Depp!!! Kann nicht mal eine leere, weiße Wand anschauen, da sehe ich Gekritzel, Punkte und Landkarten!!!! Ich bin voll irr und verwirrt!!!
Coni, 19:32:	Hallo Liebes! Geht es besser? Ist sicher anstrengend! Aber es kommt sicher langsam!!! Ich denke fest an dich und drücke dich fest!

Das waren meine ersten 18 Tage in der Klinik. Zittert und vielleicht ungewöhnlich, die Nachrichten so zu lesen! Aber es ist einfach die Wahrheit und knallharte Realität, wie ich drauf war. Und da ich ja nichts mehr weiß von alledem, habe ich in diesem Buch einfach die ganzen WhatsApp-Nachrichten wiedergegeben. Für mich war es irgendwie spannend, aber auch erschreckend, wie ich drauf war! Aber während ich das so verarbeite und niederschreibe, merke ich, wie ich eigentlich die letzten mindestens 8 Jahre gelebt habe!!

Habe immer die ganzen Nachrichten pro Person und Tag in Blöcken geschrieben, da es sonst, wenn ich es zeitlich sortiert hätte, zu unverständlich zum Lesen wäre. So ist einfach immer der Tagesverlauf mit jeder Person abgeschlossen.

So. Ab jetzt geht es bergauf! Mit dem 14. Januar beginnt mein positiver und willensstarker Kampf!!

Meine Geschichte!!!

Ich möchte niemanden kritisieren, beleidigen oder schlecht machen! Es ist einfach mein ganz bewusster Klinikaufenthalt, wie ich als Patientin alles erlebt und gefühlt habe. Von meiner Ansicht, von meinem Erlebten und meinem Gefühlten. Einfach eben MEINE GESCHICHTE!!!

14. Januar 2015

Der Tag, an dem ich mich entschließe zu leben!!! (und Tagebuch zu führen)

Schlechter Tag! Ich habe nur Suizidgedanken! Habe gestern Morgen einen Kreislaufzusammenbruch gehabt, deshalb habe ich einen Venen-Floor (sogenannter Schmetterling) gesetzt gekriegt, mit einer Infusion. Blutverdünnung kriege ich ja auch. Den ganzen Vormittag denke ich an Selbstmord! Da kommt mir der Gedanke, ich könnte ja den Schmetterling rausziehen, zusammen mit der Blutverdünnung geht es dann ganz schnell!!!

So schnell, dass vielleicht endlich Schluss ist! Doch wie aus heiterem Himmel schießt mir die Erkenntnis durch den Kopf, dass ich eigentlich voll krass drauf bin. Ich erinnere mich an die Worte, der für mich an diesem Tag zuständigen Pflegerin: „Kommen Sie zu uns, reden Sie mit uns, bevor Sie wieder einen Suizidversuch starten!" Ich kämpfe gegen meine Suizidgedanken an, denke stark über diese Worte nach und fasse den alles entscheidenden Entschluss: ICH WILL LEBEN!!!!!!!

Ich gehe ins Pflegerzimmer und sage zu meiner Pflegerin: „Nimm mir bitte den Schmetterling raus! Ich wollte mich gerade eben umbringen!!!!! Ich wollte ihn erst selber rausziehen!!!" Die Pflegerin schaut mich mit großen Augen an, lobt mich und nimmt mir die Venenzuleitung fachgemäß raus! Sie nimmt mich an ihre Seite und wir führen ein ziemlich emotionales Gespräch. Ich entscheide mich zu leben! Ab diesem Entschluss kämpfe ich. Ich kämpfe jeden Tag, was man jetzt anhand meines Tagebuches miterleben kann!!! Übrigens für mich auch nochmals sehr spannend beim Schreiben dieses Buches!!!

An diesem Tag kommt Margot eine halbe Stunde nach meinem Fast-Suizidversuch zu Besuch und redet mir gut zu! Ich sage ihr, dass ich mich fürs Leben entschieden habe!!!!

Ich will Leben!!!

Am Abend kommen Markus und meine beiden Kinder. Svenja nimmt mir das Versprechen ab, dass ich bitte nie, nie, nie mehr einen Suizidversuch starten werde! Nie mehr!!! Ich verspreche es ihr. Denn ich will ja leben!!! UND WIE ICH LEBEN WILL!!!!!!!!

15. Januar 2015

Mir geht es so gut wie noch nie!!! Ich bin so verdammt stolz auf mich, dass ich gestern meinen Suizid selbst gestoppt und damit verhindert habe! Bin sicher, wenn ich ertappt worden wäre, beim Versuch, hätte ich nicht abgeschlossen!!! Aber durch das, dass ich den Suizid selber gestoppt habe, ist das Thema Suizid für mich erledigt! Dann 1 Stunde Hometrainer, dann ein gutes Gespräch mit der Psychologin.

Zwei Mädels aus meinem Zimmer haben die Deko, welche ich auf unserer Abteilung gemacht habe, kritisiert und gesagt ich solle sie wieder wegmachen! An einem schlechten Tag hätte ich geweint, aber heute geht es mir ja gut, bis jetzt!

Ein Junge auf unserer Station kommt auf mich zu und sagt: „Lass es ja stehen! Es hat eine große Bedeutung und passt zu jedem von uns! Wir müssen alle den mit Steinen versperrten Weg gehen und erlernen. Deshalb sind wir hier!!"

Das hat mich nochmals aufgebaut und bestätigt. Jetzt habe ich dann noch einen Termin in der Ergotherapie (kreatives Arbeiten).

Freue mich riesig, denn das ist meins! Ich hoffe es geht alles so weiter! Ich fühle mich super!

Habe einen fürchterlichen Heulkrampf gekriegt! Viermal Ergotherapie in der nächsten Woche!! „PANIK IM KOPF!!" WAS, WO, WIE!!!!!!!!????? Schlimm! Ich führe ein Gespräch mit der zuständigen Pflegerin. Sie meint, keine Panik, eins um das andere. Das sieht jetzt nur so verplant aus! Den ganzen Tag im Zimmer sitzen und Daumen drehen sei ja auch nicht in meinem Sinne! Okay, ich verstehe!

Abendessen! Okay, ich esse brav alles auf, was für mich bestimmt ist und ich bin verdammt stolz auf mich!!!

Und ich nehme den Kampf auf, gesund zu werden!!!!!

16. Januar 2015

Bin gespannt, was der heutige Tag bringt. Möchte fragen, ob ich die für mich doofe Musiktherapie streichen darf und ob es möglich ist, dass ich jeden Tag eine Stunde auf dem Hometrainer radeln darf, wäre schön!

Ich darf!!!!! Ich habe mein Ich wiedergefunden! Endlich!!! Mein Gewicht darf so wie jetzt bleiben, aber darf auf keinen Fall mehr runtergehen! Ich fühle mich sooo glücklich!! Wie schon eine Ewigkeit nicht mehr!! Hoffentlich bleibt dieses Gefühl!! Ich genieße es richtig! Ich habe heute so ein Glücksgefühl und möchte es am liebsten hinausschreien!!!

Eigentlich geht es mir super, bis auf den leichten Schwindel im Hinterkopf! Habe echt Angst, dieses super Glücksgefühl voll zu genießen, weil ich bei vielen Mitpatienten sehe, wie schnell es wieder anders sein kann. Eigentlich bin ich ja blöd!! Ich muss es einfach genießen, wenn es so ist!! Aber es macht mir schon ein wenig Angst!!!

Aber jetzt genieße ich es einfach, dass ich mich soooo super fühle, und halte daran fest!!! Mal schauen, vielleicht kommt noch Besuch. Markus kommt ganz sicher!!

17. Januar 2015

Ich komme mir vor wie in einem schlechten Film!! Der Arzt hat in der Visite gesagt, dass ich Ausgang haben kann!!!! Das heißt, ich könnte Sa./So. eigentlich nach Hause gehen!!!! Obwohl ich ja nicht mal gefragt habe!!! Ich fühle mich haltlos überfordert! Diese Situation macht mich gerade sehr unsicher und bringt mich voll aus dem Konzept! Stehe komplett neben mir!!! Ich heule und habe wahnsinnige Zukunftsängste!! Eigentlich will ich nur noch nach Hause! Aber ob ich es schaffe zu essen, normal zu essen wie hier in der Klinik, ohne mich zu übergeben???! Seit ich hier bin, habe ich es geschafft und durchgezogen, und es geht mir super dabei!! Eigentlich eine Superleistung, finde ich!!! Und ich bin stolz auf mich!! Eigentlich habe ich so gesehen schon sehr viel erreicht!! Suizidgedanken sind vollkommen weg!! Übergeben habe ich mich, seit ich hier bin, nie mehr!! Und mit einer Stunde Sport am Tag bin ich total zufrieden!! Was will ich denn eigentlich noch?!?!?!

Einfach dreimal am Tag „normal" essen! Frühstück, Mittag und am frühen Abend (wie hier) und es passiert überhaupt nichts! Meine Waage wird verbannt (Wer braucht die schon!!!) und alles ist egal!!

Ich habe Panik! Ich kenne mich im Moment selber nicht! Ich glaube, es wird schon schwer werden!! Aber ich setze mich selber unter Druck! Unter Druck, mich NIE mehr, absolut NIE mehr zu übergeben!!

DAS IST MEIN ZIEL!!!!!!

Dann ergeben meine Suizidversuche und mein Klinikaufenthalt einen Sinn!!! Dass ich wachgerüttelt bin und nie mehr in dieser Hölle landen will! Wenn ich das schaffe – und ich WILL es schaffen, ich will es unbedingt schaffen!!! – dann wird mein Leben wunderschön!!!

Ich habe Panik und weiß absolut nicht warum! Und doch fühle ich mich, wie in einem schlechten Film!! Ich habe Besuch bekommen. Margot ist gekommen und ich habe mir schon seit 1 ½ Stunden die Augen ausgeheult!! Ich habe solche Sehnsucht für immer nach Hause zu gehen! Ich weiß aber auch tief in mir, dass es noch viel zu früh ist, diesen Schritt zu wagen!!! Wenn ich hier rausgehe, will ich nie mehr rein müssen!! Ich will raus und alles hinter mir lassen! Und dann nie mehr in diese Klinik müssen!!

Ich bin stark! Stark für meine Familie, meine Freunde und für mich!! Ich muss es schaffen!! Ich schaffe es!!! Mit Margot gehe ich fein spazieren! Im Wald ist es sooo wunderschön, ruhig und die frische Luft tut einfach sehr gut! Danach trinken wir einen feinen Automatenkaffee und wärmen uns dabei auf!

Mit Margot rede ich immer über meine Gefühle, meine Erlebnisse hier in der Klinik und was mir gefällt und vor was ich mich fürchte! Einfach über alles!! Reden ist sehr wichtig, das habe ich hier gelernt!! Und ich lerne es jeden Tag aufs Neue!! Später kommen Markus, Kevin und Svenja zu mir. Toll, ich freue mich, aber das Heimweh packt mich gerade wie ein Fluch!!! Ich werde stark sein, ich werde es überstehen!! Ich muss durchhalten! Es ist alles zu überstehen und zu erreichen, wenn ich will!! Und ich will! Ich will es unbedingt! Ich will wieder leben, genießen und fühlen! Deshalb bin ich hier!

Wenn ich es auch anfangs nicht eingesehen habe. Aber jetzt will ich es und ich kämpfe dafür. Geschehe, was wolle! Die Hölle, aus der ich gekommen bin, will ich nie mehr erleben müssen!! NIE MEHR!!!!

(Bin dieses Wochenende übrigens in der Klinik geblieben, da ich es mir nicht zugetraut habe, das Wochenende außerhalb der Klinik zu verbringen.)

18. Januar 2015

Heute ist ein guter Tag für mich! Es ist Sonntag und Markus kommt mit den Kindern zu mir. Es ist verdammt schwer!!! Es ist hart, hier zu sein und hier zu bleiben! Eigentlich möchte ich nach Hause!

Bin heute Morgen auf dem Hometrainer im Flur gesessen und habe gestrampelt, um ein bisschen Bewegung zu haben. Eine Mama eines Kollegen von Kevin arbeitet hier als Krankenschwester. Allerdings nicht auf unserer Station. Sie musste nur etwas auf unserer Station abgeben. Als ich sie sehe und sie mich, ist mir das erst furchtbar peinlich. Doch sie kommt auf mich zu und redet mit mir! Es ist mir nun egal, ich muss dazu stehen, weshalb ich hier bin. Ich kann es ja nicht ändern, nur besser machen und gesund werden! Wir reden so miteinander, während ich strample. Und da plötzlich … „PANIK!" ALARM!!!! ALARM!!!!! Auf unserer Station! Mein Gott!! Die Krankenschwester rennt, die Pflegerin rennt, Ärzte rennen!! Ich sitze wie versteinert auf dem Hometrainer!! Ich kann mich nicht bewegen, nicht treten, nicht runtersteigen, einfach nichts! Ich bin komplett erstarrt und beobachte die Hektik im Flur! Mir schießt es durch den Kopf – O Gott sicher ist etwas mit Elvira!! Eine von uns! Sie redet immer von Suizid! Die Pflegerin kommt, nach der abgeflauten Hektik, auf mich zu und bestätigt meinen Verdacht. Sie sagt, dass Elvira wieder atme und jetzt ins Krankenhaus gefahren wird. Irgendwie schaudert es mich! Es ist ein komisches Gefühl! So weit war ich auch beinahe zweimal!

O, Gott!!! Nein, ich will leben!! Gesund und glücklich leben!!!! Mich nie mehr übergeben! Diese Hölle möchte ich nie mehr durchleben!!! NIE MEHR!!!!!

Habe lange mit Coni telefoniert. Die hat es schön, ist zu Hause bei ihrer Familie! Gesund und glücklich! Ich beneide sie ein wenig, muss ich eingestehen! Ich muss mich zusammenreißen und kämpfen! Denn ich möchte unbedingt so schnell wie nur möglich nach Hause! Echt, so schnell wie möglich! Und nie mehr hierher zurück!! Nie mehr!!!!

Mich zerreißt es fast! Ich weine schon den zweiten Tag durch! Aber ich kämpfe! Ich will keine zusätzlichen Medikamente einnehmen! Ich weine und weine und kann mich nicht mehr beruhigen. Die Schwester will mir Medis geben, damit ich es etwas „leichter" habe! Ich verneine und nehme den Kampf gegen mein Gefühl auf, und will es durchstehen, ohne Medis! Ich bin hart zu mir, aber ich will dem Weinen einfach nachgeben, habe ja die letzten fünf Jahre nie mehr geweint! (vielleicht auch länger!) Wahnsinn eigentlich!! Ich hoffe, ich kann bald nach Hause!

Die Vorstellung, dass Ruth (mit der ich mich mittlerweile sehr gut verstehe, die Einzige in meinem Zimmer) nach Hause geht und ich mit Lena und Greta alleine im Zimmer bin, macht mich noch dazu total fertig! Es macht mir Angst! Ich möchte auch nach Hause!! Ich will heim!! Aber ich weiß, dass ich das nicht darf!!! Ich bin traurig!

Ich habe ja vor meinem Klinikaufenthalt unser Haus komplett neu gestaltet und umgeräumt! Es ist wunderschön geworden! Und jetzt hocke ich hier in der Klinik, weil ich mit dem Leben nicht klarkomme! Hallo!! Nicht klargekommen bin!!! Ich bin ja hier, um zu kämpfen, damit ich mein Leben wieder genießen kann! Ich schaffe es! Ich muss kämpfen!

Ich weine und weine, alles ist mir zu viel! Der Suizid auf der Station, die Zimmerkollegin, die nach Hause kann und Heimweh!!! Das Heimweh zerreißt mich fast! Ich rede mit einer Pflegerin. Ich frage immer wieder warum! Warum ist es so weit gekommen mit mir? Warum nur?! Schönes Zuhause, toller Mann, tolle Kinder, liebe Freundinnen! Hallo, warum muss ich hier sein? Warum wollte ich nicht mehr leben? Warum rannte ich ins Burn-out? Warum fraß und „kotzte" ich??? Warum, warum, warum???? Fragen über Fragen! Die Pflegerin sagt nur, ich solle aufhören nach dem „Warum" zu suchen. Ich würde keine Antwort finden! Ich solle nach vorne schauen, kämpfen und mir Zeit lassen in der Klinik. Dann könne ich bestimmt bald nach Hause!

Ich will aber jetzt nach Hause! Ich will nicht mehr hier sein!! Es ist alles so verdammt schwer! Ich habe gestern und heute den ganzen Tag durchgeweint! Durchgeweint und immer wieder „Ich will heim" gesagt. 1000 Mal, 100.000 Mal, keine Ahnung! Es tut so weh, es zerreißt mich fast!!

Während den ganzen drei Stunden, welche Markus und die Kinder hier sind, weine ich durchgehend! Wir gehen im Wald spazieren, ich weine und weine! Und immer wieder schluchze ich: „ICH WILL NACH HAUSE!" Ich rede sonst kein Wort! Nur: „Ich will nach Hause!" Und ich weine und weine! Es ist schlimm! Zeitweise meine ich, es zerreißt mich! Es ist sooo hart!

Markus und die Kinder gehen ziemlich verstört nach Hause. Ich bleibe fix und fertig zurück! Zum ersten Mal, seit ich hier bin, bringt mir die Schwester das Abendessen ins Zimmer! Und das erste Mal, esse ich praktisch nichts! Ich bringe nichts runter! Ich weine und weine und kann nicht aufhören!!

Um 19.00 Uhr kommt Margot zu Besuch. Ich weine immer noch und bin eigentlich fix und fertig! Margot nimmt mich nur in die Arme und redet mir gut zu! Sie zieht mir meinen Pyjama an und bringt mich ins Bett. Margot bleibt, bis ich fast einschlafe. DANKE MARGOT!!!

19. Januar 2015

Heute Morgen geht es mir richtig gut! Mir wird bewusst, dass ich nie mehr geweint habe! Mind. die letzten 5 Jahre! Weder geweint noch gelacht noch gefühlt! Ich habe nur funktioniert wie eine Maschine! Heute Morgen, nach dem Frühstück, ist das erste Herzkreislauftraining für mich, bin gespannt …

Es ist voll cool gewesen! Mal was ganz anderes. In der Gruppe verschiedene Übungen machen, es gefällt mir voll!!! Da gehe ich jetzt jeden Morgen hin, dann strample ich nicht mehr auf dem Hometrainer. Zweimal ist mir leicht schwarz vor Augen geworden, was einfach ein Zeichen von meinem Körper ist, dass ich etwas vorsichtig sein muss. Aber das wird schon! So, jetzt gehe ich in die Ergotherapie, mal sehen …

Bin in der Ergo gewesen. Ich habe mich entschieden zu töpfern. Da die für mich zuständige Therapeutin nicht da ist, habe ich eben für mich entschieden zu töpfern, da ich das ja schon kann und keine Hilfe benötige! Ich habe eine Spirale getöpfert, welche zu einem Herz führt (Ich bin der Meinung, dass ich hier in der Ergo bin, um die Probleme, wegen denen ich hier bin, kreativ zu verarbeiten.) Auf die Spirale, welche ganz klein beginnt und immer größer wird, bis zum Herz, schreibe ich Täfelchen mit den Aufschriften SUIZID-DEPRESSION-ESSENSANGST!!!!! Aus der Spirale möchte ich zum Herzen mit der Aufschrift LEBEN und ICH, ausbrechen! Das sind meine Gedanken dabei! Aus der Höllenspirale ausbrechen und ein neues, schönes, glückliches Leben beginnen!!!!

Da werde ich auch ausbrechen! Diese Spirale verlasse ich!! Habe ich eigentlich ja schon verlassen, aber ich muss noch hart kämpfen, damit das so bleibt!

Ja, es wird eine Spirale, welche ich für ein wunderschönes, glückliches, neues Leben verlasse!

So, Mittagessen: Ein kleiner gemischter Salat, 2 Cannelloniröllchen mit Ricottafüllung und Tomatensoße.

Man, ist das lecker und ich genieße es!! Suppen und Desserts habe ich abbestellt, denn ich mag Suppen nicht gerne und Desserts esse ich nie! Aber das geht klar, habe ich alles mit der Ernährungsberaterin besprochen. Ich habe alles aufgegessen!! Ich bin sooo stolz auf mich! Es geht mir einfach gut!! Ich hoffe, ich schaffe es auch zu Hause damit umgehen zu können. Ich muss es schaffen!! Diese Hölle möchte ich nie mehr durchmachen!! Echt nicht!! Das Einzige, was jetzt noch sehr schlimm ist für mich: Ruth geht nach Hause. Das ist echt schlimm für mich! Mit Lena und Greta alleine im Zimmer!!! Oh, mein Gott!! Ich darf gar nicht darüber nachdenken! Heute Nachmittag ist noch Frauensport eingetragen auf meinem Therapieplan …

Bin im Frauensport gewesen. Gefällt mir überhaupt nicht!!!!!! Wir sind gerade vier Frauen und spielen mehr schlecht als recht Federball!! Ich habe gemeint, es sei ein wenig Gymnastik oder so was in der Richtung! Das geht gar nicht! Nicht meins. Da gehe ich lieber mit meinen Freundinnen eine Runde spazieren. Erstens bin ich an der frischen Luft und zweitens kann ich quatschen und über meine Ängste, Gefühle und auf der Station Erlebtes (und das ist viel!) erzählen!

Wilma und Helga kommen mich besuchen. Wir reden viel, das heißt, ich rede viel!! Ich rede offen über alles und es tut einfach gut! Ich möchte wieder leben, genießen und einfach an allem Freude haben! Ich denke, wenn ich mich akzeptiere, wie ich bin, wenn ICH mir am wichtigsten bin, dann ist die Zeit reif, nach Hause zu gehen. Ich möchte sooo gerne nach Hause! Aber es ist einfach noch zu früh! Ich will nie mehr wieder hierher zurück! Nie wieder!!! Never!!!!

Herbert (der Doktor, welchen ich persönlich schon lange privat kenne) kommt vorbei, um mit mir zu reden. Ich erzähle ihm, dass mich die Tatsache „Ausgang" zu haben, voll aus den Socken gehauen hat. Dass ich komplett überfordert gewesen bin und voller Panik nur noch geweint habe! Und in der Klinik geblieben bin. Er fragt mich, warum ich denn so neben mir gestanden habe. Eben das ist ja das Schlimme, ich weiß es nicht! Ich habe einfach Angst vor dem Heimgehen! Angst vor einem eventuellen Rückfall und dass ich mir vorgenommen habe, sobald ich hier rausgehe, nach Hause gehe, nie mehr in die Klinik zurückzukommen!!

Herbert erklärt mir klipp und klar, dass das nicht möglich ist. Von diesem fixen Vorsatz muss ich abkommen! Er erklärt mir, dass ich meine Angst nur überwinden kann, wenn ich einmal probiere nach Hause zu gehen. Es steht mir frei, anfangs nur ein paar Stunden nach Hause zu gehen, dann wieder zurück in die Klinik, und dann vielleicht ein ganzer Tag heim und abends wiederkommen. Das ist eine Art Probe mit Rückzugsmöglichkeit, falls es Probleme gibt. So habe ich jederzeit die Möglichkeit, wieder in die Klinik zurück zu „FLÜCHTEN" (an den sogenannten sicheren Ort). Mit dieser Möglichkeit von Ausgang wird einem das Vortasten und Probieren in den Alltag einzusteigen ermöglicht. Schön Schritt für Schritt! Ach, jetzt wird mir einiges klar!! Das hat mir so noch niemand erklärt! Jetzt kann ich den Sinn des Ganzen erkennen! Danke, Herbert!

Nächstes Wochenende werde ich es probieren, nehme ich mir vor. So kann ich meine Angst abbauen, bevor ich für immer heimgehe! Okay, ich ändere meinen vorgenommenen Vorsatz: Wenn ich entlassen werde, komme ich nicht mehr zurück in diese Klinik. Das ist viel realistischer!

Ich frage mich immer wieder, warum es so gekommen ist mit mir. Aber ich finde keine Antwort und ich werde nie eine Antwort finden!! Es macht mich traurig, aber es ist nun mal so. Ich denke immer, es ist ein furchtbar schlechter und schrecklicher Film, und doch ist es die bittere Wahrheit! Leider! Aber ich schaue nach vorne. Es war mein Leben. Es war mein Leben und ich schaue jetzt nach vorne und lasse das Geschehene (was eh nicht zu ändern ist) weit hinter mir! Ich kann es nicht ändern und bin einfach verdammt stolz, dass ich das alles hinter mir lasse und kämpfe! Kämpfen für mein neues Leben! Ich will es unbedingt schaffen und ich kämpfe dafür! Am liebsten wäre mir, ich müsste keine Tabletten mehr einnehmen und alles ist gut!!

Diesen ganzen Aufenthalt hier sehe ich wie eine Schocktherapie! Es ist alles sooo schrecklich! Ich weiß es muss sein, und wenn ich in Zukunft ein glückliches Leben führen möchte, muss ich das Ganze jetzt durchbeißen, kämpfen und nach vorne schauen!!

Jeder Tag hat etwas Positives, ich muss es nur sehen!!!!!
Und doch ... ICH WILL NACH HAUSE!!!!!!!

20. Januar 2015

Heute Morgen geht es mir wieder richtig gut! Werde auch jeden Morgen ins Herzkreislauftraining gehen. Auf das freue ich mich! Ich freue mich auch jeden Morgen aufs Frühstück, ich genieße es richtig!! Freue mich, wenn ich zu Hause auch frühstücken werde, mit meiner Familie!!! Habe ich ja nie gemacht! Sichere 10 Jahre nicht!!

Am Morgen nach dem Frühstück findet hier auf Station immer eine Morgenrunde im Speiseraum statt. Da werden die Patienten der Reihe nach gefragt, ob alles passt, die jeweils zuständige Tagespflegerin pro Patient zugeteilt, Therapien und Termine jedes Einzelnen zeitlich durchgegeben und allgemeine Tagesinfos abgegeben.

An diesem Morgen bin ich gleich etwas verunsichert und bedrückt, weil der Tagesvorsitzende in den Raum kommt, mit seinen Unterlagen und einer Kerze. Tja, er gibt uns die traurige Tatsache bekannt, dass bei Elvira (Suizidversuch am Sa. auf der Station) wohl der Hirntod aufgetreten ist. Ja, so ist es jetzt einfach. Wir Mitpatienten sind geschockt! Aber es ist eben passiert. Ich verdränge es und lass es nicht zu, das diese Info mich runterzieht! Ich muss für mich schauen, nur für mich!! Aber ich muss immer daran denken, dass ich auch fast so weit war! Genau, Betonung auf WAR!!! Bin froh und sehe es jetzt als Glück, dass man mich frühzeitig erwischt hat! Jetzt sehe ich es als Glück, in dem Moment, als man mich erwischt hat, war ich nur wütend! Aber es ist immer alles für etwas gut! Also, zum Glück hat man mich frühzeitig erwischt und … ICH LEBE!!!!!!! Und wie ich leben will!! Jetzt erst recht!!

Ich bin, wie ich bin und das ist gut so!! Ich fühle mich richtig gut. Gehe jetzt ins Kreislauftraining und dann in die Ergotherapie. Ich fühle mich sooo unglaublich gut! Aber die Angst vor dem Alltag zu Hause sitzt mir immer noch im Nacken. Ich esse hier alles, was mir die Ernährungsexpertin zusammenstellt und ich fühle mich einfach nur gut! Bloß, wer passt zu Hause auf mich auf? Wer schaut dort auf mich? Da bin ich auf mich alleine gestellt!! Ich muss mich überwinden zu kochen und zu genießen, was ich koche! Ich möchte mit meiner Familie alles genießen und nicht mehr separat etwas essen (nur Salat!!!). Ich hoffe, dass ich hier noch etwas Hilfe und Sicherheit kriege, bevor ich nach Hause gehe!

So, in der Ergo habe ich meine Spirale, welche zum Herz des Lebens führt, fertig getöpfert. Leider war meine Therapeutin wieder nicht da! Hätte ihr gerne den Sinn der Spirale zum Herz erklärt und eigentlich auch erhofft, dass ich mit ihr darüber reden kann! Leider nichts davon!!!! Tja, rede ich eben mit meinen Freundinnen darüber. Sehe und merke schon, ich muss mich schrittweise selber therapieren! Es liegt in meiner Hand. Und ich werde kämpfen, jeden Tag aufs Neue!!!

Irgendwie werde ich das Gefühl nicht los, dass auf mein Essensproblem niemand eingeht! Obwohl es ja der Ursprung meines ganzen Desasters ist und ich das auch immer erwähne! Ich bin sooo stolz auf mich, dass ich alles esse. Dass ich kein schlechtes Gewissen dabei empfinde und dass ich nie einen Rückfall habe! Und … Niemand fragt danach! Ich erwähne immer bei jeder Visite, wie stolz ich auf mich bin, nie einen Rückfall zu haben!! Insgeheim habe ich mir sogar erhofft, dass ich heimlich beobachtet und kontrolliert werde, ob ich nach dem Essen zur Toilette gehe, um mich zu übergeben! Denn ich mach es ja nicht mehr, und wenn man mich beobachten würde und mich loben würde, wäre ich noch viel stolzer auf mich!!! Irgendwie habe ich mir halt für die für mich Superleistung, ein dickes Lob erwartet!!! Aber egal, ich weiß es, und ich tu es NIE mehr!!! Das nehme ich mir vor und dafür kämpfe ich!!! Auch im Infobericht, welchen man jede Woche mit mir bespricht, wie es mir Woche für Woche geht, mit Suizidgedanken oder Stimmung, steht nichts davon und wird auch nichts erwähnt! Nur wie es mir mit dem Suizidgedanken und der Depression ergeht. Keinen Gedanken an Suizid, keinen Gedanken oder Fall in depressive Stimmung und ich habe keinen Gedanken an BULIMIE!!! Schreibt doch mal rein, was ich sage!!!! Ich habe nur unheimliche Angst, wenn ich nach Hause gehe, es mit dem Essen zu schaffen!! Eines ist klar! Essen muss der Mensch!!!!!

Alkoholsucht – kann man verzichten, notfalls wegsperren!
Sportsucht – kann man verzichten oder verbieten lassen!
Rauchen – kann man verzichten oder Zigaretten wegsperren!
Kaufsucht – kann man sich abgewöhnen oder Geldhahn zudrehen lassen oder einfach nichts kaufen!
Spielsucht – verzichten, keine Spielhalle mehr betreten!
Bei all diesen Süchten kann man den Lastern nach einer erfolgreichen Therapie aus dem Weg gehen. Sicher auch sehr, sehr schwierig und hart, denn SUCHT ist SUCHT! Aber Essen kann man nach einer Therapie nicht einfach aus dem Leben streichen!! Nein, beim Essen muss ich mich damit konfrontieren, auseinandersetzen und lernen, vernünftig und „NORMAL" damit umzugehen! Ich schaffe es! Ich will es schaffen!! Ich werde es schaffen! Und trotzdem habe ich ein wenig oder besser große Angst davor, den Alltag zu schaffen. Aber auch diese Herausforderung gehört zu meinem Kampf für ein glückliches, wunderschönes, neues Leben. Darüber bin ich mir sehr wohl bewusst! Und ich packe das!!! Bin etwas verwirrt, dass nie was in Richtung Essensangelegenheit erwähnt wird! Aber ich setze mir auch dieses Ziel, ICH SCHAFFE ES!!!!

Hier nach meiner Entlassung nie mehr herein!!!! Nie mehr!!! Und dieses Ziel verfolge ich! Am liebsten ohne Medis!!! (was wohl nicht gehen wird)

Für mich ist klar, wenn ich die Bulimie besiegt habe, habe ich alles geschafft!!! Bei mir ist es so ein Rattenschwanz gewesen: BULIMIE – SELBSTVERACHTUNG – SELBSTHASS? – SPORTSUCHT – DEPRESSION – BURNOUT – SUIZIDGEDANKEN – SUIZIDSEHNSUCHT!!!!

Also ... Wenn der Anfang weg ist, fallen alle nachfolgenden Dinge weg! Jaaa!!! Ich bin auf sehr gutem Weg, wenn mir das niemand sagt, rede ich mir selber Mut zu! Ich bin eben auf sehr gutem Weg und denke sehr viel nach!!! Ich packe das, für das bin ich hier!! Für das mache ich das mit! Für das lohnt es sich zu kämpfen!! Ich will gesund werden, ich will es unbedingt!!!

Heute Nachmittag ist Margot hier. Wir gehen lange spazieren, und reden viel! Es tut immer gut über alles zu reden, was mir so, wenn ich alleine bin oder in der Ergo vor mich hinarbeite, durch den Kopf geht. Wir trinken wieder unseren inzwischen automatisch dazugehörenden Automatencappuccino oder Kakao und sitzen gemütlich auf der Couch im Flur vor dem Café. Herbert hat gerade Dienst und sieht uns hier sitzen. Er ist in Eile, wie jeder Arzt hier. Er sagt, dass er, wenn es ihm ausgehe, heute Abend wieder bei mir vorbeischauen wird. Leider ist er nicht mein zuständiger Arzt! Okay, mein zuständiger Stationsarzt ist auch supernett und ich komme gut mit ihm klar. Ich komme sowieso mit allen klar. Wie ich rüberkomme, kommt es zurück! Und ich denke, nach meinen extremen ersten 18 Tagen voller Hass, Wut und Aggressivität, bin ich eine problemlose Patientin geworden! Fühle mich auch wohl, was sicher sehr wichtig ist für einen guten Genesungsprozess!!!

Ich frage Herbert am Abend, wie es wohl weitergeht. Bin gespannt, was er sagt! Ich gebe zu, ich bin wahnsinnig nervös!!! Weil man in Sachen Bulimie noch nichts unternommen hat! Mal hören, was Herbert dazu sagt. Hoffe nicht, dass ich die Station wechseln muss!!! Das wäre schlimm für mich!!! Im Moment fühle ich mich wohl! Ich bin nicht mehr eine Manipulation meiner Krankheit, nein, ich bin, wie ich bin!!! Wäre echt super, wenn es so weitergeht! Wenn ich wirklich nach meiner Entlassung für immer daheimbleiben kann und NIE mehr hier hinein muss!!! Nie wieder in diese Klinik! Nie wieder diese hinter mir gelassene Hölle durchleben!!! NIE MEHR!!!!

Etwas Schlimmeres gibt es nicht! Es war die Hölle!!! Eine Hölle, welche ich beinahe mit meinem Leben bezahlt habe!!! Schlimm!!! Ich will und werde es schaffen! Unbedingt! Ich will diese Hölle nie wieder erleben! Nie wieder! Das war sooooo schlimm!!!

Bin gespannt, was Herbert zu meinen Gedanken sagt! Bald werde ich es wissen. Ich hoffe, er hat Zeit vorbeizuschauen! Wäre froh, loswerden zu können, was mich so sehr belastet.

Herbert hat mich ja von meinem Standpunkt abgebracht, rauszugehen und nie mehr reinzukommen. Er hat mir ja erklärt gehabt, wozu Freistunden und Ausgang gut sind! Das hat er mir jetzt nochmals ganz klar gesagt und mich bestärkt, dass ich, wenn auch nur für ein paar Stunden, einmal heimgehen soll. Nur so kann ich meinen Ängsten gegenübertreten und in die Augen schauen, nur so kann ich meine Ängste Stück für Stück abbauen.

Ich muss an mir arbeiten!! Ganz, ganz fest! Es ist sicher schwer zu akzeptieren, dass es sicher eine ganze Zeit dauern wird!! Ich bin vieeeeeel zu ungeduldig!! Aber das bin ich! Ganz aus meiner Haut kann ich nicht! Ich bin nun mal so und sooo schlimm ist das ja nicht. Meine Ungeduld muss ich noch versuchen etwas zu zügeln. Aber eines ist sicher, durchstarten mit viel Energie, werde ich sicher immer mal wieder. Ich muss nur das gesunde Maß finden! Aber wenn es mit normaler Nachtruhe und ohne Bulimie geht, ist schon sehr viel geschafft und schon sehr viel gut!!!!!

21. Januar 2015

Heute Morgen bin ich in der Physiotherapie gewesen. Es ist richtig fein und angenehm, mich massieren zu lassen und dann noch eine feine Fangopackung aufgelegt zu kriegen. Aber es ist eben so, dass es zwar angenehm wäre, ich aber alle Termine morgens um 8.00 Uhr bekomme! Das ist mir gar nicht recht, denn das heißt, morgens nicht in Ruhe frühstücken (was mir im Moment sehr wichtig ist und ich so sehr genieße!), denn das habe ich ja erst wieder erlernt, und das Kreislauftraining ist auch jeden Morgen um 8.30 Uhr und das liebe ich ja so sehr! Ja, wenn die Physio an einem späteren Termin wäre, dann okay. Aber ich stehe kurz vor 7.00 Uhr auf, könnte nicht in Ruhe frühstücken, nicht ins Kreislauftraining gehen und finde auch keine Entspannung um 8.00 Uhr in der Früh, gleich nach dem Aufstehen nach einer langen Nacht! Das ist für mich ganz blöd, das macht mich kribbelig. Also entscheide ich mich, da ich ja keine Beschwerden und Schmerzen habe, gegen die Physio! Ich ziehe den Entschluss, jemand anderem den begehrten Physio-Platz zu überlassen. Es gibt nämlich sehr wohl Patienten, welche Schmerzen haben, und für diese gebe ich meine Termine gerne her! Für Schmerzpatienten ist das eine gute

Entscheidung von mir, finde ich. Aber hauptsächlich für mich passt es so! Ich tue nichts, was mir nicht passt, oder nicht guttut. Wenn ich frei entscheiden kann!!! Und für mich ist das Frühstück wirklich heilig geworden!! Ich habe gelernt zu sagen, was ich will und was nicht! Auch darauf bin ich sehr stolz!!!!

Ich spüre eben den Bewegungsdrang in mir, vor allem nach 11 Stunden Schlaf! (meistens) Und ich denke, anderen, welche schmerzgeplagt sind, den Platz wegzunehmen, ist ja auch gemein! Mal schauen!

Es ist alles sooo schwer! Ich möchte unbedingt gesund werden!!! Ich möchte es so sehr und unbedingt! Ich will gesund werden!! Um jeden Preis!! Ich will nie mehr in diese Hölle zurück!! Nie mehr!!! Warum nur musste es mir so den Boden unter den Füßen wegziehen?? Warum nur?? Eine Antwort werde ich nie finden, nie! Ich weiß es ja, aber kurzfristig frage ich mich eben immer mal wieder. Ich weiß, dass es keine Antwort darauf gibt, deshalb schaue ich gleich wieder nach vorne und lasse Vergangenes Vergangenes sein!

Um 14.00 Uhr haben Markus und ich ein Gespräch mit dem Stationsarzt. Markus will ein Gespräch, weil ich ja das ganze letzte Wochenende durchgeheult habe! Mal schauen, was dabei rauskommt. Bin wieder mal ziemlich nervös!!

Ist gut gelaufen. Der Arzt hat Markus und mich informiert, was ich alles an Medis kriege und wie es mit meinem zukünftigen Aufenthalt ausschaut. Ich kann auf dieser Station bleiben!!! Der Arzt sagt, dass ich auf einem sehr, sehr guten Weg bin, und meine Sache gut meistere!!

Er erklärt mir auch die Wichtigkeit, die Medis nicht Knall auf Fall abzustellen und sagt aber zugleich, dass es extrem sei, wie schnell sie bei mir runtergefahren werden können! Tja, sind ja gute Nachrichten!

Später kommt Coni mit den Kindern. Mal schauen. Es macht mir ein wenig Angst! Nein, falsch, große Angst! Was, wenn ich die Kinder nicht ertrage? Aber ich nehme es, wie es kommt. Wird schon werden. Abwarten und alles auf mich zukommen lassen, mehr kann ich im Moment nicht tun.

Eventuell kommt davor noch die Ernährungsberaterin vorbei, um mit mir den neuen Speiseplan für diese Woche durchzusprechen. Mal sehen, wie sie das Ganze sieht, meine Angst vor dem Essen zu Hause und meiner Zukunft, gesund leben zu wollen. Hoffe, dass alles irgendwie positiv verläuft und nicht ins Negative fällt. Mal sehen, bin gespannt, was der Tag noch bringt!

So, Coni und die Kinder sind hier. Wir gehen spazieren und ich rede viel mit meiner Schwester. Es geht eigentlich gut mit den Kindern, aber es ist für mich sehr anstrengend, denn ich muss einfach reden und erzählen können und Coni muss sich eben immer zwischendurch mit den Kindern unterhalten und sich auch um sie kümmern. Ist ja auch normal, nur für mich eben sehr anstrengend! Bin halt Ruhe gewöhnt. Aber mit der Zeit wird das sicher auch besser! Die Zeit und Geduld wird es bringen, da bin ich mir sicher! Wir gehen noch ins Klinik-Café, wo ich immer Tee trinke. (mag nur noch den Automatenkaffee) Aber mit den Kindern müssen wir eben ins Café.

So, Coni und die Kinder sind gegangen. Gleich gibt es Abendessen. Später kommt Daniela. Sie will zu mir kommen, um mit mir zu reden. Sie hatte selber Bulimie und will mit mir reden wie es ihr erging von dieser Scheißkrankheit wegzukommen, und wie sie den Alltag bewältigt hat am Anfang. Und wie es ihr heute, geheilt, so geht. Sie ist geheilt, sie hat es geschafft. Mit einigen Rückfällen, wie sie sagt! Ich lehne mich weit aus dem Fenster und sage ihr, dass ich vorhabe NIE MEHR ZU „KOTZEN"! Ich will es ohne Rückfall schaffen!! Ich schaffe es, ich bin davon überzeugt!! Daniela bringt mir einen ganz süßen, weißen und kuschligen Knuddelbär mit. Man, freue ich mich!!!!! Sooooooo lieb, echt!!!! Sie gibt ihn mir mit den Worten: „DENKE IMMER DARAN: IN DER SCHWEIZ DRÜBEN WOHNT EINE, DIE DENKT IMMER AN DICH, UND SIE HAT ES GESCHAFFT, UND DAS KANNST DU AUCH!!!!!"

Ich schaffe es auch!!! Ich will es schaffen!! Ich werde es schaffen!! WIR SIND, WIE WIR SIND!!! UND DAS IST GUT SO!!! DANKE, DANIELA, FÜR DEN BÄREN UND DEINE OFFENHEIT!!!!!!

22. Januar 2015

Ja, ich muss jetzt alles nochmals durchdenken und verarbeiten, was mir Daniela gestern gesagt hat. Gestern Abend war ich zu müde und bin gleich schlafen gegangen, als Daniela nach Hause ging. Sie meint, dass ich sicher Rückfälle haben werde! Nein!!! Ich will nicht!!! Keinen einzigen!! Niemals!! Nie wieder will ich in diese Hölle!!! Nein, so viel kann ich gar nicht zunehmen!!! So wichtig kann nichts sein!! Mein Leben beginnt neu!! Und das erkämpfe ich mir!!!

Heute Morgen bin ich in der Ergo gewesen. Meine Therapeutin ist wieder nicht da gewesen. Okay, habe einfach noch mit dem Restton kleine Stückchen abgebrochen und zu einem Herz zusammengesetzt. Und dann ... dann habe ich ein Bild gemalt. Unten angefangen mit klein, schmal schwarz, dann grau-braun bisschen breiter, dann Blautöne nach obenhin immer heller und breiter, dann grün auch steigend heller, rot steigernd heller, und zuletzt gelb immer heller und breiter! Daraus wächst eine Pflanze, aus welcher eine Blüte, in Form eines aufgebrochenen Herzens erblüht. Sinnüberlegung von mir (ich überlege mir ja immer was bei meinen Werken, denn ich stelle mir ja vor Vergangenes kreativ

abzuarbeiten und dadurch zu verschaffen) „VOM KLEINEN DUNKLEN WIRD ES IMMER GRÖSSER UND HELLER UND AUS DEM AUFGEBROCHENEN HERZEN ENTWEICHT EIN NEUES LEBEN, MEIN NEUES LEBEN!!!!!"

Es kommt wieder niemand, um zu reden in der Ergotherapie! Ich habe so den Eindruck, dass es nur reine Beschäftigungstherapie ist! Aber egal, ich gehe meinen Weg, ich bin ja kreativ und arbeite meine Gefühle und Gedanken selber ab!! Während ich so vor mich hin male, mache ich mir sehr viele Gedanken! Ich weiß, dass nachher die Visite kommt, und ich überlege mir genau, was ich dem Arzt sagen will, oder was ich wissen möchte.

Nach der Ergo gehe ich voll motiviert und gut vorbereitet auf meine Station zurück.

Was mich da erwartet, ist der blanke Horror für mich!!! Greta von meinem Zimmer, welche an Schizophrenie leidet und zurzeit ihre Medis verweigert, kommt schon im Flur auf mich zu. (Wir müssen immer im Flur warten, da die Visite immer jede Einzelne von unserem Viererzimmer hereinruft.) Greta ist voll durchgedreht und hat mich voll fertiggemacht!!! Sie redet wie ein Wasserfall auf mich ein, in der Meinung, dass ich jemand bin, der ich nicht bin!! Sie hält mich für ihre Schwester, sagt dann, dass sich unser Bruder umgebracht hätte, dass mein Mann mit Sicherheit Phillipp heiße und dass wir miteinander im Walsertal wohnen!! Ich will ihr widersprechen. Ich bin verwirrt, ich kenne ja diese Krankheit nicht!! Ich will sagen: „Nein!" Aber sie redet weiter wie ein Wasserfall viel wirres Zeug auf mich ein! Lauter Extremitäten!! Dass unsere Mutter gestorben ist, ob wir zusammenziehen sollen, dass wir uns herrichten müssen, um zusammen zur Beerdigung unserer Mutter gehen zu können usw. Ich laufe ihr auf dem Flur davon, sie neben mir her!! Sie redet soooo viel wirres Zeug auf mich ein!!! Ich bin ganz durcheinander!!! Am liebsten würde ich ihr sagen: „HALT DEN MUND!!!!" Aber ich traue mich nicht, weiß nicht damit umzugehen, weiß ja nicht, wie sie reagiert!

Da!!! Die Zimmertür geht auf!!! Zum Glück!!!! Ich werde reingerufen!!!!! Erleichterung!!!!! Ich bin sooo froh, dass ich ins Zimmer gerufen werde!!! Ich bin voll fertig!! Die Ärzte merken es!! Sie sehen es mir an!! Sie sehen, dass ich voll von der Rolle bin und dass ich total verwirrt und durcheinander bin!! Ich habe mir in der Ruhe der Ergotherapie sooo viele Gedanken gemacht, was ich fragen und berichten will … und nun???!! Alles weg! Steh voll neben mir! So ne Scheiße!!!! Die Ärzte verstehen mich. Sie reden beruhigend auf mich ein. Ich soll tief durchatmen und ruhig werden. Es ist alles gut! Puh, das ist nicht so einfach!!! Das war gerade echt ein Albtraum für mich!!! Ich renne Greta, von der ruhigen Ergotherapie völlig relaxt, direkt in die Arme und werde bombadiert mit total wirren Dingen!! Ich bin ihr ohne Vorwarnung, voll in die Arme gelaufen!!!!

Langsam finde ich wieder Ruhe! Ja, aber es hat ja jeder Tag was Positives. Und das ist im Moment: Die Klammern an meinem rechten Handgelenk kommen raus!! Ja!!! Endlich!! Bin froh!! Super! Aber leider haben mir die Ärzte beim Klammernsetzen im Krankenhaus eine Wundstarrkrampf-Impfung verpasst, und zwar in den Bauch!!! Geht gar nicht! Tut man nicht, angeblich!! (nicht in den Bauch!!!) Tja, und nun habe ich unter der Bauchdecke eine murmelgroße kugelförmige Verhärtung!! Scheiße!!! Nicht gut, es stört mich enorm! Die Ärzte hier sagen, ich könne es im Krankenhaus in der Chirurgie rausschneiden lassen!! Oh Mann, das auch noch!!!! Mal abwarten, im Moment brauche ich das nicht auch noch! Mal abwarten, ich überlege es mir noch. Muss ja nicht sofort und jetzt sein. Ich habe mich auch beim Arzt beschwert, dass ich in der Ergo noch nie mit einer Therapeutin ein Gespräch führen konnte, und dass ich mir das Ganze etwas anders vorgestellt habe und mir mehr erhofft hätte. Eben kreative Verarbeitung des ganzen Klinikaufenthaltsauslösers. Ich denke, ich habe zu großen Wert auf das „Therapeutische Kreativteam" gelegt, weil ich es mir in meinem Kopf so vorgestellt habe. Das denke ich mir eben, als der Arzt auf meine Beschwerde hin nichts sagt und nur ein wenig schmunzelt. ICH WEISS EBEN, WAS ICH WILL!!!!

Am Nachmittag kommt mein Schwiegervater zu mir. Wir gehen spazieren. Ich rede wie immer viel und erzähle ihm auch alles. Schließlich will ich, dass es alle wissen, von mir wissen, was geschehen ist, und wie ich die letzten Jahre gelebt, oder besser funktioniert habe. (Leben war das keins!!) Ich möchte das nie mehr durchmachen!! Nie mehr!! Nie mehr so neben mir stehen!! Nie mehr Kotzen!!!! Echt nicht!!!! Es war nur die Hölle pur!! Mehr nicht!! Und diese Hölle möchte ich nie mehr betreten, nie mehr!!!!

Danach gehen wir ins Klinik-Café Tee trinken, und später gehe ich wieder auf Station.

Heute ist die Todesanzeige von Elvira in der Zeitung. Voll krass!! Alle Patienten reißen sich darum, in die Zeitung zu schauen und zu lesen, was dort steht. Ich nicht! Ich schau mir die Anzeige nicht mal von Weitem an! ICH BIN NUR FROH, DASS ICH LEBE!!!!!!! Und wie ich lebe!!! Gesund und glücklich! Das alles lasse ich hinter mir!! Nur noch positiv nach vorne schauen und kämpfen!!! Ja, gesund und glücklich leben, mehr will ich gar nicht! Ich muss und ich will es schaffen!! Mir wird ja geholfen. Ich habe rund um mich sooooo viel Unterstützung!! Ich muss mich glücklich schätzen, so viele liebe Menschen um mich zu haben!!! Eigentlich geht es mir voll gut, echt gut!! Ich habe nur die riesengroße Angst im Nacken sitzen, vor dem Alltag! Warum bloß??? Ich will so was nie wieder erleben!! Und wenn ich das nie mehr will, sollte ich ja keine Angst haben!

Mal sehen, was das Wochenende bringt. Ich möchte am Samstag versuchen, ein paar Stunden nach Hause zu gehen. Am Sonntag den ganzen Tag, um zu schauen, wie es mir geht. Wie ich das meistere und wie ich es schaffe. Ich hoffe, ich kann mir so die Angst etwas nehmen. Vielleicht geht es ja einfach supergut. Vielleicht habe ich umsonst viel zu viel Angst davor! Ohne probieren werde ich es nicht wissen, das hat mir Herbert ja klipp und klar gesagt! Eigentlich wirklich blöd, dass ich so viel Angst habe, und doch, ich muss aufpassen! Aufpassen, dass ich diese Hölle nie mehr erleben muss!!!

Am Abend kommt Markus noch mit Svenja und Kevin. Ich freue mich! Ich genieße meine Familie wieder, mein neu gewonnenes Lebensgefühl und einfach die Familie zu haben, welche hinter mir steht! Es ist für Markus sicher schwer, habe ihm ja nie mehr Gefühle gezeigt und viel Hass gegenüber ihm ausgesprochen!! Und für meine Kinder sicher auch schwer, was ich getan habe, und auch gesagt oder geschrieben habe! Ich bin einfach nur froh, dass sie hinter mir stehen und mit mir nach vorne schauen. Ändern kann ich Vergangenes nicht mehr, aber besser machen und die Zukunft genießen!!!!! Ich mit meiner Familie!!! Mit Freundinnen!!! Einfach mit allen, die mich mögen, wie ich bin und verzeihen, wie ich war!!!! Ich kann es nicht ändern, nur supergut und neu er- und ausleben!!! Also auf geht's!!!!! Auf ins neue Leben!!!!!!!

23. Januar 2015

So, heute Morgen bin ich wieder bei der Kreislaufgymnastik gewesen. Ist dieses Mal nicht sehr anstrengend gewesen, deshalb bin ich danach noch eine halbe Stunde auf den Hometrainer gesessen, um zu radeln. Ich kann es mir mittlerweile sehr gut einteilen, damit es für mich passt. Und nun bin ich frisch geduscht und hänge im Zimmer rum, bis es dann mal Mittagessen gibt. Greta, meine Zimmergenossin, verweigert derzeit jegliche Medizin und dreht voll durch!! Beängstigend, dass man ohne Medikamente so von der Rolle sein kann!! Im vollen Ernst bin ich ihre Schwester! Dann bin ich ihre Gotti und dann findet eine Party statt, wo wir uns chic machen sollen, für unseren Bruder! Woran eigentlich unser Vater gestorben sei, warum ich ihr nicht sage, wie er sich umgebracht hat usw. Eine volle Stunde redet sie komplett wirres Zeug auf mich ein und immer bin ich irgendeine Person aus ihrem Leben!!! Voll abgefahren!!! Schlimm!!! Ich selber fühle mich gut. Wenn ich nur diese verdammte Angst nicht hätte!!! Die Angst vor einem Rückfall!!! Aber ich schaffe es!!! Bevor ich bewusst für einen Fressanfall einkaufen gehe, rufe ich Margot, Helga oder Wilma an, und schaue, ob ich mit ihnen laufen gehen kann oder reden. Oder ich gehe selber spazieren oder lenke mich sonst wie ab. Bloß nie mehr einen Fressanfall!!!! Nie mehr!!!! Sollte ich mal eine Tafel Schokolade essen, esse ich sie. Scheißegal. (Ich denke jedoch, dass ich das gar nicht mehr kann.) Das macht doch jeder mal, ist ja auch menschlich. Eine Tafel, nicht zwanzig!!! Und einmalig, nicht jeden Tag. Dann ist alles normal. Ich werde auch das lernen und ich lerne es!!! Ich will ja wieder leben!! Leben und genießen! Ich bin, wie ich bin und das ist gut so!! Denke viel nach und weiß, ich kann es schaffen! Ich will es unbedingt!! Jaaaa, und das Leben ist schön!!

Heute kriege ich keinen Besuch. Egal, muss auch lernen alleine zu sein, bin ich zu Hause auch immer wieder mal. Ich werde nach dem Essen versuchen, ein wenig zu schlafen und später unten einen Automatencappuccino trinken gehen. So ganz für mich alleine. Später muss ich auch alleine zurechtkommen. Ich schaffe es, ich muss es schaffen. Nie mehr in diese Hölle schlittern!! Nie mehr! Am liebsten würde ich es laut hinausschreien, damit es alle wissen! Ich will leben!! An alle, welche an Bulimie leiden, lasst euch helfen! Das Leben ist sooo schön und viel zu wertvoll, um das halbe Leben über der Kloschüssel zu hängen!!!!!! Echt, so wichtig kann kein Aussehen, keine Kleidung, keine dummen Sprüche von außen sein, um diese „KOTZEREI" zu rechtfertigen!!! Ich bin gut, wie ich bin! So wie ich bin, bin ich!!! Und es ist gut so!!

Ich habe geschlafen, einen Automaten-Cappi getrunken und mir viele Gedanken gemacht, über mein neues Leben. Ich freue mich, zu Hause mit der Familie frühstücken zu können, bei McDonald's auch mal was zu essen. Wenn wir eingeladen sind, Freude zu empfinden und auch mitzuessen. Und vor allem nie mehr über der Kloschüssel zu hängen!! Ich will das nie mehr!! Nie mehr!!

So, Abendessen kommt, ich freue mich! Ich freue mich auf jede Mahlzeit! Und ich genieße es! Ich habe kein schlechtes Gewissen beim Essen und fühle mich gut! Essen ist was Normales, das weiß ich jetzt! Und gut!!!!

Markus kommt heute Abend. Wir planen den morgigen Tag. Ich möchte ja mal einen Tag raus, habe zugleich aber enorme Angstgefühle! Aber eben, wenn ich es nicht probiere, kann ich die Angst nicht abbauen. Also packe ich den Stier bei den Hörnern und probiere es einfach! Denke, dass ich morgen nach dem Frühstück gehe und am Abend zum Abendessen wiederkomme. Und dann schaue ich mal, was passiert. Irgendwie freue ich mich riesig, und irgendwie habe ich verdammt Schiss!! Aber es wird gut gehen, ich bin positiv.

Ich bin gut, wie ich bin. Ich schaffe es!! Ich will es schaffen!!!
WER NICHTS WAGT, DER NICHTS GEWINNT. Also schaue ich mal, was kommt. Markus geht nach unseren geschmiedeten Plänen nach Hause und ich lege mich nachdenklich mit gemischten Gefühlen schlafen. Hoffe, ich kann schlafen, vor lauter Aufregung! Bin doch schon 27 Tage nicht mehr zu Hause gewesen!!!!!

24. Januar 2015

Sooo, heute ist es so weit, ich gehe das erste Mal raus aus der Klinik, raus, weg vom Areal!

Zuerst mal frühstücken, dann ½ Std. Hometrainer, duschen, anziehen und warten bis Markus mich holt. Irgendwie ein komisches Gefühl! Irgendwie aber auch voll schön!! Bin gespannt, wie es wird! Ich schaffe es!!! Ich weiß, dass ich es schaffen kann!!! Keine Frage! Und am Abend bin ich dann wieder hier zum Abendessen. Und natürlich um aufzuschreiben, wie es mir ergangen ist. Also, dann, geh ich mal raus …

Mann, es ist soooo gut gegangen!!!! Ich bin sooo froh, dass ich es gewagt habe!! Sehr viel Angst ist schon mal weg!!!

Also, zuerst sind wir in ein Einkaufszentrum gefahren, etwas weiter weg von uns daheim, damit ich nicht gerade lauter Bekannten in die Arme laufe. Wir sind ein wenig herumgelaufen und sind dann im Restaurant essen gegangen. Soo schön!! Auch ich esse!! Früher habe ich nie etwas mitgegessen!! Aber nun genieße ich es!! Dann gehen wir einkaufen. Einkaufen für morgen. Ich möchte am Sonntag zu Mittag kochen!! Und am Abend auch zu Hause essen. Es ist wunderschön, ungezwungen einzukaufen. Es macht mir nichts aus! Es ist komisch, einzukaufen, ohne im Hinterkopf zu denken, noch heimlich was zu kaufen, oder zu planen, wie ich was wohl am besten heimlich futtern könnte! Nein, ich denke gar nicht daran und kaufe ein, was mich anmacht!!!! Ein schönes Gefühl!!! Egal wie viel Fett oder Zucker oder Kalorien etwas hat!! Einfach „normal"!!!! Was ich kochen möchte und was ich dazu benötige, und nicht einfach unsinnig und süchtig einzuladen!!!! (Was ich dann eh wieder rausspucke!)

Danach fahren wir heim. Ich backe für meine Familie 3 Topfenstrudel und friere sie ein. Es ist noch so viel Topfen im Kühlschrank gewesen, welcher sonst über das Ablaufdatum hinaus schlecht geworden wäre. Es geht gut und es macht mir auch nichts aus, nicht zu naschen oder gar rückfällig zu werden!! Ich bin verdammt stolz auf mich!! Und es steht soo viel in der Küche herum! Kuchen (Verwandte und Freundinnen haben meiner Familie immer gebacken, damit sie ein feines Frühstück haben, wenn ich nicht da bin) Weihnachtskekse, Schokolade usw.

Ja, und jetzt kommt's ... Ein Zimtstern macht mich an! Ich kriege richtig Lust darauf. Früher hätte ich entweder keinen Keks genommen oder gleich das ganze Kilo!!! Aber ich nehme einen Zimtstern, sitze in der Stube und genieße ihn! Kein schlechtes Gewissen plagt mich!!! Nein, ich genieße ihn einfach!!!!! Und ... einer reicht mir!!!! Dafür mit Hochgenuss!!!! Mann, was bin ich stolz auf mich!!!! Ich schaffe es, ich weiß es jetzt!!! Und ein großer Stein Angst plumpst von mir ab!!!

Sicher wird mich die Angst immer noch ein wenig verfolgen, bin ja erst für ein paar Stunden raus. Aber erst mal ist es super gegangen, das ist die Hauptsache!!!

Nach einem für mich sehr erfolgreichen halben Tag außerhalb der Klinik, bin ich doch irgendwie froh, wieder zurück in die Klinik zu kommen. Erstens bin ich etwas müde und zweitens komme ich wieder in den geschützten Raum zurück.

Wir fahren zur Klinik. Ich gehe stolz und froh, dass alles so gut geklappt hat, auf meine Station in mein Zimmer. Markus und Svenja begleiten mich. Und nun ... Der absolute Schock!!!! Horror pur für mich!!!! Echt, das macht einen gesunden Menschen fertig!!!!! Greta von meinem Zimmer liegt in ihrem Bett und schläft ... wäre ja nichts Besonderes ... aber nun kommt's dicke!!!!!!!! ... Sie hat alle meine persönlichen Sachen in ihrem Bett!!!!!! Meinen Kuschelbär, meine Nackenkissen-Rolle, meine ganzen Gedenkbücher, welche ich während meinem Aufenthalt geschenkt bekommen und auf dem Fensterbrett aufgestellt habe. Meine Zeichnungen von meinem Patenkind, welche ich aufgehängt habe!!!!! EINFACH ALLES!!!!!!!!!!

Svenja schreit Markus an, in was für ein Irrenhaus er mich gesteckt hätte: „Papa, die hat alle Sachen von Mami!!!!" Mir selber war zum Schreien zumute!! Ich habe nur noch Tränen in den Augen und bin fix und fertig!! Ich gehe zur diensthabenden Pflegerin, um mich zu beschweren. Doch die sagt nur, sie könne nichts machen dagegen, es tue ihr leid. Das sei nun mal Gretas

Krankheitsbild: Sie meint alles gehört ihr, sie macht das nicht mit Absicht!!!!!!!!!

Das ist für mich wie ein Faustschlag ins Gesicht!! Aber ich sehe es so: So was macht mich stark für draußen, die Welt außerhalb der Klinik ist eben auch hart, also werde ich so abgehärtet für das reale Leben. Es ist immer alles für etwas gut, aber trotzdem wirkt der Schock erst mal noch etwas nach!

Markus muss gehen, er hat noch einen Vereinsabend vor sich. Tja, ich bin auf mich gestellt. Meine beiden anderen Zimmergenossinnen sind im Aufenthaltsraum. Ich bleibe im Zimmer. Bin noch nie in den Aufenthaltsraum gegangen, da wird geraucht, da habe ich das Gefühl keine Luft zu kriegen, und das Gerede und Beurteilen voneinander und übereinander mag ich nicht! Gibt nur Unstimmigkeiten und ich mag einfach ICH sein und mit jedem zurechtkommen, was, wer, wie, wo ist mir so was von egal.

Schichtwechsel beim Pflegepersonal. Und nun kommt es nochmals dicke!!!!! Greta erwacht, steht auf und beginnt alle Kästen im Zimmer auszuräumen!!!! Alle Zahnbürsten wirft sie in den Müll!!! Ihren Pass, ihre Geldtasche, einfach alles, was ihr in die Finger kommt!!! Sie wütet regelrecht im Zimmer!!! Ich weiß mir keinen Rat mehr und gehe ins Schwesternzimmer zur Nachtschwester. Sie sagt, sie gebe mir einen Schrankschlüssel, damit ich alle meine Sachen vor ihr wegsperren könne! Es stößt mir sauer auf!!!! Ich habe absichtlich nichts Wertvolles (persönlich wertvoll schon, aber nicht geldmäßig) hier und sehe nicht ein, dass ich Bücher, Kuschelbär und solche Dinge wegsperren muss, und immer, wenn ich mich umziehe oder was brauche, den Schrankschlüssel zur Hand nehmen muss, nur um mich umzuziehen oder etwas von mir benötige!! Das kann's doch nicht sein!! Ich fühle mich irgendwie gedemütigt!

Also, die Schwester begleitet mich mit Schlüssel ins Zimmer und … Sie trifft auch der Schlag!! Sie meint ich solle gar nichts tun, ich soll meine Zimmerkolleginnen bitte holen, damit wir unsere persönlichen Dinge in dem Chaos raussuchen können, jeder seine. (Greta hat alles auf einen Haufen geworfen!) Die Schwester führt ein Telefonat und nimmt sich Greta zur Brust. Über Nacht kommt sie in die Geschlossene. Ich atme auf!!! Mein Glück, dass es einen Schichtwechsel gab!!! Ja, mein Glück!! Jetzt fühle ich mich verstanden. Ich bin einfach nur froh, sortiere meine Dinge aus, stelle meine Büchlein wieder auf, hänge die Zeichnungen auf, richte mich wieder ein, wie es für mich passt und gehe dann glücklich aber sehr nachdenklich und geschlagen ins Bett.

Ja, mir erging's super daheim!! Aber hier habe ich echt einen knallharten Dämpfer abgekriegt!!! Aber ich komme zu dem Schluss: Es ist immer alles für etwas gut und so werde ich gestärkt, um später zu Hause auch alles durchzustehen. Denn da kommt sicher wieder einiges auf mich zu, eben das normale harte, reale Leben. Ich schaffe es und ich freue mich auf morgen. Da gehe ich nach dem Frühstück heim und komme erst am Abend vor 20.00 Uhr zurück! Vorausgesetzt es geht alles gut. Mal schauen.

Jetzt schlafe ich erst einmal und erhole mich. Bin schon ziemlich müde geworden!!! Vielleicht träume ich von morgen!!!!

25. Januar 2015

Sonntagmorgen! Nach dem Frühstück kommt Markus, um mich zu holen. Heute geht es für den ganzen Tag nach Hause! Mal abwarten, wie es funktioniert. Ich schaue diesem Tag mit sehr viel Freude, aber auch Angst entgegen. Also richtig gemischte Gefühle! Ich habe mir vorgenommen zu kochen, da ich unbedingt die Angst vor dem Essen daheim, und den Umgang überhaupt mit Essen, verlieren möchte. Und das geht nur mit dieser direkten Konfrontation. Ich möchte Rindsvögel mit Reis (etwas Putenfleisch für mich, da ich Rindsvögel nicht so gerne mag, aber doch auch Fleisch und von allem anderen essen möchte) Gemüse und Salat machen. Wie ich es hier gelernt habe. So soll ich es zu Hause für mich anrichten. Mal sehen, wie es mir dabei ergeht.

Ich komme heim. Wow!!!

Schön!! Markus und die Kinder bemühen sich echt, das Haus in Schuss zu halten! Bin stolz auf meine Familie, sie machen es echt gut!

Ich koche nun Rindsvögel, Kartoffelpüree und Gemüse und mache auch für jeden von uns einen kleinen Salat. (habe etwas umgestellt) Putengeschnetzeltes für mich. Mmmhh, ist lecker und geht ohne Probleme mit dem Kochen! Mit gutem Gewissen esse ich mit meiner Familie zu Mittag, ohne schlechte Gedanken!! Es ist toll, einfach ein normales Mittagessen genießen zu können! Mensch, wie konnte mir das alles so egal sein?? Das Leben ist doch sooo schön!! Ich bin stolz, es geht echt super!! Sogar einen Zimtstern genieße ich wieder am Nachmittag! Das Geschnetzelte habe ich in Öl angebraten!! War früher unmöglich für mich!! (selber davon zu essen mit Öl!) Alles geht gut! Aber ich merke schon, wie schwach ich körperlich noch bin. Gerade die Geschwindigkeit beim Kochen gibt mir noch zu denken! Ich, die alles immer ruck, zuck gemacht habe, werde von meinem Körper gebremst! Es macht mir ein wenig Angst. Aber was erwarte ich!?!?!? Ich bin vor vier Wochen ganz unten gewesen. Dreimal mussten sie mich mit Medikamenten voll runtergefahren. Vor zwei Wochen habe ich erst darauf reagiert, also, das darf ich nicht vergessen! Brauche Geduld (nicht gerade meine Stärke), aber ich kämpfe und ich schaffe es! Wenn ich nicht an mich glaube, wer dann!!!??? Also aufraffen, alles langsam angehen und kämpfen! Am Nachmittag schaue ich noch ein wenig fern, was aber mit meinen Augen (durch die Medis sehe ich alles so schummrig) nicht so angenehm ist, also döse ich halt eben.

Habe dann noch die Äpfel, welche zu Hause im Keller vor sich hin schrumpeln, (da ich, die sie bergeweise gegessen habe, nicht zu Hause bin) zu Apfelmus verarbeitet. Muss mich zusammenreißen, dass ich nicht löffelweise in mich hineinschaufle, denn ich will keinen Rückfall!!! Nie mehr in diese Hölle!! Nie mehr kotzen!!! Und es geht!!! Ich bin stolz auf mich! Ich habe mir auch gleich zur Angewohnheit gemacht, während dem Kochen nicht zu essen! Mein Magen hat sich jetzt an feste Essenszeiten gewöhnt, eben zu den Hauptmalzeiten und nicht dazwischen und das möchte ich weiterhin beibehalten! Es ist wichtig für mich und meinen Magen! Am Abend habe ich mir ein Birchermüesli gemacht, da meine Abendessenszeit schon um 17.00 Uhr ist und ich auch meine Medikamente nehmen muss. Meiner Familie ist das eben noch etwas zu früh. Aber kein Problem. Werde das auch in Zukunft so machen, meine Zeiten einhalten und meiner Familie eben dann später etwas zubereiten. Ich muss jetzt einfach auf mich schauen. Das hat jetzt Priorität und ist sehr wichtig für meinen Genesungsprozess. So läuft es gut zu Hause und der Sonntag geht für mich wieder erfolgreich zu Ende. Es ist nicht ganz einfach, wenn Schokolade und Kekse überall herumstehen. Aber das ist nachher auch so und ich muss lernen, damit umzugehen. Früher habe ich alles in mich hineingestopft, vor allem Süßes, obwohl ich gar nicht so für Süßes bin! Jetzt ist es so, dass ich mir dreimal überlege, ob ich es wirklich brauche oder nicht! Denn in diese Hölle will ich nie mehr schlittern!!!! Wenn ich Lust verspüre zu naschen, dann nasche ich und sonst lass ich es. Genau so, wie für die meisten Leute die Normalität ist. Ja, ich gehe in die Klinik zurück, nach einem sehr beeindruckenden, aber anstrengenden Sonntag. Es ist alles gut gegangen.

Ich gehe in mein Zimmer und lege mich schnell einmal schlafen. Bin doch ziemlich geschafft, aber dennoch glücklich, einen sehr, sehr großen Rucksack voller Angst abstellen zu können! Ich denke, mit der Unterstützung meiner Familie und meiner Freundinnen und mit meinem starken Willen schaffe ich es. Ich will es schaffen!!! Ich muss es schaffen!!!!!

ICH WERDE ES SCHAFFEN!!!!!!!!!

26. Januar 2015

Habe diese Nacht tief und fest geschlafen. Ich freue mich riesig aufs Frühstück! (Wie jeden Morgen!) Ich genieße es, einfach am Tisch zu sitzen und genießen zu können! Ohne Angst, ohne negative Gedanken, einfach so, wie es für „normale Leute" üblich ist! Ohne Angst zu essen und zu genießen, so soll es sein und es ist gut so!! Danach ins Kreislauftraining und später noch in die Ergotherapie. Mal abwarten und schauen, was dieser Tag wieder alles für mich bereithält! Ärztevisite steht ja heute auch noch an. Und ich freue mich schon, dem Stationsarzt von meinem durchaus positiven Wochenende erzählen zu können. Denn ich bin echt stolz auf mich, wie ich das alles gemeistert habe!!

Visite ist voll super gelaufen! Ich kriege nur Lob vom Arzt!! Tut echt mal gut (lobe mich ja sonst immer selber, da ich es ab und zu erwartet habe und nichts kam). Die Ärzte schlagen mir vor die Tagesklinik-Variante in Anspruch zu nehmen, was heißt: Den Tag in der Klinik zu verbringen und die Nächte daheim. Nein, kommt für mich nicht in Betracht. Ich muss gar nicht darüber nachdenken. Denn … zu Hause komme ich nicht um 20.00 Uhr ins Bett (was ich im Moment einfach brauche) und Ruhe finde ich zu Hause auch nicht (wie es so als Hausfrau daheim ist), denn wenn ich abends daheim bin und weiß, dass ich den Tag hindurch in die Klinik gehe, würde ich alles Mögliche für die Familie erledigen, um ihnen den Tagesverlauf zu erleichtern, etwa wie Wäsche machen, Betten machen, Essen vorkochen, einkaufen usw. Sicher zum Teil Kleinigkeiten, aber noch fühle ich mich zu schwach und es wäre für mich eher so, dass es wieder in Stress ausarten würde. Früher hätte ich Ja gesagt, (wenn ich spüre, dass es den Ärzten recht wäre) aber jetzt, in meinem neuen Leben, schaue ich, was für mich das Beste ist und nicht, was die anderen gerne hätten von mir! Aber es ist auch kein Problem, die Ärzte akzeptieren meine Meinung, ohne nachzuhaken. Ja, ich habe schon viel gelernt! Vor allem, dass es egal ist, was andere denken!! Ich bin mir wichtig!!! Nur so kann ich gesund werden!

Heute in der Ergotherapie ist zum ersten Mal die für mich „zuständige" Therapeutin anwesend! Oh, Gott!!! Zum Glück ist sie bisher noch nie da gewesen!!! Ich stehe mit anderen Patienten vor der Eingangstür der Ergo. Um Punkt 10.00 Uhr öffnet SIE die Tür. Sie sagt in vollem Ernst, in einem Ton (mit dem ich nicht einmal mit Kindergartenkindern reden würde!!!): „Ja, einen schönen guten Morgen, kommt alle rein." (Das sie nicht sagt „Kommt rein ins Spielhaus" ist gerade alles!!!) Wie blöd ich aus der Wäsche geschaut habe, in diesem Moment, will ich gar nicht wissen!!!! Oh Mann!!! Ich gehe zu meinem „Arbeitsplatz", aber eigentlich sitze ich ja vor dem Bild, was ich das letzte Mal schon zu Ende gemalt habe. Meine Therapeutin kommt auf mich zu (ich nenne sie mal Heidi) und fragt mich, woran ich gerade arbeite. Ich antworte, dass ich nur noch schnell einige Striche malen muss. O mein lieber Schwan!!!! Heidi fällt mir sofort ins Wort!! Sie meint: „Schnell machen wir hier gar nichts (Hilfe, diese LAHME Rederei macht mich voll kirre!!!), sondern schön gemütlich und ruhig!!!" Ich glaube, ich spinne!! Kann ein Mensch so langsam sprechen???!!! Bei jedem Satz, welchen Heidi ausspricht, verzweifle ich fast!! Und das Wort „SCHNELL" geht gar nicht!! Da verzweifelt Heidi vollkommen!!!! Ich habe das Gefühl, ich bin im Kindergarten!! Dann geht Heidi zu anderen Patienten und kommt ewig nicht mehr. Hat mir allerdings versichert, dass sie noch auf mich zukommt, um meine Arbeiten zu besprechen!!! (Hat doch etwas gebracht, dass ich dem Stationsarzt geklagt habe, ich würde mir in der Ergo Gespräche wünschen, über die kreative Arbeit, bei welcher ich mir ja meine Gedanken gemacht habe.)

Ich male unsinnig an dem Bild herum, um die Zeit zu vertreiben. Es ist ein Bild, das unten schwarz und dunkel ist, nach oben immer heller wird und auf dem eine Herzpflanze wächst. Nach langer Zeit kommt Heidi zu mir und sagt, ich solle meine getöpferten Tonstücke und die Zeichnung in einen Nebenraum bringen und sie werde gleich meinen Sinnesinhalt (Gedanken) dazu mit mir besprechen.

Ich habe ihr erklärt, dass die getöpferte Spirale, welche über ein kleines Herz zu einem großen Herz mit der Aufschrift „ICH" führt, die Spirale ist, aus der ich ausgebrochen bin, um mein neues ICH zu finden. Sie staunt über meine Interpretierung. (Ich glaube, die sind in der Weise zu wenig kreativ hier, vielleicht wäre das ein Job für mich, hi, hi, hi.) Ich erkläre ihr, dass ich mein ICH wiedergefunden habe und die Spirale mit SUIZID – DEPRESSION – BULIMIE verlassen habe und nie wieder reintrudeln möchte! Ich erkläre Heidi auch, dass ich wieder ICH bin, mit Power, Energie und Lebensfreude! Sie meint: „Okay. Dann mal gut, aber da ist noch ein kleines, getöpfertes Herz nebenan, aus lauter kleinen Tonstückchen. Was hat das auf sich?" Ich erkläre ihr wieder, dass ich aus einem kleinen Klumpen Ton, welchen ich übrig hatte, ganz kleine Stückchen weggezupft und sie zu einem Herz zusammengesetzt habe. Also so in etwa, aus allem, sei's nur ein Rest Ton oder Scherben oder wie auch immer, kann wieder etwas entstehen. Heidi ist begeistert von meiner Überlegung!! (Ich kann ihr ja schlecht sagen, dass ich damals mit meinem Werkstück aus Ton fertig war, ja, und wie so oft keine zuständige Therapeutin in der Nähe war und somit dieses für sie ach so überlegte „SCHERBENHERZ" aus reiner Langeweile und übrigem Ton entstanden ist!!! Und ich mir die Erklärung dazu gerade jetzt ausgedacht habe!!) Ich glaube, ich bin zu kreativ für diese Ergo!!! Praktisch und gedanklich!!!!! Wo bin ich hier bloß???!

So, die Therapiestunde ist zu Ende. Heidi legt mir nahe, dass ich mir für die nächste Ergotherapie-Stunde überlegen soll, was ich werkeln möchte. Ich antworte ihr, dass ich einfach gerne einen Stein zerschmettern würde, um aus dem kaputten etwas Ganzes entstehen zu lassen. (wie in meinem Leben … aus kaputt mach ganz) Sie ist entsetzt und meint: „Bitte, also das mit dem Stein zerschmettern lassen Sie mal lieber!!! Aber aus etwas Kaputtem etwas Ganzes entstehen lassen, finde ich gut!" (Habe ich ja aus Ton schon gemacht, frage mich, wieso sie diese Idee wieder so begeistert!!!!!) Heidi fordert mich abermals auf, dass ich mir für die nächste Stunde in Ruhe überlegen, soll was ich machen möchte!!! Das kann ich eh nicht! Ich muss spontan an etwas arbeiten können!! Ich kann ihr am Anfang der Stunde etwas erklären, was ich vorhabe, und wenn ich dann am Arbeiten bin, komplett umschweifen und meiner Kreativität spontan folgen, so bin ich eben. Oh Gott!!! Nur schon das Wort ZERSCHMETTERN ist schon wieder zu krass für Heidi!!!! Wo bin ich hier? Echt extrem!!! Ich werde, so kreativ wie ich bin, Heidi noch zur Verzweiflung bringen, da bin ich mir sicher!!! Aber ich bin eben so, wie ich bin! Kreativ ist man oder nicht, und ich bin es definitiv!!

Am Nachmittag kommt Coni mit den Kindern. Es ist schön, aber etwas mühsam, da ich in der Ergo heute Morgen so viel erlebt habe, was ich erzählen will und die Kinder eben auch Aufmerksamkeit brauchen. Ich kann nicht einfach drauflos erzählen, wie ich gerne würde. Der Nachmittag geht gut und ich bin etwas abgelenkt, erzähle wohl von mir, eben was geht. Coni muss sich ja auch den Kindern widmen, was normal ist, aber für mich halt im Moment schwierig zu akzeptieren.

Am Abend kommt Wilma noch vorbei. Es ist richtig schön!! Ich erzähle von meinen Erlebnissen, gerade auch von der Ergo heute Morgen (bei meinen Freundinnen sprudelt es nur so aus mir, wie ein Wasserfall!) und wir lachen herzhaft darüber! Unsere Freundschaft bindet sich gerade wieder zu einer engen und innigen Freundschaft!! Es freut mich!! Ich kann wieder genießen, lachen und erfreue mich am Leben!! Ich sehe auch die Freundschaft mit Wilma als Neuanfang!! Ich genieße es und Wilma auch. Das lässt sie mich spüren. Es ist einfach nur schön!! Der ganze Absturz hat mir gezeigt, wie wichtig ich Markus, den Kindern und vor allem auch Margot, Wilma und Helga bin!! Es sind echt die besten Freundinnen, die man haben kann!!! Und ich???? Ich war so auf Abstand zu jeder Einzelnen gegangen. War unehrlich und verlogen. (So war mein Leben! Eine einzige manipulierte, verlogene Scheiße!!) Nie mehr wird das passieren!!!! Nie wieder lasse ich diese Freundinnen los!! Ich halte sie fest, ganz fest und nichts mehr wird das ändern!!!

Auch Daniela ist eine neue, ganz liebe Freundin geworden!!!!! Und dabei kenne ich sie erst richtig, seit ich in der Klinik bin!!!!!

Auch einen Mann und Kinder immer noch an meiner Seite zu haben, welche zu mir stehen nach dem ganzen Dilemma, ist ein sicheres und wunderschönes Gefühl!!! Und eben Freundinnen, welche die wirkliche Freundschaft bewiesen haben!!!

Nie mehr Hölle!!!!! Nie mehr SUIZID!!! Nie mehr BULIMIE!!!! Nie mehr DEPRESSION!!!! Nie mehr SPORTSUCHT!!!!!!!

ICH WILL LEBEN!!!!!! ICH SCHAFFE ES!!!!!!!!!

27. Januar 2015

Boah, 7.00 Uhr morgens und ich bin schon gewaschen und angezogen! Duschen tue ich immer nach dem Kreislauftraining. Aber heute Morgen um 6.30 Uhr ist die Nachtschwester gekommen, um mir Blut abzunehmen. Da ich nüchtern sein muss, kommt sie morgens in der Früh. Ich erkundige mich, wofür das sein muss. Sie sagt, sie vermute für einen Medikamentenspiegel. Mal abwarten. Bin gespannt, was heute wieder alles ansteht. Ergo habe ich heute ja auch wieder. Mal schauen, was für eine Idee mir kommt. Heidi hat auch gesagt, dass sie nochmals mit mir reden möchte. Aber ich weiß gar nicht, was wir noch reden könnten, haben uns ja gestern ausführlich unterhalten. Das heißt, ich habe geredet und sie hat alles gutgeheißen! Ich bin ja sehr kreativ und möchte eigentlich sehr gerne etwas aus einem Stein machen. Bin auch gespannt, wann ich den Termin in der Plastischen Chirurgie im Krankenhaus kriege. (Wegen dem vermutlich eingekapselten Impfstoff in meinem Bauch. Das murmelgroße Kügelchen, wie ich es nenne.)

Ich fühle mich sehr gut und möchte gerne weniger Medikamente nehmen. Bin immer etwas schummrig und schwimmend unterwegs, und meine Augen fühlen sich an, wie wenn ich durch eine zu starke Brille schauen würde! Wäre also froh, wenn ich etwas heruntergefahren werden könnte! Vor allem möchte ich, sobald ich heim kann, wieder Auto fahren können und gleich wieder arbeiten gehen! Mal abwarten, was diese Woche so alles mit sich bringt. Am Wochenende habe ich ja vor, wieder nach Hause zu gehen! Diesmal SA./SO. und über Nacht. Bin jetzt schon gespannt wie ein Flitzebogen, wie es mir ergeht.

Kevin geht am Samstagabend auf einen Ball und am Nachmittag ist bei uns im Dorf ein Radballturnier. Da habe ich vor, auch kurz vorbeizuschauen und mit den Leuten zu reden, welche mich gut kennen. Ist sicher ein komisches Gefühl, aber auch das muss ich lernen. Es wird auch der erste Arbeitstag komisch werden, aber das geht ja noch eine Weile. Erst einmal den heutigen Tag durchleben. Helga kommt am Nachmittag. Dann gehen wir wieder spazieren, quatschen viel (ich quatsche viel) und dann trinken wir noch einen feinen Automatencappuccino. Toll!!

In der Ergo ist es wieder voll krass. Echt! Denen könnte ich was helfen! Diese Therapeutinnen gehen voll nach Schema F vor! Oder nach genauen Angaben in Büchern! Krass!! (kreativ gesehen meine ich natürlich) Eigenkreativität ist glaube ich ein Fremdwort für die!! Zum Teil sind sie heillos überfordert! Ich hätte sooo vielen Patienten helfen können!! Zum Teil müssen die Patienten endlos lange warten, bis eine Therapeutin Zeit für sie hat, um ihnen bei Werkstücken weiterzuhelfen!! Zum Beispiel will eine Patientin ein Bild aus einem Buch abmalen, und im Buch geht es von einer gelben Farbe, verlaufend über grün in eine blaue Farbe über. Die Patientin fragt Heidi, wie sie auf so ein Grün kommen könne und wie sie so verlaufende Übergänge malen kann. Heidi reicht ihr eine Tube mit grüner Farbe und meint, das müsste ca. der Ton sein. Also!!! Ich muss mich echt zusammenreißen!!! Ich hätte der Patientin am liebsten den Pinsel aus der Hand genommen, mit den Worten: „Male einfach vom Gelben ins Blaue über, mit ein paar Pinselbewegungen vom Gelb ins Blau entsteht automatisch ein gewünschtes Grün und verlaufend ist es dann sogar auch noch!!" Echt extrem, dass die „gelernten" Therapeutinnen das nicht wissen!!! Hallo!!!!

Ich würde diesen Laden so was von schmeißen!! Aber ist nicht mein Job! Ich werde ja nicht bezahlt!! Also nicht mein Bier!! Ich schaue auf mich, schmunzle vor mich hin und gut ist!

Heidi sagt zu mir, ich solle mir ein Material aussuchen und ausdenken, was ich daraus machen möchte. 20 Minuten lässt sie mich stehen, dabei weiß ich nach fünf Minuten schon, was ich will! Ich möchte einen Stein (welcher mich vom ersten Tag an faszinierte, aber niemand da war, den ich fragen konnte, mit was man ihn bearbeiten kann) bearbeiten. Mit einem herausgemeißelten Herz und eventuell der Schriftzug LEBEN. Okay, ich sage zu Heidi, dass mich dieser Stein vom ersten Tag an fasziniert hat und da er immer noch hier ist, möchte ich den haben. Heidi lächelt und in ihrem langsamen und kindischen Ton sagt sie zu mir wie zu einem Irren: „Ja, Moni, in diesem Fall ist der Stein genau für Sie bestimmt. Nehmen Sie ihn an sich und gehen Sie zu ihrem Arbeitsplatz." Oh Mann! Dann soll ich ihr mein Vorhaben erklären! Nach immer wieder neuerlichen Erklärungen (weil sie nicht folgen kann, was ich meine) sagt sie, dass das so noch nie jemand gemacht habe, und dass das schwer möglich sei! Ich antworte nur, sie soll mich einfach machen lassen. Lieber wäre mir, wenn sie mir endlich das dementsprechende Werkzeug in die Hand gibt und fertig!

Zuerst kann sie mir überhaupt nicht folgen, was ich machen will und dann … Heidi holt endlich das Werkzeug und erklärt mir richtig lahm und kindisch, wie ich es anwenden soll!!! Und ich solle ja nicht den Staub wegblasen, da er sonst in meine Atemwege gelange, und ja vorsichtig mit dem Werkzeug arbeiten, sonst schmerze mir schlussendlich das Handgelenk!!! Und ich … ich sitze wie auf Nadeln!!! Würde ihr am liebsten das Werkzeug aus der Hand nehmen und sagen: „Gib einfach her und lass mich machen!!" Menschenskind, wo bin ich hier nur? Heidi macht mich richtig nervös!! Aber ich mache sie auch nervös! Mit meiner quirligen Art weiß sie nicht umzugehen und mit meinen kreativen Ideen ist sie etwas überfordert! Mir egal, ich habe jetzt meinen Stein, das Werkzeug dazu und kann nun in jeder Therapiestunde arbeiten, ohne dass ich auf eine Therapeutin warten muss. Endlich!! Selbstständig, juchuuu, welche Freude!!!

Ich werde sicherlich wieder viel lachen, wenn ich meinen Freundinnen erzähle, was ich alles erlebe! Die müssen sich ja krümmen vor Lachen!!! Muss ich ja sogar!! Irgendwie amüsant!! Wenn man merkt, dass es einem von Tag zu Tag besser geht, werden gewisse Dinge sehr lustig!! Ja, lange genug habe ich gelitten, auch unter Greta! Jetzt artet es vollkommen aus mit ihr!!! Sie hat meine Identität angenommen!! Sie hat meinen Namen auf dem Frühstückstablett – und somit mein Frühstück gegessen! Eine Nackenrolle gekauft – wie ich sie habe, einen Kuschelbär gekauft – wie ich einen habe!! Dann der Oberhammer, sie geht an meinen Kleiderschrank!!!!! Aber das reicht mir jetzt voll!! Ich sage ihr ganz bestimmt und in scharfem Ton: „Greta, lass meinen Kasten in Ruhe!!! Meine Kleider gehören mir, Finger weg, aber sofort!!!!" Eine Pflegerin, die gerade bei uns im Zimmer ist, nimmt mich zu sich und meint, dass es ihr gefalle, wie bestimmt ich mich gewehrt habe, das sei richtig so. Vielleicht verstehe Greta dann besser, dass sie das nicht darf. Ich bin stolz auf mich. Ja, irgendwann ist genug und mir reicht's auch!

So, jetzt kommt gleich Helga, wir gehen spazieren und einen Cappi trinken. Ich kann es kaum erwarten, ihr von der Ergo und von Greta zu erzählen! Das wird wieder ein lustiger Nachmittag! Oh Gott, Greta hat jetzt auch noch einen pinkfarbenen Kuli gekauft!! Ich habe einen pinken Touchstift fürs Handy! Wow, ich habe Helga sooo viel zu erzählen, ich hoffe sie kommt gleich!!!

Helga und ich sind heute voll weit laufen gegangen. Fast hätten wir uns im Schnee verlaufen! Aber es ist wieder voll schön und lustig gewesen. Das Leben kann so schön sein! Warum habe ich das soo lange nicht kapiert??? Aber ich darf mich das nicht andauernd fragen, sonst komme ich wieder in die Negativspirale und das will ich nicht mehr!

Heute Abend gibt es eine große gesottene Kartoffel, mit zweierlei Topfenaufstrich und Käse. Heute habe ich das erste Mal nicht alles aufgegessen. Zwei große Nockerl Topfenaufstrich und drei Scheiben Käse, das ist mir einfach zu viel! Aber wenn ich in die Runde schaue und sehe, was andere zurückschicken, bin ich ja richtig gut! Und ich bin stolz auf mich! Und ich werde es schaffen! Ich will es schaffen!! NEIN, ich schaffe es!!! Ich werde mir aber auch die Zeit, die ich brauche, geben und mich mitnichten dazu drängen lassen, nach Hause zu gehen, wenn ich nicht bereit dazu bin. Es ist meine Gesundheit und meine Entscheidung. Es geht hier um mich – und nur um mich. Es ist für mich und meine Familie wichtig, dass sich alles zum Guten wendet! Ich fühle mich hier wohl und behütet, komme mit allen klar und ich denke auch alle mit mir. Und mein Bauchgefühl wird mir sagen, wenn die Zeit reif ist, nach Hause zu gehen. Da bin ich mir sicher. Mal sehen, wie es kommt.

Werde nun schlafen gehen und bin gespannt, was ich morgen wieder erlebe, hier in dieser Klinik. Jeden Tag eine neue „SCH…". Aber egal, ich sehe es einfach so. Alles ist immer für etwas gut!

Und ich komme hier raus, nicht in Watte gepackt, sondern schon gestärkt! Gestärkt für die harte Realität draußen. Das müsste ich dann ja mit links packen!!!

28. Januar 2015

Habe wieder super geschlafen!! Jetzt freue ich mich schon voll aufs Frühstück! Mmmhh … Dann Kreislauftraining und danach fein duschen und wieder mal Haare waschen. Visite ist heute auch noch. Mal sehen, was die Ärzte so sagen. Ich bin heute so was von kribbelig und nervös, irgendwie beängstigend! Habe tausend Ameisen in mir (fühlt sich zumindest so an!) …

So, habe bei der Visite gesagt, dass ich das Gefühl habe, ich explodiere innerlich und dass das Blut in den Adern hin und her schießt, und mich das voll kribbelig macht! Der Stationsarzt meint, dass wahrscheinlich eine Überdosierung der Medikamente schuld daran sei. Er sagt, dass wir nun die Beruhigungs- und Schlaftablette weglassen (bisher habe ich noch eine halbe bekommen), und die zweite Medi wird gewechselt. Mal sehen, hoffe es wird dann besser. Ich bin ja schon eine kribbelige Person von Haus aus, aber im Moment ist es eben noch die gesteigerte Form. Ich hoffe, dass ich gut darauf reagiere! Es wäre schon nicht schlecht. Wäre sogar super!! Bis ich nach Hause kann, möchte ich so wenig Medis schlucken wie nur möglich!!

So, gleich kommt mein Schwiegervater zu mir, dann gehen wir wieder im Wald spazieren. Ist fein, wenn immer jemand kommt, mit dem ich laufen gehen kann und vor allem alles erzählen!! Erzählen, was ich hier drinnen alles erlebe! Und das ist megamäßig viel!!!

Margot hat leider schon länger nicht mehr kommen können, da sie seit einer Woche mit einer Grippe zu kämpfen hat. Aber mein Schwiegervater springt dann ein, wenn meine Freundinnen nicht können und ich bin froh! Und er geht ja auch gerne spazieren. Deshalb passt es ja gut. Dann gehen wir ins Café, da er keinen Automatenkaffee mag, da trinke ich dann immer Früchtetee. So habe ich Abwechslung!

Am Abend kommt Daniela noch vorbei. Ich freue mich, mit jemandem zu reden, welcher diese Hölle selber erlebt hat und den Absprung geschafft hat. Es ist aufbauend für mich und macht Mut!

So, dann werde ich mal Zähne putzen, Jacke und Kappe anziehen und auf meinen Schwiegervater warten. Wir gehen eine große Runde durch Wald und Schnee. Es tut einfach gut an die frische Luft zu kommen! Wenn man hier in der Klinik ist. Und auch das Quatschen tut immer gut! Da ich hier die Sachen, welche alle vorfallen und welche ich erlebe, auf keinen Fall mit dem Pflegepersonal oder mit Mitpatienten besprechen möchte. Und aber doch möchte ich es erzählen, weil es echt eine ganze Menge ist!

So, ist wieder ein schöner Nachmittag gewesen. Jetzt gibt es dann gleich Abendessen und dann um 18.00 Uhr kommt Daniela. Ich freue mich riesig! Es tut mir einfach gut, mit ihr zu quatschen und sie erzählt auch von sich. Ich denke, dass es sie auch bestärkt und sie bestätigt kriegt, was für eine enorme Leistung sie erbracht hat, geheilt zu sein. Den Durchbruch geschafft zu haben, die Bulimie zu besiegen. Und ich weiß, ich schaffe es auch. Ich muss und ich werde es schaffen!! Ich genieße das Leben nun so und freue mich, in Zukunft bei Geburtstagen und Festen mitessen zu können, ohne zu überlegen, und ohne Angst!!

ICH FREUE MICH RIESIG AUF DIE ZUKUNFT UND MIT NICHTEN MÖCHTE ICH DIESES TOLLE GEFÜHL MISSEN MÜSSEN!!!

Daniela bringt mich, bevor sie geht, noch auf die Station. Ich gehe gleich einmal schlafen. Mal schauen, wie die Nacht wird ohne Schlaftabletten. Aber ich bin positiver Zuversicht, und es geht sicher!!!

29. Januar 2015

Diese Nacht habe ich unverändert und sehr gut geschlafen. Auch ohne Schlafmittel! Finde ich ja voll genial!! Ab heute kriege ich auch tagsüber neue Medis, hoffe, ich reagiere gut auf die Änderung. Heute Morgen war mir beim Aufstehen etwas schwindlig, vielleicht die Umstellung. Nach dem Frühstück geht es wieder ganz gut. Statt zum Kreislauftraining bin ich heute in die Entspannungsgruppe gegangen. Vernünftigerweise wegen dem morgendlichen Schwindel. Danach gehe ich in die Ergo und meißle und arbeite an meinem Stein weiter. Heidi lässt mich in Ruhe, sie hat gemerkt, dass ich sehr selbstständig und kreativ bin (zum Glück). Nach der Ergo habe ich noch bei der Hauspsychiaterin einen Termin. Ich habe ihr erzählt, dass es mir super geht, dass ich ein Wochenende durchgeweint habe und gefühlt und gemerkt habe, dass ich die letzten mindestens fünf Jahre nie mehr herzhaft geweint oder gelacht habe. Habe ihr auch erzählt, was ich die letzten zwei Wochen hier drinnen alles erlebt habe. Und dass ich es schaffen will, ganz unbedingt! Und dass ich es schaffe und es durchziehe! Sie horcht mir zu, und sagt dann: „Wissen Sie was ... Sie schaffen das, da bin ich überzeugt davon!!!" Wow!!! Ich bin sooo stolz auf mich! Die Worte der Psychiaterin bestärken mich noch mehr, alles dafür zu tun und zu kämpfen!! Ich glaube an mich!!! Ich schaffe es!!

Am Nachmittag kommt heute niemand. Das heißt, es hat sich niemand angekündigt. Margot ist noch immer krank, Wilma muss arbeiten und Helga weiß ich nicht. Ich rufe sie an, ob sie spontan Zeit hat. Und ... sie sagt zu!! Super!!! Habe ja schließlich wieder viel zu erzählen!! Wir gehen eine große Runde spazieren, quatschen und lachen und haben es einfach toll!!! Das Leben ist ja sooo toll!!!!! Wir trinken einen Automaten-Cappi und es ist einfach nur schön!!

Später führe ich ein intensives Gespräch mit der für mich, an diesem Tag zuständigen Pflegerin. Sie sagt zu mir, es sei super, wie ich mich geändert und wie positiv ich mich entwickelt habe, und dass es für sie als Pflegerin auch schön ist, das mitzuerleben. Sie war anwesend, als Markus mich eingeliefert hat. Ich muss ja voll das Ekelpaket gewesen sein. Puhhh ... ich muss ja echt heavy drauf gewesen sein! Oh Gott!! Ich entschuldige mich immer und immer wieder und es ist mir schon etwas peinlich, wie ich drauf war (angeblich). Aber Vergangenes kann ich nicht mehr ändern und zum Glück kann ich mich nicht mehr erinnern! Nur vom

Erzählen weiß ich, wie ich drauf war! Wir reden darüber und mittlerweile lachen alle Pfleger und -innen mit mir gemeinsam darüber. Ist auch schön! Ich mag eigentlich das ganze Pflegepersonal voll gern. Es muss für alle, inklusive dem Stationsarzt, ja auch schön sein, mitzuerleben, wie ich mit eisernem Willen und sehr viel positiver Energie in kürzester Zeit meine Genesung anstrebe!!! Wenn man will, kann man sehr viel erreichen!! Und wie ich will!!! Ganz unbedingt!! Nie wieder in diese Hölle!! Nie wieder!!! Mir geht es gut!! Und ich muss kämpfen!! Ich muss und ich werde es schaffen!!! Und ... 5 kg mehr oder weniger ... scheißegal!!!

LEBEN!!!! LEBEN!!!! LEBEN!!!!
GENIESSEN!!! GENIESSEN!!! GENIESSEN!!!!
LACHEN!!! LACHEN!!!!! LACHEN!!!!!!

Einfach alles wie einen schlechten Albtraum hinter mir lassen und nach vorne schauen, nur nach vorne!!!! Ich bin ein so positiv denkender Mensch geworden. Ich bin so stolz auf mich, echt!! Ich habe schon sooo viel erreicht!! Und ich bin Markus dankbar, dass er mich in die Klinik brachte, obwohl ich ihn dafür hasse wie die Pest!!!! Aber heute weiß ich, dass es das einzig Richtige gewesen ist.

Jetzt beginnt eine neue Zeit für mich und meine Familie. Ich freue mich. Es wird sicher schön und um einiges einfacher!!! Es gibt sicher auch wieder viele Meinungsverschiedenheiten, in welcher Familie auch nicht!! Aber es wird sicher harmonischer, da ich ja nicht mehr von morgens in der Früh bis abends schlecht gelaunt bin, und mich am Leben erfreue! Ich werde wieder Spaß am Kochen und Essen haben, Einladungen annehmen (bisher immer abgelehnt, und Ausreden gesucht) und einfach das Leben genießen!!! Jeden Morgen freue ich mich aufs Frühstück. Toll, echt, ich bin einfach glücklich!!

Jetzt kommt Markus noch mit den Kindern. Ich freue mich und ich bin stolz, wenn ich erzählen kann, was die Psychiaterin gesagt hat! Ich denke auch Markus und den Kindern tut es gut, mich so zu sehen!! Und ich finde es toll wie alles läuft! Nur nach vorne schauen, nie zurück! Das ist wichtig! Und wenn mal nicht alles so rundläuft, egal, es gibt immer wieder einen neuen Tag, wo es wieder gut geht! Aber ich weiß, und habe es selber erlebt, wie schnell es vorbei sein kann!! Deshalb: GENIESSE JEDEN TAG, ALS WENN ES DEIN LETZTER WÄRE!!!!! TRÄUME NICHT DEIN LEBEN, SONDERN LEBE DEINEN TRAUM!!!!!!!

30. Januar 2015

Heute ist Wilmas Geburtstag! Nicht vergessen!! Obwohl wir die letzten Jahre unseren früher sehr engen Kontakt ziemlich verloren haben, (das heißt ich habe mich die letzten Jahre von allen abgekapselt) ist Wilma für mich da. Jetzt in der schlimmsten Zeit meines Lebens!! DANKE!!!!

Margot, Wilma und Helga, wir unternehmen dann mal etwas miteinander, wenn ich hier rauskomme!! Und ich freue mich schon sehr darauf!!! Das muss dann mal klappen, früher oder später. Frühstücken oder sonst etwas Gemütliches!! Irgendwas wird mir schon einfallen!!! Oder wir grillen bei mir. Oder wir feiern gemeinsam den 14. Januar 2016 ausgiebig! Mal schauen, aber es gibt eh nichts, was die Bedeutung der Freundschaft irgendwie bezahlbar macht. Aber ich glaube, wenn ich gesund bin und wir viele gemeinsame Stunden miteinander erleben können, ist das viel mehr wert als alles andere.

So, gleich ist Visite. Bin, wie immer, schon wieder sehr gespannt, was sie sagen. Bin von Visite zu Visite (jeden zweiten Tag) immer sehr gespannt, was ansteht. Bin gespannt, was sie sagen, dass mir seit gestern etwas schwindlig ist am Morgen, und zeitweise auch kurz schwarz wird vor Augen. Habe ich bisher noch nie gehabt!! Aber ich schiebe es mal auf die Umstellung der Medis, welche der Grund sein können. Es braucht halt eben alles seine Zeit!!

Der Stationsarzt meint nach meiner Schilderung des Schwindels und schwarz werden vor Augen, dass er eine „Pendeltherapie" probiere. Das heißt: an einem Tag eine stärkere Medi, am darauf folgenden eine schwächere, dann wieder eine stärkere usw. Er sagt dann „Schaukeltherapie" dazu. Das heißt für mich, dass ich morgen erst nach dem Mittagessen übers Wochenende heimgehe, und dass ich, falls der Schwindel am Vormittag nicht verschwindet, erst am Samstagnachmittag heimgehe, statt wie geplant Samstagmorgen. Der Stationsarzt erkundigt sich auch bei mir, ob ich das Gefühl habe, dass meine Stimmung schwanken würde, was ich zum Glück verneinen kann!!! Er meint, ich sei etwas anders als sonst bei der Visite. Ja, sage ich, ich bin halt eben ein bisschen nachdenklich, weil mich der Schwindel etwas verunsichert. Es ist eben kein feines Gefühl, wenn einem im Hinterkopf immer ein Schwindel begleitet. Mal abwarten, wie es bis morgen aussieht. Wegen dem „für immer nach Hause gehen" war noch gar nicht die Rede. Ich denke, es wird noch ein Weilchen dauern. Aber der Arzt möchte, dass ich mich gut fühle, wenn ich heimgehe, und ich will mich auch gut und vor allem sicher fühlen. Vorher dränge ich nicht nach Hause! Denn ich will nicht nach kurzer Zeit daheim wieder hier rein müssen!!! NIE MEHR!!!! Nein, danke!!!! Mein Bedarf ist mehr als gedeckt!! Ganz fix!!!!

Ja, jetzt untertags ist es mit dem Schwindel viiieeel besser geworden!!! Wenn ich das gewusst hätte, wäre ich morgen schon in der Früh nach Hause gegangen. Aber jetzt ist kein Arzt mehr anwesend, um es mitzuteilen, und morgen krieg ich ja dann auch die stärkere Dosis. Ja, ist alles für etwas gut, also gehe ich eben wie ausgemacht erst nach dem Mittagessen morgen nach Hause. So muss ich fürs Mittagessen nichts tun und kann in Ruhe nach dem Essen heim! Ich freue mich schon sehr, obwohl mir auch die Angst ein wenig im Nacken sitzt, aber die Freude überwiegt zum Glück!! Ich werde es schaffen, ganz bestimmt!!! Ich will es schaffen!!! Und vor allem, bald möglichst nach Hause. Für immer nach Hause!!! Das ist mein Traum, und er wird sich erfüllen … früher oder später!!! Aber erst, wenn es mir richtig gut geht und ich mich sicher fühle!!! Dann kommt auch alles gut. Und ich freue mich auf mein neues Leben. Viiieeell zu lange habe ich nicht gelebt!!! Ich bin hier in dieser Klinik und es ist verdammt hart!!!! Aber ich habe schon sooo viel erreicht, dass ich den Endspurt auch noch schaffe!!! Ja, ich werde kämpfen und ich werde meinen Weg gehen, mit meiner Familie und meinen Freundinnen!!!! Soooooo schön!!!!!

Aber jetzt heißt es: noch ein wenig Geduld und nichts übereilen!!!! Das Leben hat mich wieder, oder ich das Leben!!!! Egal, es ist gut, wie es ist, und es wird jeden Tag besser!!!!!

31. Januar 2015

Samstag. Leider gibt es Sa./So. kein Kreislauftraining. Dann gehe ich eben nach dem Frühstück noch eine halbe Stunde auf den Hometrainer. Da Markus mich ja erst später abholen kommt.

Zum Frühstück habe ich heute Morgen sogar drei Scheiben Brot gegessen!!! Und ich habe viel Tee getrunken, da wir immer am Samstag gewogen werden und ich auf keinen Fall weniger wiegen darf als letzte Woche! Ich esse ja alles, wirklich immer alles auf, was mir die Ernährungsberaterin zusammenstellt, und will aber trotzdem auf der sicheren Seite sein, damit ich heim kann!! Ich habe ihr versprochen immer den Teller aufzuessen und das tue ich auch ganz konsequent!!! Okay. Nicht abgenommen!!! Zum Glück!!!!!! Heute habe ich nun die stärkere Medi bekommen. Mal abwarten, wie ich reagiere. Der rechte Hüftknochen schmerzt mir ein bisschen. Ich schlafe halt eben schon viel!! Immer von ca. 20.00 Uhr bis um 6.30 Uhr!!!!! Da die Matratze sehr weich ist und ich immer seitlich liege, drückt der Lattenrost etwas durch, und so könnte es sein, dasss mir durch die lange Schlafzeit mal die Hüfte wehtut. Aber es ist gut auszuhalten und heute Nacht schlafe ich ja in meinem Bett!!! Herrlich!!! Wenn ich daran denke!!!! Das erste Mal, seit ich in der Klinik bin!!! So … und nun merke ich, wie der Schwindel im Hinterkopf wieder angeschlichen kommt!!! Es ist echt mühsam, aber nichtsdestotrotz gehe ich heute heim. Ich will unbedingt in die Turnhalle in unserem Dorf!!! Kevin hat Radballturnier und da kommen viele Bekannte, welche ich gut kenne. Da Radball eine Randsportart ist, kennt hier jeder jeden. Ich möchte gleich auf die Leute zugehen und erzählen, was war, und dass es mir jetzt gut geht! Es ist mir sehr wichtig, dass die Bekannten alles direkt von mir hören, damit sie auch wissen, wie sie mit mir umgehen können. Nämlich ganz offen und „normal". Und ich möchte auch Kevin zusehen, wie er sich als Tormann so anstellt! Habe ja durch meinen Klinikaufenthalt sehr viel verpasst!!!! Und da das Turnier gerade bei uns im Dorf stattfindet, trifft sich das natürlich super!!! Denn, falls es mir zu viel wird, kann ich zu Fuß nach Hause gehen! Optimal. Ja, mal sehen, ob alles so kommt, wie ich es mir vornehme! Habe ich ja eigentlich gelernt, es so durchzuziehen, wie ich will!!! Bin sehr zuversichtlich. Positiv denken hilft!!! Auch, dass ich jemand bin, und dass ich gut bin, wie ich bin habe ich erlernt!

Also, heute gehe ich voll motiviert in die Halle, auch wenn ich weiß, dass meine Schwiegermutter höchstwahrscheinlich auftauchen wird! Es sind sicherlich viele andere gute Bekannte anwesend, auf die ich mich freue und das ist gut so!!! Mal schauen, wie dieses Wochenende wird!!!

Morgen werde ich wieder für die ganze Familie kochen und selber mitessen, wie ganz früher! Ich freue mich ja sooo!!! Und ich will nie mehr in diese Hölle geraten, in der ich jahrelang war!! Nie wieder möchte ich in einem manipulierten, gefühllosen Körper gefangen sein!!! Und nie mehr so werden!! Das Leben ist soo schön!!! Ich kann wieder weinen, Freude haben und Trauer und Mitgefühl empfinden!! Ich bin so froh!! Und um nichts in der Welt möchte ich das wieder missen müssen!! Nie wieder!!! So wichtig kann nichts sein!! Weder Personen, welche mir nicht so guttun noch Aussehen noch die Außenwelt um mich herum!!! Wichtig bin ICH!!!! Das persönliche ICH sollte jedem einzelnen Menschen am wichtigsten sein!!! Das habe ich hier, während meines Klinikaufenthalts, gelernt und erlebt!!! Persönliche Schicksale und diverse (von mir bisher unbekannten) Krankheiten und Erkrankungen. Aber ich muss auf mich schauen, nur auf mich!!! Vorwärts schauen, immer vorwärts und niemals zurück!!! Das hier soll alles wie eine Schocktherapie oder wie ein schlechter Albtraum hinter mir bleiben!! Weit hinter mir!! Einzig im Hinterkopf, ganz, ganz weit hinten, sollte es bleiben, damit ich nie wieder in dieser Hölle lande!!! Nie wieder darf es so weit kommen!!! Ich habe das selber in der Hand!!! Und ich werde es nie mehr so weit kommen lassen!!! NIE, NIE, MEHR!!!!!! ICH LEBE UND ICH GENIESSE ES!!!!!!

So, gleich holt mich Markus ab!! Und wir fahren direkt in die Halle!!!

Ich komme rein ... und sämtliche Bekannte und Freunde schauen mich an ... und da man es mir anscheinend richtig ansieht, wie gut es mir geht, werde ich von allen umarmt!!! Jeder sagt zu mir, wie gut ich ausschaue und was für eine Ausstrahlung ich habe!! Einfach super!!! Mich müsse man einfach gleich umarmen!!!! Ich freue mich riesig, kriege nur Komplimente!! Ich fühle mich suuuper!!!! Und dann erzähle ich allen meine Geschichte! Von der Bulimie zur Depression bis hin zum Suizidversuch! Und auch wie ich die erste Zeit in der Klinik drauf war und wie ich jetzt Tag für Tag den Kampf aufnehme, mit meinem Gesundwerden. Von meiner positiven Einstellung, bis zu dem, was ich in der Klinik so alles erlebe!!! Einfach alles!!! Wie ein Wasserfall sprudelt alles aus mir heraus!!! Und alle sind von mir und meiner Einstellung begeistert!! Alle sind dankbar, dass ich gleich so offen und ehrlich erzählt habe, denn somit habe ich allen den Umgang mit mir um vieles erleichtert. Auch die Hemmschwelle habe ich ihnen genommen, welche man ja so oft hat, wenn man von solchen Krankheiten hört. Viele sagen, dass ich die mindestens letzten fünf Jahre nie mehr so eine Ausstrahlung gehabt habe, ich mich jedoch immer bemüht habe gut rüberzukommen, was eben eher misslungen ist. Aber jetzt, jetzt sieht man mir richtig an, dass es von innen kommt!!!! Ich freue mich riesig!! Es tut mir so gut und es geht mir soooo gut!! Meine Schwiegereltern sitzen in der Halle. Ich setze mich hinzu und rede ganz normal mit ihnen. (Meine Schwiegermutter ist mir einfach egal, ich weiß gar nicht, warum ich mir das Leben wegen ihr schwer gemacht habe!!!) Jetzt nicht mehr!! Ein normaler Umgang okay, aber keine Nähe mehr!!!! Dann passt es für mich!

Ich bin verdammt stolz auf mich!!! Es ist einfach nur superschön, unter Leuten zu sein („normalen" Leuten). Für Kevin läuft's beim Turnier nicht so gut, aber ist ja nicht so schlimm, es gibt noch mehr Turniere, wo es wieder besser läuft. Und das Beste … ICH BIN DABEI!!!!!!!!! Um 17.00 Uhr gehe ich heim. Wegen den Medis muss ich um diese Zeit zu Abend essen. Mache mir ein feines Müsli und genieße es. Später kommen Markus, Kevin und Svenja nach. Ich richte ihnen auch ein Abendbrot. Danach liege ich noch ein wenig in der Stube und gehe dann glücklich, aber ziemlich geschafft ins Bett. In mein Bett!!!! Die erste Nacht zu Hause!!! Seit 35 Tagen, zum ersten Mal wieder mein Bett!!!! Herrlich!!! Werde sicher gut schlafen!!!

Bald, ganz bald schon, kann ich jede Nacht in meinem Bett schlafen!!! Davon bin ich fest überzeugt!!!!!!!

1. Februar 2015

Erste Nacht zu Hause. Es ist herrlich!! Ich habe gut, tief und fest geschlafen!! Klar, der gestrige Tag ist schon viel für mich gewesen, körperlich und emotional!!!! Aber mir ist es richtig gut gegangen und alle akzeptieren mich, wie ich bin und freuen sich riesig, dass es mir so gut geht!! Ich freue mich auch! Ich habe einfach richtig gut geschlafen!!! Schön!!!

Es ist alles gut heute!! Ich stehe auf, meine Familie schläft noch. Ich bin eben schon früh wach, da ich ja schon um 20.00 Uhr ins Bett gegangen bin. Ich brauche den Schlaf einfach noch, und abends überkommt mich immer früh die Müdigkeit. Aber das ist ja kein Problem! Ich sitze am Küchentisch, alleine, und genieße das Frühstück! Ich bin mir jetzt dessen bewusst, dass ich das NIE gemacht habe!!! Ich bin vor dem Klinikaufenthalt morgens ganz früh aufgestanden, habe 2–3 Stunden trainiert und bin dann laufen gegangen!!!! Meistens, bevor ich jemanden meiner Familie zu Gesicht bekam. Mein Gott … Wie konnte ich nur so leben? Nein, das ist jetzt alles anders und ich freue mich sogar auf das Frühstück!!!! Ja, ich genieße es richtig! Ich bügle und schaue, dass ich Markus so gut es geht entlasten kann. Dinge wie Wäsche, Vorkochen und etwas für die Familie backen (fürs Frühstück nächste

Woche) schon mal erledigen kann, heute, wo ich daheim bin. Ich muss ja heute Abend wieder in die Klinik zurück. Aber das ist gut so, denn ich merke, dass ich für den Alltag schon noch etwas geschwächt bin. Kurzum, ich koche dann ein Mittagsmenü für alle. Mit Salat, Fleisch, Beilage und Gemüse. Und es klappt!! Und ich genieße es zu kochen und bewusst auf Konfrontation mit dem Essen zu gehen. Nur so kann ich mein letztes bisschen Angst abbauen. Ich bin sehr stolz auf mich, wie ich das alles schaukle! Okay, ich bin noch nicht ganz ICH, denn ich brauche für alles ziemlich lange und ich merke meinen schwächlichen Zustand. Bin noch nicht so schnell wie ich sonst bin. Aber das kommt alles noch, da bin ich mir ganz sicher.

Am Nachmittag gehe ich noch eine Runde mit Markus spazieren und am Abend mache ich mir nochmals ein feines Müsli gegen 17.00 Uhr, da ich ja meine Medis nehmen muss. Aber auch das ist kein Problem. Ich bin echt stolz auf mich!!! Alles ist super gegangen!!! Ich merke, dass ich langsam, ganz langsam ans Nachhausegehen denken kann!! Nur körperlich fühle ich mich noch etwas zu schwach für den Alltag zu Hause. Aber ich bin sicher es kommt alles gut!!! Bald geht es heim, für immer heim!!! Und wieder lasse ich einen großen Rucksack Angst zu Boden plumpsen!!!

2. Februar 2015

So, wieder Tagwache in der Klinik. Habe auch gut geschlafen. Aber am schönsten ist es halt doch zu Hause im eigenen Bett!!! Heute habe ich mir vorgenommen, in der Morgenrunde einfach mal Dampf abzulassen und meine Mitpatienten wachzurütteln!!!! Gesagt, getan. Nach dem Frühstück sage ich bei der Morgenrunde, dass ich am Wochenende gemerkt habe, was ICH alles schon erreicht habe. Und ich sage: „Ihr müsst euch allesamt bewusst sein, dass ihr selber sehr viel zum Gesundwerden beitragen könnt, und ihr müsst kämpfen dafür und euch nicht nur auf Medikamente und Pflegepersonal verlassen, sondern selber etwas dazu tun. Ich bin nur so weit, wie ich jetzt bin, weil ich selber will. Und ich denke, dass jeder Einzelne von euch gesund werden möchte, darum seid ihr ja wohl hier! Jeden Tag ein bisschen mehr kämpfen und wollen – in kleinen Schritten, aber immer vorwärts. Es kann jeder nach vorne schauen, jeder von euch. Ich bin ja von meinem Mann hierher gebracht worden, die meisten von euch suchten selber Hilfe! Ihr bekommt Hilfe hier, aber ihr müsst selber dazu beitragen. Jeder Tag hat etwas Positives, sucht und findet es!!! Und haltet dann an dem fest, wenn es mal nicht so rundläuft. Ich hoffe, ihr kämpft wie ich es tue, dann wird auch bei euch in kleinen Schritten alles besser!" Mir schießt das Blut durch die Adern! Ich bin von mir selber überrascht! Es ist fast erschreckend, wie ich geredet habe, das habe ich bisher nie gekonnt!!! Aber ich bin stolz auf mich und es hat mir regelrecht unter den Nägeln gebrannt. Und ich habe es wieder mal durchgezogen, das, was ich mir vorgenommen habe, auch zu machen!!!

Jetzt bleibt mir nur zu hoffen, dass ich die niedrigere Dosis Medis kriege, damit mein kribbeliges Gefühl wieder weniger wird. Der Doktor meint, ich müsse Geduld haben. Sonst laufe ich Gefahr, wieder in mein altes Schema zu rennen. Ich fühle mich zurzeit einfach unglaublich! Am liebsten volle Kanne und ungebremst ins neue Leben. Ich schaue, dass am Nachmittag eine meiner Freundinnen kommen kann. Ich muss raus hier, ich meine hier drinnen zu zerplatzen, so unruhig bin ich! Ich habe das Gefühl, ich müsse in die Luft steigen!!!

Die Ansprache von mir in der Morgenrunde ist voll gut angekommen! Ich finde es wunderschön und super, dass ich einige Patienten mit meiner positiven Einstellung und meinem kämpferischen Willen mitreißen kann. Das bestärkt mich unheimlich!! Und ich will noch mehr und noch intensiver kämpfen als zuvor!! Ich bin einfach nur glücklich und fühle mich „noch" wohl hier. Einfach noch sicherer als daheim! Aber das kommt alles noch, da bin ich sicher! Und um nichts in der Welt möchte ich in diese Hölle zurück, um nichts in der Welt!!! NIE MEHR KOTZEN!!!!!! NIE MEHR!!!!!!!!!! Ich werde es allen und vor allem mir selber beweisen, dass ich das umsetzen kann!!!! Und das auf ehrliche Weise, ohne mich selber zu belügen!!!! Denn das bringt gar nichts!!! Und ich werde alles dafür tun, es zu schaffen!! Und ich schaffe es, ganz sicher!!!!! Falls ein Rückfall passieren sollte, muss ich nach vorne schauen. Aber ich bin felsenfest davon überzeugt, dass es nie passieren wird! Ich will das nie wieder erleben!!!! Ich habe bisher so viel erreicht und ich werde auch das erreichen!! Dafür kämpfe ich!!! Und mein Mann steht hinter mir, das ist gut zu wissen!!!!! Auch meine Kinder und meine Freundinnen!!! Es ist einfach schön!!

Ich schaffe es!!! Wir schaffen es!!!! Ich kämpfe dafür, deshalb bin ich hier!! Deshalb habe ich das alles durchgemacht!!!!

Ergebnis: ICH LEBE WIEDER!!!!
ICH LACHE WIEDER!!!!!
ICH FÜHLE WIEDER!!!!!!
ICH BIN WIEDER ICH!!!!!!!

Und ich liebe das Leben!!!! Ich möchte dieses Glücksgefühl nie mehr missen. Nie mehr gebe ich das her!!!!!!!!!

3. Februar 2015

Nach einer schon normal guten Nacht gehe ich frühstücken.

Nach dem Frühstück, in der Morgenrunde, werde ich von sämtlichen Patienten gelobt, für mein positives Zureden gestern!! Dass ich durch meine positive Art, Ausstrahlung und Einstellung ihren persönlichen Kampfgeist zum Teil geweckt hätte! Sie hätten ihren Willen entdeckt! Sie sagen das auch voll in die Runde!!! Oh Gott, was ist mir das peinlich!! Weiß ja nicht, ob das die Ärzte und das Pflegepersonal gerne hören!! Bin in Zukunft lieber wieder still!!! Wenn jemand mit mir reden will, dann soll er auf mich zukommen und wir reden alleine, das ist kein Problem!

So, jetzt Kreislaufgymnastik. Ich liebe es!! Es ist jeden Morgen was Neues! Manchmal anstrengend, manchmal weniger. Würde mich reizen, wenn ich zu Hause bin, weiterhin hierherzukommen für dieses Training! Geht natürlich nicht. Erstens bin ich dann keine Patientin mehr und zweitens will ich ja wieder arbeiten gehen! Heute ist das Kreislauftraining etwas fordernder! Toll, nicht schlimm, kann mithalten! Dann ab unter die Dusche und zur Ergotherapie. Ich muss ja an meinem Stein weiter meißeln und ich freue mich, das ist meins!! Auch wenn Heidi (meine Ergotherapeutin) nicht ganz überzeugt ist, was ich hier mache! Aber ich weiß, was ich kann. Und es wird ein super Erinnerungsstück für zu Hause, welches mich täglich an die Zeit in der Klinik erinnern wird. Und auch, dass ich nie mehr zurück will!!

So, heute ist es cool in der Ergo! Heidi lässt mich vor mich hinarbeiten, sie merkt genau, dass ich weiß, was ich tue. Und ich denke sie weiß, dass ich das, was ich mir vornehme, auch umsetzen werde! Tja, so ist das!

Auf der Station herrscht trübe Stimmung! Gewisse Patienten machen sich gegenseitig nieder und nerven sich gegenseitig mit Vorwürfen und diversen Geschichten! Es ist voll krass! Und ich bin irgendwie mittendrin! So ne Scheiße! Ich halte mich jedoch schön diplomatisch zurück! Ich komme mit allen klar, das soll auch so bleiben. Mehr will ich nicht! Ich lasse mich auf niemanden ein! Ich gehe meinen Weg, bleibe neutral und lasse sie reden! Ich bin wichtig! Für mich muss ich kämpfen! Für mich brauche ich meine Energie! Jeder ist für sein eigenes Wohlergehen verantwortlich, und lästern und kritisieren von Patienten über andere Patienten ist nicht mein Ding! Einfach neutral bleiben und machen lassen, das ist das Beste! Bin ich sicher! Ich will gar nicht wissen, wer mit wem, über wen schlecht geredet hat! Es ist mir einfach egal! Man redet auf mich ein, ob ich nichts weiß oder gehört hätte. Ich höre zu, aber meine Meinung darüber bleibt bei mir! Vielleicht rede ich mit Helga (sie kommt am Nachmittag) darüber. Aber nie mit Patienten oder Pflegepersonal oder Ärzten! Ich bin einfach glücklich und froh, wenn es mir gut geht, und das lasse ich mir von niemandem nehmen!!

So, Mittagessen kommt. Ich genieße es!! Dann stehe ich gleich auf und verschwinde ins Zimmer. Ich freue mich schon auf das Plauderstündchen mit Helga! Habe ja wieder einiges zu erzählen.

Mal schauen. Wir spazieren, ich erzähle, wir lachen und genießen es einfach. Dann noch einen Automatencappuccino und danach gibt es ja schon wieder Abendessen!

Nach dem Essen kommt Markus mit Kevin und Svenja. Ich freue mich. Ich glaube, Markus merkt auch, wie ich kämpfe und wie es mir von Tag zu Tag besser geht! Auch die Kinder sind, glaube ich, guter Dinge! Ich bin stolz auf meine Familie, wie sie den Alltag schmeißen ohne mich. Okay, ein bisschen ein schlechtes Gewissen habe ich schon, aber wenn das Leben nachher besser als früher wird, wenn ich wieder lache, weine, fühle, am Tisch mitesse und einfach glücklich bin, denke ich, lohnt es sich, das alles jetzt zu Ende zu bringen! Nichts überstürzen und nicht nach Hause drängen. Das könnte alles wieder kaputt machen!!! Ich merke, dass es immer näher rückt, das Gefühl bald nach Hause zu können. Mein Bauchgefühl wird mir zeigen, wenn der richtige Zeitpunkt da ist, für immer nach Hause zu gehen. Seit ich hier drinnen bin, hat mich mein Bauchgefühl noch nie getäuscht. Also, abwarten und dann nach Hause. Bin sicher, ich bin im Endspurt! Ein Ende des Klinikaufenthalts ist auf jeden Fall in Sicht!!

So, meine Familie ist wieder heimgefahren. Und für mich ist es schon gleich mal Zeit ins Bett zu gehen. Ich warte immer sehnsüchtig, dass es 20.00 Uhr wird, damit ich meine Abendmedi schlucken kann. Davor darf ich nicht zur Nachtruhe übergehen. Morgen geht Mario heim. Dann bin ich neben Greta und Lena am längsten hier. Aber lange werde ich auch nicht mehr bleiben. Denn zurzeit kommen immer neue Patienten mit neuen Problemen hier rein, und es wird täglich schwieriger, meine positive Einstellung zu zügeln. Denn alle ertragen das nicht! Aber ich lasse mich trotzdem nicht mehr in ein negatives Charisma bringen, denn ich habe bis jetzt gekämpft fürs Positive und starte weiter durch, Richtung gesund werden und gesund bleiben! Und ich schaffe es! Ich werde es schaffen. Positiv bleiben, egal, was kommt! Meine positive Einstellung und mein kämpferischer Wille macht mir hier niemand mehr zunichte! Ganz sicher nicht! NEVER!! Mir geht es gut und das bleibt so!!!

Heute ist mir noch was Lustiges passiert. Habe mich mit Helga K. unterhalten (eine Mitpatientin). Wir kommen in unserem Gespräch auf die Lieblingsfarbe zu sprechen. Ich sage das meine Violett, Pink, Lila und Rosa ist. Sie lacht und meint, dass das auch ihre Lieblingsfarben seien. Sie war früher Friseurin – ich auch! Helga fragt mich nach meinem Sternzeichen: Widder. Sie lacht wieder, ihres auch! Wenn ich den Geburtstag hätte, erkundigt sie sich. April sage ich. Sie auch!!!! Am Wievielten denn??? Ich sage am 11. Sie meint: „Das gibt es doch nicht!!!" Sie auch!!! Was für ein Zufall!!!! Alles identisch, nur 20 Jahre liegen dazwischen!! Voll der Zufall!! Beide gelernte Friseurinnen, beide am 11. April geboren, beide auf derselben Station in derselben Klinik!! Das Leben ist manchmal schon sehr rätselhaft.

Tja, oftmals gibt es Zufälle oder Schicksale im Leben. Ich finde es irgendwie cool. Ja, so ist das Leben.

Rätsel und Wunder wird es immer geben!!!

4. Februar 2015

Oh Gott, heute bin ich ja voll zittrig!! Ich kann fast nicht schreiben! Voll schlimm. Fühle mich wieder wie überdosiert. Ich muss wohl oder übel bis zur Visite Geduld haben. Beim Frühstück ist es schon eine volle Herausforderung, die Kaffeetasse ruhig zu halten und den Kaffee nicht auszuschütten! In der Früh ist es schon voll hektisch in unserem Viererzimmer. Mandy ist beinahe zusammengeklappt. Sie hat durch die Medikamente Kreislaufprobleme gekriegt und als sie aufstehen wollte, ist ihr vor den Augen schwarz geworden. Greta frisst ganzzeitig Chips und Schokolade und trinkt daneben Essigwasser, weil sie glaubt damit abspecken zu können. Dann wird ihr übel und die Ärzte wundern sich und meinen, es läge an den Medikamenten. Hier läuft gerade alles voll krass ab. Ich glaube, ich bin schon zu gesund, um das hier alles zu begreifen, echt.

So, die Ärztevisite kommt. Zittere immer noch voll, die Aufregung mit Mandy am Morgen war schon etwas groß. Also, meine Medis werden wieder runtergefahren (geändert) und am Freitag geht es bis Sonntag nach Hause. Dann muss ich sonntags bis spätestens 20.00 Uhr wieder hier sein. Dann schätze ich, geht es irgendwann nach Hause. Für immer!!!!

Vor der Visite müssen wir immer vor unserem Zimmer abwarten, bis jede Einzelne von uns aufgerufen wird und reingehen darf, um mit dem Stationsarzt zu sprechen. Als wir so vor dem Zimmer warten, hat doch Lena voll zu mir gesagt, dass sie mich verachte, weil sie mit Menschen, welche einen Suizid versuchen, nichts und rein gar nichts anfangen könne! Pah, sagt gerade sie, die mit einer Polizeieskorte hierher gebracht wurde! Mir sowieso egal, die kann reden, was sie will!!

Mittagessen kommt, ich genieße es und freue mich auf den Nachmittag. Margot kommt. Ich freue mich. Wir quatschen, lachen und genießen es einfach! Ich rede wie ein Wasserfall! Von den letzten zwei Wochen habe ich ja sehr viel zu erzählen. Denn Margot war schon zwei Wochen lang nicht mehr hier. Die Grippe hat sie voll erwischt gehabt! Aber jetzt geht es ihr zum Glück wieder viel besser und ich habe soooo viel zu erzählen. Margot bleibt bis zum Abendessen hier. Am Abend kommt Markus wieder, wie jeden Tag, seit ich hier bin. Bis auf zwei oder drei Mal, wo Daniela am Abend kam. Wir genießen es wieder. Ich bin so positiv eingestellt und lasse mir das nicht mehr nehmen. Ganz sicher nicht! Und nach dem nächsten Wochenende gehe ich sicherlich Montag oder Dienstag für immer heim! Bin eigentlich fest davon überzeugt, wird sicher werden. Ja, ich merke langsam, wie ich nach Hause möchte. Endlich fühle ich mich stark genug und imstande es zu wagen. Ich freue mich darauf.

Lena kommt heute erst um 21.00 Uhr vom Ausgang zurück. Volle Aufregung! (20.00 Uhr hätte sie hier sein müssen.) Mit einer leichten Alkoholfahne! Sie wird aufgefordert einen Alkoholtest zu machen, da es ja gefährlich, ja sogar lebensbedrohlich ist, Alkohol zusammen mit Medikamenten, welche sie nehmen muss!!!! Alkohol und Medis zusammen ist ja auch wie ein Suizid. Und gerade sie, die mir zu dem Thema heute Morgen eine Standpauke gehalten hat, von wegen: Von Suizid-Patienten halte sie nichts! Aber mir egal. Ich drehe mich im Bett um und schlafe bald ein. In unserem Viererzimmer ist ständig was los, Langeweile kommt nie auf!!!!!

5. Februar 2015

Komme gerade vom Kreislauftraining. War wieder (wie immer) voll genial! Wir haben heute Aerobic gemacht und danach Bauchübungen!! Genau das, was mir total Spaß macht! Echt cool!!! Morgen machen sie dann dafür Entspannungstraining ... Nicht wirklich meins, aber ist mir sowieso egal, denn morgen in der Früh habe ich Termin im Krankenhaus in der Plastischen Chirurgie, wegen meinem murmelgroßen Kügelchen im Bauch. Mal schauen, ob es rausgeschnitten wird. Ich weiß nur eins, ich will es weghaben!

Langsam wird es auf der Station immer mühsamer. Viele Patienten können es einfach nicht ertragen, dass es mir so gut geht. Und dass ich so positiv eingestellt und gut drauf bin. Aber dass ich wie eine Löwin gekämpft habe, dass ich so weit bin, wie ich bin, danach fragt niemand! Das ärgert mich schon ein wenig! Denn ich musste mir das hart erarbeiten und nichts ist mir einfach so in den Schoß gefallen!

Aber ich, ich weiß, was ich mir erkämpft habe und es war alles andere als ein einfacher Kampf. Und ich bin stolz darauf, wie ich es schaffe! Ich hoffe jetzt echt langsam, dass es bald nach Hause geht. Endspurt ist angesagt. Ich glaube fest daran. Mal sehen. Ich glaube, dass ich nach diesem Wochenende, vorausgesetzt es klappt wieder gut, am Montag in der Visite das Heimgehen zum Thema machen werde.

Ich bin sehr guter Dinge. Wieso sollte es nicht gut gehen? Ich habe Markus an meiner Seite, der mir hilft, und die Kinder sind ja auch noch da. Das Einzige, was noch gegen das Nach-Hause-Gehen sprechen könnte wären die Medis, welche noch nicht richtig eingestellt sind.

Mal sehen, was ich jetzt in der Ergotherapie erlebe. Ist ja auch immer der Bär los! Bin gespannt, heute findet das erste Mal die Wahrnehmungsgruppe statt. Heidi leitet diese. Eigentlich hätte ich diese Gruppe jeden Donnerstagnachmittag besuchen sollen, sie wurde allerdings bisher immer abgesagt. Bin gespannt, was mich erwartet!!

Oh mein gütiger Himmel!!!!!! Wir sind sechs Teilnehmer für diese Gruppe. Wir warten alle vor dem Therapieraum. Heidi kommt, begrüßt uns wieder mit ihrem (sogar für Kleinkinder) kitschigen Ton und bittet uns einzutreten. Mich trifft fast der Schlag!!! Im Raum steht ein großer Tisch. Auf dem Tisch liegen Kartons als Malunterlagen und Schachteln mit Malkreide. Es schaut aus wie in einem Kindergarten! Im Raum schmeckt es fast unerträglich nach einem zu starken Duftöl. Eine Kerze brennt und Heidi bittet uns „schön" hinzusitzen! Zuerst fordert sie uns ganz langsam (wie sie immer spricht) auf, mit geschlossenen Augen zu machen, was sie vorlese:

Ich sitze gerade auf meinem Stuhl
Die Füße stehen beide nebeneinander auf dem Boden
Die Hände lege ich auf meine Oberschenkel
Die Augen halte ich geschlossen
Ich spüre, wie ich eine gute Haltung habe
USW. …

Ich muss schmunzeln und setze mich so hin, wie ich will. Hallo, wo bin ich denn?

Dann liest Heidi uns eine Geschichte vor, sie heißt: DER SPRUNG IN DER SCHÜSSEL.

Die Geschichte handelt von einer alten chinesischen Frau, welche jeden Tag mit einer Stange über den Schultern, an der links und rechts auf den Seiten jeweils ein Tonkrug hing, zum Brunnen ging, um Wasser zu holen. Der Weg war weit und beschwerlich. Jeden Tag ging die Frau diesen Weg. Und immer, wenn sie zu Hause ankam, war ein Krug voll und der andere nur noch halb voll. Eines Tages prahlte der volle Krug vor dem halb vollen, dass er viel mehr wert sei, da er immer die volle Ladung Wasser heimbringe. Er, der halb volle, sei wertlos, da er immer nur die Hälfte des Wassers zum Ziel bringe. Der halb volle Krug hatte einen Sprung, deshalb verlor er immer das halbe Wasser. Er war sehr traurig. Das merkte die alte Frau und sprach eines Tages zu ihm: „Weshalb bist du sooo traurig?" Der Krug mit dem Sprung klagte ihr sein Leid. Dass er sich wertlos fühle, da sie von ihm immer nur halb so viel Wasser bekam wie von dem heilen Krug. Die alte Frau lächelte und sprach: „Ich weiß, dass du einen Sprung hast. Und deshalb habe ich auf jener Seite des Weges, auf der ich dich immer nach Hause trage, Blumensamen gestreut. Sieh mal, auf deiner Seite des Weges blühen die schönsten Blumen am Wegrand!"

Ja, das ist jetzt die Geschichte gewesen, welche Heidi uns, natürlich viel ausführlicher und kindischer, erzählt hat. Und nun sagt Heidi: „Nehmt einen Papierbogen und Kreiden und malt etwas zu dieser Geschichte." Wir dürfen nicht mal zu zweit eine Kreideschachtel nehmen, geschweige denn voneinander eine Farbe leihen!!!! Nein, jeder eine eigene Schachtel und jede Kreide wieder in dieselbe Schachtel, ja nicht tauschen!!! Echt, komplizierter geht's nimmer! Ja, ich denke mir, ohne eingebildet zu sein, dass ich die Einzige hier drinnen bin, welche den Sinn und Hintergedanke dieser Geschichte erfasst hat!!

Einer malt eine Blume, mit einem Stiel so dick wie ein Baumstamm, eine malt ein Schiff, einer das Haus und den Weg zum Brunnen, und noch ein anderer erkundigt sich noch mal genau, ob es eine Frau oder ein Mann war, welcher den Weg zum Brunnen lief!! (Will sogar wissen, wie viel Zeit er für seine Zeichnung hat, damit er es sich einteilen kann.) Wo bin ich hier bloß gelandet?! Ich male am untersten Rand in der Mitte ein paar schwarze Striche, dann darüber und wenig breiter braune, darüber breiter dunkelblau usw. nach obenhin immer hellere Farben und immer breiter werdend, wie ein Fächer, bis ich zuoberst am Papierrand mit dem hellsten Gelb und der ganzen Papierbreite mein Werk beende! Ruck, zuck geht das. In 3 Minuten habe ich die Zeichnung fertig. Sinn erfassend und aufs Inhaltliche der Geschichte reduziert.

Ich verzweifle fast, muss warten, bis alle fertig sind und ich bin total genervt!

Einer malt so ewig und gemütlich, dass Heidi ihn unterbricht und sagt, dass wir nun die Bilder noch besprechen müssen. Er könne anschließend gerne noch bleiben, um sein Bild fertig zu malen. Dann das Besprechen. Es bestätigt meinen Verdacht, ganz richtig getippt zu haben, dass niemand außer mir den Sinn der Geschichte erfasst hat!

Einer sagt zu seinem Werk, dass ihn schon der Titel der Geschichte „Sprung in der Schüssel" aufgeregt habe. Bei diesem Titel fühle er sich erniedrigt und gedemütigt, gerade so, als hätte man uns den einen Stempel verpasst, dass wir einen Sprung in der Schüssel hätten! Und er habe eine Blume gemalt, weil Blumen in der Geschichte vorkamen und er nicht gut malen könne! Die zweite mit dem Schiff schließt sich seiner Meinung an. Das Schiff ist übrigens ein schiefes Haus. Die anderen zwei malten einfach die ganze Geschichte: HAUS – WEG – BRUNNEN – FRAU – BLUMEN.

Als ich an der Reihe bin mein Gemaltes zu erläutern, sage ich nur: „Ich sehe aus der Geschichte einfach und kurz gefasst, dass aus allem noch so Kaputten oder wertlos Scheinenden immer etwas Positives entstehen kann. Siehe auf meinem Bild … von kleinen schwarzen Strichen, zum Sonnigen, Hellen, Strahlenden!!!!" Tja, ich denke, ich bin echt zu klar im Kopf für so was.

„Ja, dein Bild ist sehr explosiv, Moni!!", meint Heidi. Ich antworte: „Ich sage ja, aber in Kürze gefasst, handelt es vom kleinen Dunklen ins strahlend Helle. Ich kann fast nicht mehr ruhig sitzen! Ich spüre eine innere Unruhe in mir!" Mannomann Heidi mit ihrem langsamen, kindlichen Umgangston, und ich mit vermutlich schon wieder überdosiertem Blut in den Adern, das ist eine ganz schlechte Kombination! Ich bin eh schon kribbelig und dann das! Ich werde fast wahnsinnig! Ja, und ich habe mich getraut! Ja, ich habe es Heidi auch gesagt! Dass ich Menschen, welche so langsam sprechen, fast nicht aushalte. Heidi sagt zu mir, ob es mir wenigstens ein wenig gefallen hat, und ob ich mir vorstellen kann, wieder an der Wahrnehmungsgruppe teilzunehmen. Ich sage ihr wie aus der Pistole geschossen … „NEIN!!!! Ich habe gerade wieder mein neues, tolles Lebensgefühl entdeckt! Und ich bin jetzt wieder ICH … voller Power und meinem aufgeweckten, explosiven Dasein! Und das möchte ich nicht mehr missen und auch nicht zügeln! Ich will gar nicht langsam und ruhig werden. Geschweige denn ruhiggestellt werden, von einer Therapeutin (welche ich insgeheim belächle)! Ich fühle mich gerade erst wieder richtig gut, bis auf das Kribbeln in mir! Und diese Power in mir, die ich erst jetzt wiedergewonnen habe und die mich zu dem glücklichen Menschen macht, der ich jetzt bin und ganz früher mal war, gebe ich nicht mehr her. Das macht mich aus, das bin ich, immer Vollgas! Und nie wieder möchte ich in die Hölle zurück!"

Tja, Heidi hat geschluckt, aber sie ist ja eigentlich studiert auf dem Gebiet Psychologie, sie wird es schon verkraften! Ich musste es einfach loswerden!

Hamsterrad geht für mich okay, aber in gesundem Maße. Ganz wird man mir das sicherlich nicht nehmen können, aber halt die Bremse ziehen, wenn es zu viel wird. Und ich denke, dass mein Körper mir schon Zeichen geben wird, wenn es zu viel wird. Ich muss diese Anzeichen nur zu deuten wissen und dementsprechend handeln!

Gleich gibt es Abendessen. Mal sehen, was es heute gibt. Hoffentlich mein geliebtes Müsli! Das liebe ich so sehr. Aber wie ich den Plan im Kopf habe, gibt es glaube ich Hüttenkäse.

Ja, es hat Hüttenkäse-Cocktail gegeben. War voll lecker!! Eine Scheibe Käse, welche es dazu gab, habe ich nicht mehr gegessen, da sich eine ziemlich komische Patientin mit fett träufelndem Haar neben mich gesetzt hat. Da ist mir der Appetit vergangen! Die reißt den ganzen Tag eine Fresse, lehnt sich bei Tisch zurück und schickt immer das komplette Essen zurück und nervt einfach nur! Sie ist eine der einzigen Patientinnen, mit der ich gar nichts anfangen kann innerhalb meiner langen Aufenthaltszeit in dieser Klinik. Die ist echt krass! Auf der Station jammert und weint sie rum, es geht ihr ja ach soooo schlecht, und unten im Café lacht sie und tut so, als ob ihr nichts fehlt! Aber kann mir egal sein, wenn das ihre Art ist und sie kein schlechtes Gewissen gegenüber den Pflegern hat, ist das ihre Sache. Wenn das ihr Weg ist, okay. Soll es so sein!

Ich aber kämpfe weiter, schaue nach vorne und ziehe mich zurück. Das brauche ich nicht! Ich schaue auf mich, und nur auf mich. So komme ich weiter und weiter und hoffentlich bald heim. Raus hier!!!!!!!

6. Februar 2015

Oh Mann, diese Nacht war die reinste Katastrophe! Ein (wiedermal!) 5. Bett im Zimmer. Und Greta schnarcht, dass sich die Balken biegen. Ist jetzt eben so, bin etwas müde, aber gehe nun frühstücken und dann mit dem Krankentransport ins Krankenhaus in die Plastische. Mein Kügelchen im Bauch anschauen lassen. Mal sehen, bin gespannt. Wahrscheinlich wird eh nichts gemacht. Eigentlich wäre es mir ja schon recht, wenn es gleich erledigt werden würde. Will ja bald heim und von zu Hause aus möchte ich das nicht regeln, da ich ja nichts dafür kann!

In der Plastischen sitzen nur „Tussis", welche Näschen oder Busen oder weiß ich was alles richten lassen … und ich mittendrin … in meiner Jogginghose und Pulli! Egal, ich bin halt eben in einer anderen Liga zu Hause. Ich werde reingerufen. Der Doktor fragt, wieso ich wegen diesem Kügelchen komme, welches man eh fast nicht sehen würde. Ich antworte, dass es mich stört und dass ich es weghaben möchte. Schließlich ist es ja hier in der Unfallchirurgie verursacht worden!! Ich teile ihm meine Vermutung mit, dass sich wohl der Impfstoff in einer Kapsel unter dem Unterhautgewebe angesammelt habe. (Haben auch die Klinikärzte vermutet.) Er stänkert rum und sagt ziemlich unfreundlich, er könne schon einen Schnitt machen, dann habe ich anstatt dem Kügelchen, eine Narbe plus eine Delle!! Wenn ich das gerne möchte, könne er das schon machen! Wütend frage ich ihn, ob er nun plastischer Chirurg sei oder nicht! Er erwidert wütend, dann solle ich mich auf die Liege legen und er mache einen Ultraschall, um zu sehen, ob er etwas entdecken könne. Und da – er entdeckt tatsächlich eine Zyste, in der sich Flüssigkeit angesammelt hat (Kapselbildung). Er nimmt eine Spritze und saugt alles raus. Tja, und … oh Wunder … das Kügelchen ist weg – ohne Narbe und Delle!!!! Ja, zum Glück habe ich mich gewehrt! Ich bin jemand und lasse mich nicht mehr abschieben, wenn ich mich im Recht fühle! Hier hat es sich ja wohl gelohnt! So, nun geht es mit dem Krankentransport wieder in die Klinik zurück. Ich werde noch hier zu Mittag essen und danach ins Wochenende zu Hause starten. Das einzig Beunruhigende, ich habe einen juckenden Ausschlag um den Mund gekriegt und ein Kribbeln habe ich wieder mal in mir. Sch... Mal sehen, wie es weitergeht. Die Ärzte hier auf der Station möchten, dass ich langsam nach Hause gehe, das spüre ich. Aber bevor die Medis nicht richtig eingestellt sind, werde ich mich ganz bestimmt nicht dazu drängen lassen. Dafür habe ich schon zu viel gekämpft, als dass ich nach Hause gehe und dort rumprobieren muss, bis alles stimmt! Das ist ungut und mache ich sicherlich nicht! Jetzt mal abwarten, nützt alles nichts. Jammern mag ich nicht, ist nicht meine Art! Schauen wir mal, wie das Wochenende wird. Sicher gut! Wieder in meinem Bett schlafen! Herrlich!!! Und wie es aussieht, werde ich am kommenden Mittwoch dieser Klinik für immer den Rücken zukehren! Ich freue mich schon riesig und bin zuversichtlich! Am Montag habe ich einen Außentermin in der Selbsthilfegruppe. Am Dienstag einen Außentermin bei einer Psychiaterin, damit ich nachher von zu Hause aus eine Anlaufstelle habe. Am Mittwoch voraussichtlich nach Hause. Cool!! Letzte Kreislauftrainings MO-DI-MI, diese kann ich noch mitmachen (werde ich als Einziges von der Klinik vermissen), Essen noch bis Mittwochmorgen und dann NICHTS WIE WEG HIER!!!!!!!! Vorausgesetzt die Medis passen. Kriege ab heute noch weniger und muss abwarten, was passiert. Fühle mich immer noch überdosiert, das muss noch besser werden!

Ich freue mich ja so auf zu Hause! Heute nach dem Essen starte ich durch, ab ins Wochenende. In den eigenen vier Wänden!! Zu Hause angekommen, brate ich für Markus schnell Spiegeleier, denn er muss gleich noch mal arbeiten gehen. Ich gehe eine halbe Stunde auf den Crosstrainer (konnte ja heute nicht ins Kreislauftraining gehen), dann bügle ich und putze ein wenig. Svenja kommt heim. Sie hatte in der Schule kochen gehabt und daher schon gegessen. Und Kevin kommt erst am Abend von der Schule heim. Am Abend mache ich mir ein Müsli. Meinen Lieben später Würstchen mit Brot. Alles ist gut gegangen, aber nun bin ich schon ziemlich müde und gehe früh schlafen.

7. Februar 2015

Habe nicht so super geschlafen. Das Bett ist zwar super bequem, aber Markus hat so geschnarcht, dass ich oft wach gelegen bin. Aber trotzdem, es ist überall schöner als in der Klinik! Am frühen Morgen bin ich aufgestanden, habe angeheizt (wir heizen mit Holz), dann habe ich mir Frühstück gemacht und genüsslich und in Ruhe gefrühstückt. Ganz alleine, und ich genieße es. Nicht zig Patienten am Tisch sitzen zu haben. In der Klinik ist immer was los, hier ist es super ruhig und eben „heimelig". Später steht Markus auf. Ich richte ihm sein Frühstück und setze mich danach etwas in die Stube. Dann gehen Markus und ich einkaufen, ganz gemütlich. Wir kaufen fürs Wochenende ein, da ich die nächste Woche ja, zumindest bis zur Hälfte der Woche, nicht daheim bin.

Mittagessen, ich koche uns Piccata Milanese, Tomatenspaghetti und Salat. Mmmh … schmeckt gut! Mir habe ich ein Hähnchenfleisch angebraten, da ich Bedenken habe, dass das Milanese-Schnitzel bisschen zu schwer ist für meinen Magen und ich Schwein nicht so gerne mag. Es schmeckt allen und es ist voll harmonisch am Tisch. Habe auch Vanillepudding zum Nachtisch gemacht. Da ich kein Nachtischfan bin, stelle ich den vierten Pudding in den Kühlschrank. Am Nachmittag kriege ich dann doch noch Lust auf Vanillepudding und ich genieße ein paar Löffel davon. Am Nachmittag picke ich dann ein wenig trockenes Müsli und am Abend mache ich mir ein richtiges Birchermüesli. Leider ist mir am Abend nicht mehr ganz wohl. Habe wohl meinem Magen etwas zu viel zugetraut. Aber das geht schon. Nur nie mehr Kotzen!! Ich merke einfach, dass es mir nicht mehr so wohl ist, aber es muss gehen. Ich habe nur immer so ein Aufstoßen, nach faulen Eiern, was meistens ein Zeichen ist, dass der Magen rebelliert. Und es ist ziemlich unangenehm. Aber morgen geht es bestimmt wieder. Gehe wieder früh schlafen, bin einfach sehr müde gegen Abend. Und ich sehe immer noch alles wie durch eine zu starke Brille und verschwommen, was noch dazu anstrengend und ermüdend ist.

8. Februar 2015

Diese Nacht habe ich wieder besser geschlafen. Bin wieder als Erste der Familie auf. Ich frühstücke wieder genüsslich und in Ruhe. Mmmh … es ist einfach herrlich, so ohne irgendeinen schlechten Gedanken zu genießen. Danach schwitze ich eine halbe Stunde auf meinem Crosstrainer. Später schneide ich Markus noch die Haare. Zum Mittag koche ich wieder ein Super-Menü. Schweinefilet im Speckmantel, Speckbohnen, Kartoffelpüree und Salat. Ich esse von allem, und es ist herrlich wieder alles mitessen zu können und auch zu genießen! Nur gestern habe ich, so glaube ich, meinen Magen echt überfordert. Das Aufstoßen habe ich noch immer, aber es geht sicher bald vorbei. Ist ja okay, wenn mein Körper reagiert, wenn mir etwas nicht guttut. Mein Magen wurde ja jahrelang „misshandelt" von mir und muss sich auch umgewöhnen. Das schwimmende Sehen habe ich auch immer noch, was etwas mühsam ist, wenn ich immer alles wie durch eine zu starke Brille sehe. Kann nicht lesen, sogar fernsehen ist anstrengend. Werde es morgen in der Visite sagen. Muss ja heute Abend wieder in die Klinik zurück. Hoffe zum letzten Mal. Das nächste Mal, wenn ich daheim bin, muss ich hoffentlich nie mehr rein!

Aber dieses Wochenende habe ich erkannt, dass es mir Spaß macht, zu kochen und zu essen, das war ja bisher meine größte Angst. Und ich genieße alles und ich habe auch keine Angst mehr! Es ist wieder alles gut gegangen. Sogar als ich mich etwas übergessen habe! Kein Problem. Bin froh und ich freue mich auf ein neues Leben daheim! Ich schaffe es, ich schaffe alles und ich bin guter Dinge, dass alles klappt.

Markus bringt mich in die Klinik, ich denke und hoffe das allerletzte Mal. Bald ist es 20.00 Uhr. Ich werde die Medis holen und schlafen gehen. Bin wie immer um diese Zeit sehr müde.

9. Februar 2015

Zum Glück ist es Morgen! Eine furchtbare Nacht ist Gott sei Dank zu Ende. Mandy, Greta und Julia (fünftes Bett) schnarchten um die Wette! Greta ließ noch dazu ihr Radio die ganze Nacht eingeschaltet und ich habe heute Morgen Bauchschmerzen, dann Durchfall. Okay, ein Zeichen, dass mein Körper super auf alles reagiert! Habe die letzten zwei Tage ja ein bisschen über den Hunger gegessen und dieses Aufstoßen gehabt. So hat sich nun alles von alleine geregelt, ganz ohne „kotzen!!!" Ich bin echt stolz, es kommt alles gut! Jetzt weiß ich eben, dass ich noch etwas vorsichtig und überlegt essen muss, und was mir nicht so gut bekommt. Egal, jetzt geht es mir gut. Gehe frühstücken, dann Kreislaufgymnastik und dann noch in die Ergo. Nach dem ist noch Ärztevisite.

Das Ergo-Werkstück-Ergebnis ist cool! Die Arbeit mit dem Stein hat es mir voll angetan. Ich werde mir Steine und Ritzwerkzeug nach Hause bestellen. Damit ich zu Hause für meine Freundinnen jeweils einen Stein meißeln kann, als Dankeschön für ihre Treue zu mir in der schlechtesten Zeit meines Lebens!

Ich habe schon das Gefühl, dass ich psychiatrische Fähigkeiten habe. Für viele Patienten auf meiner Station bin ich Ansprechpartner geworden. Echt für viele! Und ich selber fühle mich einfach super! Nur noch die Medis richtig einstellen, dann passt einfach alles! Dann geht es ab nach Hause, für immer! Würde gerne allen Patienten helfen und ihnen von meiner positiven Energie etwas abgeben, aber das geht nun einmal nicht, leider! Aber eben, ich bin soooo positiv eingestellt, und würde es am liebsten jedem erzählen! Bin echt froh, die Caritas Selbsthilfegruppe ist abgesagt. Wegen Krankheit. Ist mir egal, gehe ich dann eben von zu Hause aus mal hin. Bei der Psychiaterin für „Draußen" (von zu Hause aus) habe ich morgen den Termin. Der ist mir viel wichtiger. Mal sehen, ob mir diese Frau sympathisch ist, denn das ist mir sehr wichtig! Darum möchte ich den Kennenlerntermin noch innerhalb des Klinikaufenthalts wahrnehmen, falls es nicht passen würde habe ich hier noch einen Ort, wo ich aufgefangen werden kann. Aber es wird alles gut, positiv denken und auf mich zukommen lassen. Es wird klappen, bin überzeugt davon. Bin gespannt, wie es die Psychiaterin morgen sieht, aber eben, ich bin positiv eingestellt. Wird sicher alles gut.

Am Nachmittag kommt mein Schwiegervater nochmals zu Besuch und wir gehen spazieren. Da der Außentermin heute ausgefallen ist, habe ich leere Zeit. Abgemacht mit einer Freundin habe ich dadurch nichts und mein Schwiegervater hat fast immer Zeit am Nachmittag. Ich bin mega froh, wenn ich etwas raus an die frische Luft komme. Zu erzählen habe ich ja auch immer sehr viel! Am Abend kommt mich Markus noch besuchen, alleine. Ich gebe ihm schon sämtliche Kleidungsstücke und Dinge, welche ich hier nicht mehr brauche, mit nach Hause. Gehe ja am Donnerstag heim!

Bei der Visite heute haben wir das besprochen. Ich habe gesagt, wenn der Psychiatertermin morgen gut verläuft, gehe ich am Mittwoch heim. Dann habe ich jedoch erfahren, dass am Donnerstag um 14.00 Uhr noch ein Vortrag hier in der Klinik stattfindet. Der Umgang mit Kindern bis 14 Jahre, wenn ein Elternteil eine psychische Krankheit hat. Glaube nicht, dass es auf mich zutrifft, denn ich bin ja nicht chronisch depressiv, aber vielleicht höre ich ja was Brauchbares raus. Und Mittwoch heimgehen und am Donnerstag wegen dem Vortrag nochmals kommen, finde ich auch doof. Auf diesen einen Tag kommt es nun auch nicht mehr an, denke ich. Echt nicht.

Aber dann, dann geht es heim!!! Für immer!! JUCHUUUUUU!!!!!!!!!!!!

10. Februar 2015

Wiederum habe ich eine ganz schlechte Nacht überstanden. (Zum Glück geht es bald heim!) Ich freue mich riesig aufs Frühstück … mmmmh. Es schmeckt mir hier einfach voll gut, da ich dieses Brot hier sooo gerne mag. Muss mich mal erkundigen, woher sie es beziehen. Kurz davor gehe ich noch Teewasser kochen, da das Frühstück noch nicht da ist. Helga K. und Fabian (auch ein

Patient, dem ich schon einige Male gut zugeredet habe) haben mich gleich abgefangen und mir vorgeschwärmt, wie gut es ihnen beiden geht, nach meinem Gespräch gestern mit ihnen. Es freut mich riesig. Es freut mich, wenn ich andere positiv beeinflussen kann! Ich liebe es, allen gut zuzureden. Leider habe ich immer noch Probleme mit meinen Augen. Wieder das Sehen wie durch eine zu starke Brille. Mal abwarten, was der Tag noch bringt. Gehe nachher noch ins Kreislauftraining. Ich liebe es, es ist einfach toll! Dann darf ich außerterminlich noch in die Ergo, um meinen Stein fertigzustellen. In der Ergo muss ich wieder schmunzeln! Ich gehe direkt nach dem Kreislauftraining in die Ergo (zum Glück war das Kreislauftraining heute nicht schweißtreibend). Ich komme also rein und sage zu Heidi, (meiner Therapeutin) ob ich noch schnell aufs Klo darf. Heidi meint sicherlich, aber nicht schnell, sondern genüsslich!! Hallo, wo bin ich denn!!?? Ach ja, in der Klinik, in der Ergo. Aber das allerletzte Mal!!! Ich lache, denke meine Sache und gehe trotzdem SCHNELL (hi, hi) aufs Klo und stelle dann meinen Stein endgültig fertig.

Dann gehe ich duschen (schnell ha, ha), denn gleich kommt mich Margot holen, da ich um 11.00 Uhr einen Psychiatertermin außer Haus habe. Draußen in der „Freiheit".

Gesagt, getan. Margot fährt mich zur Praxis der Psychiaterin. Ich werde hineingebeten und … die Psychiaterin ist mir auf Anhieb sympathisch! Ich bin begeistert! Eigentlich hat man mir eine andere Frau empfohlen, da diese aber keinen freien Termin hatte und eine Praxisgemeinschaft mit „meiner Psychiaterin" führt, habe ich dafür zugesagt … und wie sage ich immer: Es ist immer alles für etwas gut! Wer weiß, vielleicht wäre mir jene Frau, welche man mir ursprünglich empfohlen hat, nicht auf Anhieb sympathisch gewesen. Aber egal, auf jeden Fall fühle ich mich richtig wohl und in guten Händen da draußen! Sie hört sich meine Geschichte geduldig an und meint dann nur, dass ich ja fast Unmenschliches und sehr viel erlebt habe in dieser Klinik. Ich antworte mit: „Ja, und es hat mich stark gemacht. Und ich werde ein Buch schreiben." Sie findet das eine gute Idee und wir machen zum Schluss einen neuen Termin für nächste Woche aus. Ich freue mich jetzt schon, wenn ich ihr von meiner ersten Woche daheim erzählen kann! Es ist echt ein Glücksgriff mit ihr! Ich sage ihr das auch, denn es ist mir sehr wichtig, dass ich mich wohlfühle. Dann fährt mich Margot in die Klinik zurück, hoffentlich das letzte Mal!! Mal sehen, die Medis passen noch nicht ganz, meine Augen auch nicht, leider. Aber auch das wird noch gut, da bin ich mir sicher. Dann geht's heim, JUHUUUUU! Nie mehr in diese Hölle!

Ich habe einen tollen Mann, wunderbare Kinder und ganz liebe Freundinnen.

DANKE MARKUS, KEVIN, SVENJA!
DANKE MARGOT, WILMA und HELGA!
VIELEN DANK!

Natürlich auch DANIELA, MARIA, MEINER SCHWESTER und MEINEM SCHWIEGERVATER.

Alle haben mir immer alles angehört, was ich zu erzählen hatte, und das ist eine Menge gewesen! In einer so schweren Zeit ist es Gold wert, die richtigen Leute um sich zu haben!! Werde daheim wie geplant Steine meißeln als Dankeschön!

Heute Abend habe ich das erste Mal mein Essen zurückgeschickt. Reisfleisch, pfui, ich kann es nicht essen, es widersteht mir regelrecht!

Dann ist dazu noch eine richtige Unruhe ausgebrochen, weil bei einer Patientin eine Geldtasche vermisst wird. Wo??? Natürlich in meinem Viererzimmer, wie könnte es auch anders sein?!??!

Alle sitzen wir im Esszimmer beim Abendessen. Da wird Greta von den Pflegern aufgefordert, sie solle bitte kurz nach draußen kommen. Die Pflegerinnen reden mit ihr. Kurz darauf kommt sie wieder in den Essraum zurück und sagt lauthals in die Runde: „Wer vermisst eine Geldtasche?" Schweigen in der Runde. Aber ich kann beobachten, wie Julia sich sehr unwohl fühlt und errötet. (Sie ist in meinem Zimmer, ist sehr labil und unsicher und traut sich kaum mit einem zu reden, ist sogar unsicher, wenn man ihr eine ganz normale „Wie ist das Wetter"-Frage stellt.) Greta weiß nichts Besseres und bohrt weiter: „Es muss in unserem Zimmer sein, in unserem Zimmer wurde gestohlen." Da geht natürlich ein Geraune los unter den Patienten. Unruhe entsteht. Die Frau Vogel (hat immer was zu meckern und möchte die Welt verändern) beginnt wahllos Patienten aufzuzählen, welche laut ihr eventuell klauen könnten. Boah, jetzt reicht es mir, echt!!! Ich hätte ihr beinahe mein Reisfleisch ins Gesicht geworfen!!!! Ich steh vom Tisch auf und fordere Julia auf: „Komm, Julia, komm, wir gehen und schauen zusammen nochmals im Zimmer nach, ganz in Ruhe, ob wir deine Geldtasche nicht doch noch finden." Und in die Runde am Esstisch sage ich ziemlich gereizt und bestimmt: „Hier wird jetzt mal gar nicht spekuliert oder gar jemand beschuldigt! Ohne jegliche Beweise schon dreimal nicht!!"

Ich nehme mein Tablett mit dem Reisfleisch (was mir eh nicht schmeckt) und räume es zornig in den Geschirrwagen (muss jeder Patient nach jeder Mahlzeit), nehme die total verunsicherte

Julia mit und gehe mit ihr in unser Zimmer. Ich beruhige sie so gut es geht, sage sie solle sich jetzt erst mal hinsetzen und ich sage, sie solle mir in Ruhe erzählen, wo sie die Geldtasche zuletzt gehabt hat. Sie zählt auf, dass sie Geld rausgenommen habe, um Zigaretten zu kaufen, dann habe sie die Geldtasche in ihre Handtasche gesteckt und die Handtasche dann unten im Nachtkästchen verstaut. Ich bücke mich, nehme die Handtasche aus dem Nachtkästchen und dabei sehe ich ganz hinten, hinter der hervorgenommenen Handtasche noch etwas liegen. Welch eine Freude!!!! Julias Geldtasche!!! Sie muss wohl beim Verstauen aus der Tasche gerutscht sein, und da sich beim Nachsehen niemand richtig gebückt hat, konnte sie niemand entdecken. Julia wiederum ist froh, aber dennoch total verstört und nervös und meint: „Oh Gott, jetzt bin ich schuld, dass so eine Unruhe entstanden ist und ich habe alle verrückt gemacht!!!" Ich beruhige sie mit den Worten: „Egal, scheißegal, Julia, Hauptsache die Geldtasche ist wieder da! Wir gehen jetzt zum Pflegepersonal ins Schwesternzimmer und teilen ihnen mit, dass wir die Geldtasche gefunden haben und alles gut ist!" Das Pflegepersonal ist dankbar, aber ungläubig, da sie ja angeblich mit Julia auch nachgesehen haben. Tja, bücken sollte man sich eben halt schon beim Suchen. Egal, habe ich ja dann gemacht. (hi, hi)

Zu Frau Vogel sage ich dann nur kurz angebunden und bestimmt, dass man Patienten oder allgemein Menschen, welche soziale und finanzielle Probleme haben, nicht im Vorhinein beschuldigen und verdächtigen sollte! Echt, die hat mich so was von genervt! Die nörgelt an allem und jedem rum! Krankheit – Welt verbessern!! Mann echt, hey! Die soll mal schön alle in Ruhe lassen und sich nicht überall einmischen und alles kritisieren!

Tja, nach der ganzen Aufregung meinen alle anderen Patienten: „Oje, die Moni wird uns fehlen!" Und irgendwie bin ich schon wieder ein bisschen stolz auf mich. Glücklich, dass es mir gut geht, und das ich wieder jemandem helfen habe können, gehe ich schlafen. Meine vorletzte Nacht ... Bald habe ich es geschafft!!! Juchuuuuu!!!!!!!

11. Februar 2015

Nach einer sehr schlimmen Nacht von MO. auf Di., ist diese Nacht eigentlich ganz gut gegangen. Habe gestern ja auch viel Aufregung mitgemacht. Solche Vorkommnisse mag ich noch merken, die machen mich schon noch etwas müde. Bin immer noch überzeugter davon heim zu müssen! Ja, und morgen, ja morgen geht es nach Hause! ENDLICH!!! Meine Augen sind noch nicht ganz in Ordnung, aber der Stationsarzt meint, dass es eben noch Zeit brauchen würde. Aber es wird für mich echt Zeit, nach Hause zu gehen! Es sind Zustände hier, welche ich langsam nicht mehr gutheißen kann, und mich nachdenklich stimmen!

Gestern ist Lena nach Hause gegangen und Julia hat ihren Platz gekriegt, und schwupp, schon wieder ist ein fünftes Bett im Zimmer! Deswegen „muss" ich heim! Ich gehe nur, wenn das mit meinen Augen für mich akzeptabel ist, ich habe sooo gekämpft bis hierher und lasse mich nicht drängen!

Aber diese Krankspielenden zu sehen, halte ich fast nicht aus! Denn ich habe liebe Patienten kennengelernt, welche dringend Therapieplätze brauchen, dringend, da sie wirklich Schmerzen haben! Und ich kriege hier mit, dass einigen ihr zu Hause nicht gefällt oder sie zu wenig zu essen daheim haben usw. und deshalb einfach nicht heimwollen und jammern. Wenn ich aber Rückenschmerzpatient bin und Mitpatienten unter der Dusche Haare waschen kann und danach noch diese langen Haare ausföhnen, habe ich Zweifel an den Schmerzen!!!!! Das mit anzusehen nervt mich ungemein!!! Morgen um 14.00 Uhr gehe ich mir den Vortrag anhören, und dann tschüss Klinik, auf Nimmerwiedersehen!!! Habe dem Stationsarzt auch gesagt, er möge meine Unterlagen doch bitte meiner Psychiaterin zukommen lassen, da ich ja keinen Hausarzt habe, ich brauchte ja nie einen! Die Psychiaterin kann mir die nötigen Medis auch verschreiben und ich gehe ja draußen weiterhin zu ihr, damit ich eine Ansprechperson habe. Das ist schon wichtig! Sonst geht es mir ja supergut! Zu gut für diese Station! Ich kriege mit meinem klaren Verstand einfach zu viel Falschheit der Patienten mit und das ärgert mich enorm! Ich finde es eben nicht okay, dass man sich hier einnistet, weil man es daheim nicht schön hat, oder keine Heizung, oder, oder, oder!!! Da gibt es einfach Personen, welche nur Aufmerksamkeit brauchen und dann, wenn es ihnen besser geht und gesagt wird, dass sie ans Nach-Hause-Gehen denken können, beginnt es ihnen schlagartig wieder ganz schlecht zu gehen! Ich kann das nicht verstehen. Aber muss ich auch nicht! Es ist zum Glück nicht mein Problem! Ich, ich kämpfe lieber, um möglichst schnell nach Hause zu können, das bin ich! Ich habe aber hier auch sehr viele ganz tolle Menschen kennengelernt, viele Gespräche geführt und Erfahrungen gesammelt. Ja, jede Sache hat etwas Gutes und es ist alles für etwas gut. Also, nur noch heim und auf ins volle Leben! Weg von den falschen Leuten, leider auch von ganz lieben und netten Patienten. Aber das geht in Ordnung. Passt alles! Geht klar und ist okay. Und wenn es heimgeht, dann nie, nie mehr hier rein! Bloß nicht! Ich werde an mir arbeiten, damit ich nie mehr so extrem ins Hamsterrad renne, und mich bemühen, alle viere gerade sein zu lassen. Dann wird das schon werden! Bin zuversichtlich und positiv! Ich gehe noch eine Runde laufen. Greta fragt mich, ob ich sie mitnehmen würde. Ich sage: „Klar, kannst du mit. Zu mir kommt heute niemand und ich bin sonst eh alleine." Wir melden uns beim Pflegepersonal ab und die Pfleger geben Greta noch mit auf den Weg, dass sie ja nicht auf eine andere Station gehen solle. Sie sagt zu.

Wir gehen spazieren und als wir zurück zur Klinik kommen, trinke ich einen Automatencappuccino. Greta raucht eine Zigarette und wir sitzen gemütlich draußen auf einer Bank. Da kommt ein Langzeitpatient auf uns zu und sagt, wir sollen doch in den Aufenthaltsraum auf seiner Station mitgehen. Ich verneine und lehne sofort ab. Greta fordert mich auf, mitzugehen, es sei ach soooo coool dort! Ich bleibe standhaft und sage energisch: „NEIN!!" Ich versuche ihr auch klarzumachen, dass auch sie nicht gehen solle. „Sicher gehe ich, ist cool!!", mault sie mich an. Ich fordere sie abermals auf nicht mitzugehen, aber sie hat kein Gehör dafür und düst ab. Ja, super, echt!!! Ich trinke mein Cappi trotzdem noch gemütlich aus und gehe auf meine Station. Ich melde mich beim Pflegepersonal zurück und ringe mit mir, ob ich wegen Greta was sagen soll. Schweren Herzens (ich hasse es über andere zu tratschen, da hätte ich jeden Tag was tratschen können) melde ich, dass Greta auf einer anderen Station ist. Es geht mir nicht gut dabei! Und dann … Die Pfleger grinsen nur und meinen: „Ja, ja, die kommt schon wieder!"

So, und jetzt fühle ich mich definitiv schlecht! Hätte ich bloß nichts gesagt! Ich fühle mich schlecht, genau das, was ich jetzt echt nicht brauche! Ich schreibe Margot eine WhatsApp, wie schlecht ich mich fühle und was vorgefallen ist. Margot schreibt aufbauend zurück. Ihrer Meinung nach habe ich das Richtige getan, denn schließlich ist Greta mit mir weggegangen, aber nicht mehr mit mir zurückgekommen! Markus habe ich in meiner Verzweiflung auch geschrieben und er bestätigt ebenfalls, dass ich richtig gehandelt habe. Aber nach der Reaktion der Pfleger zweifle ich trotzdem an der Richtigkeit meines Tratschens. Ich gehe noch ein wenig an die frische Luft, Fabian geht mit. Er möchte gerne noch ein bisschen mit mir reden. Er gibt sehr viel auf meine positiven Worte, das hat er mir auch während unseres gemeinsamen Klinikaufenthalts immer wieder gesagt. Mit Helga K. spreche ich heute auch noch ziemlich lange und beide sind sehr traurig, dass ich gehe! Aber meine Zeit hier drinnen ist abgelaufen! Es wird Zeit ins neue Leben zu starten! Egal, wie traurig manche sind, morgen gehe ich heim!!! Meine Zeit ist reif!!! ÜBERREIF!!!!!!!!!!!

DONNERSTAG, 12. FEBRUAR 2015 – HEUTE GEHT's NACH HAUSE!!!

So, also jetzt ist es höchste Eisenbahn!!! Eine der schlimmsten Nächte glaubte ich vor zwei Tagen erlebt zu haben! Aber diese Nacht schlägt alles!!!!!!!! Alle haben geschnarcht … sogar die vom fünften Bett im Zimmer!!!!! Die hat dann auch noch begonnen, mitten in der Nacht Chips und Schokolade zu futtern!!! Tagsüber Kornbrot oder gar nichts und in der Nacht Fressorgien absolvieren!!! Echt! Eine Zumutung für alle im Zimmer, vor allem, wenn man wie ich nicht schlafen kann deswegen!!! Eigentlich kann es mir egal sein, was sie tut, aber das Chipspackunggeraschel nervt eben!!! Und Greta, die ließ die ganze Nacht das Radio an!! (Hat sie die letzten vier Tage angefangen, blöde Mode echt!) Habe diese Nacht viel studiert, vor allem, was ich in meiner letzten Morgenrunde noch mitteilen möchte! Habe ja Zeit zum Überlegen gehabt, wenigstens das klappte in der Nacht, da ans Schlafen kaum zu denken war.

Die Nachtschwester kommt in der Nacht, um nach dem Rechten zu sehen. Die Chipspackung verschwindet derweil natürlich (sonst kommt das mit den Bauchschmerzen am Tag, von der im fünften Bett, natürlich nicht gut). Sie meint, dass es ja wahnsinnig ist, das Geschnarche und der Lärm im Zimmer, und ob ich etwas zum Schlafen einnehmen möchte. Oh Gott, bloß nicht!!! Heute gehe ich nach Hause und Medis hat mein Körper echt schon genug abbekommen. Nein, ich nehme bestimmt jetzt beim letzten Übernachten nichts mehr!!!

Endlich morgens um 6.30 Uhr! Tagwache! Auf zum Waschen und zum Frühstück gehen, mein letztes hier!!! Bin etwas aufgeregt, hoffe ich schaffe es in der Morgenrunde, meine überlegten Worte rüberzubringen. Ich möchte einfach nochmals etwas positive Energie an die Patienten weitergeben, oder hier lassen. Ich hoffe, dem einen oder anderen nochmals gut zureden zu können. Würde mir wünschen, dass es bei jenen, welche es annehmen wollen, auch ankommt.

Habe alles etwas verkürzt angebracht. Bin gespannt, ob ich mein Bett noch behalten kann, würde mich gerne noch etwas hinlegen nach dieser fast schlaflosen Nacht. Ja, und dann, bald geht es heim!

Nach dem Frühstück gehe ich noch in mein letztes Kreislauftraining und dann muss ich mein Bett räumen, nichts mit hinlegen! Aber egal, das packe ich auch noch! Ich gehe duschen und dann heißt es Zeit absitzen. Ohne Bett!! Ins Zimmer darf ich noch. Zeit absitzen, da ich ja um 14.00 Uhr noch den Vortrag anhören möchte.

Mittagessen ist okay. Ich führe noch intensive Gespräche mit meinen Mitpatienten, sehe sie ja morgen nicht mehr. Viele sind ziemlich traurig.

14.00 Uhr … Wir sitzen gerade mal zu dritt vor dem Vortragsraum … und … niemand kommt!!!! Der Vortragende ist einfach nicht erschienen!!!! Und wie so oft in solchen Situationen, weiß niemand Bescheid! Es ärgert mich! Bin extra geblieben, habe so eine beschissene Nacht hinter mich gebracht für??? Einen Vortrag, welcher gar nicht ist!!! Aber wird alles für irgendwas gut sein! Ich sehe es positiv. Heute esse ich noch hier zu Abend, dann ist der Spuk vorbei, dann gehe ich nach Hause!!! Für immer!!!

Aber wie ich immer sage, es ist alles für etwas gut! Am Morgen im Kreislauftraining haben wir was ganz Tolles gemacht. Gymnastik mit Gewichtsstangen!! Hat mir super gefallen, war echt der Hammer. Schön als Abschluss was Spezielles!

Markus meint, ob er mich gleich holen solle, weil der Vortrag nicht sei. Ich verneine, denn jetzt sind alle Patienten, mit welchen ich mich super verstehe, in ihren Therapien, und ohne mich zu verabschieden, möchte ich dann doch nicht abdüsen. Für das habe ich eine zu intensive lange Zeit hier drinnen mit ihnen durchlebt.

Ich trinke mit Karel (welcher auch zum Vortrag wollte) einen Cappi. Er redet nicht viel, ist eher verschlossen. Auch auf der Station redet er kaum was. Ich rede ihm gut zu, baue ihn auf, denn er zweifelt extrem an sich, und er fühlt sich hier eher auf dem Abstellgleis als umsorgt. Ich rede auf ihn ein, dass er JEMAND ist, und dass er sich durchsetzen soll, und sagen soll, was er sich wünscht und erwartet. Habe ich auch gemacht. Ob es dann etwas bringt, ist eine andere Sache, aber es tut gut seine Meinung zu vertreten und es ist gut für das Selbstbewusstsein, was Karel eben auch fehlt.

Später gehe ich auf die Station hoch und begegne Helga K. auf dem Flur. Sie ist wahnsinnig traurig, dass ich gehe! Aber mich hält hier nichts mehr, ich will nur noch heim. Ich rede ihr noch gut zu und versuche sie nochmals positiv zu stimmen und sie aufzubauen. Ist eben doch gut, dass ich noch hiergeblieben bin, so gehe ich noch etwas spazieren mit Helga K. Vom Spaziergang zurück, setze ich mich in den Essraum, welcher zugleich Aufenthaltsraum für Nichtraucher ist. Habe ja kein Zimmer mehr. Ich sitze etwa ab 15.30 Uhr hier rum und warte, bis das Abendessen kommt. Es setzen sich Helga K., Fabian und Karel zu mir. Wir quatschen, erzählen und ich versuche ihnen noch gut zuzureden. Da kommt Frau Vogel dazu. (Weltverbesserin) Und dann ... Karel sagt zu ihr (Ganz ungewohnt für ihn, weil er eher nie was sagt. Mein Gespräch hat also doch was bewirkt!), ob sie fertig geschimpft habe beim Arzt.

Ich schaue ganz verwundert, vor allem auch wegen Karel, dass er so aus sich rausgeht und weil ich nicht weiß, was geschehen ist, dass Karel so redet. Frau Vogel schimpft drauflos, regt sich wahnsinnig auf und meint dann, dass sie wohl angebracht habe, was sie so ärgert, und zwar an der richtigen Stelle und dass sie sowieso nicht mehr hierbleibe und morgen heimgehe! Oh Gott, was ist denn jetzt schon wieder??? Karel erzählt, dass Frau Vogel im klinikeigenen Hallenbad ausgerutscht und hingefallen sei und jetzt schimpft sie über die Fliesen, welche angeblich (laut ihr) lebensgefährlich seien. Sie schimpft ja über alles, über zurückgeschicktes Essen der Patienten (ging sogar in die Küche und wollte es ändern!!!), über das Besteck, welches am Abend schon fürs Frühstück gedeckt wird, über die Therapiezeiten des Hallenbades, über die Jugendlichen und deren Anstand usw. ... Da hat es wohl die Richtige auf die „Schnauze" gehauen. Karel sagt zu ihr in schroffem Ton (So kenne ich ihn gar nicht! Habe ihm wohl Mut zugesprochen am Nachmittag!): „Frau Vogel, Sie regen sich die ganze Zeit über Dinge auf, die schon immer so sind, wie sie sind und welche man nicht ändern wird, auch nicht wegen Ihnen!! Moni hätte allen Grund sich aufzuregen! Maßlos sogar! Sie ist extra einen Tag länger hiergeblieben, wegen einem Vortrag, welcher schlussendlich gar nicht stattgefunden hat!! Das ist ein wahrer Grund sich zu ärgern!" Frau Vogel steht auf und geht zornig aus dem Raum. Ich lache nur und sage, dass es jetzt nun mal so sei, wie es ist und das alles für etwas gut ist.

Am Morgen ein supertolles Kreislauftraining, dann ein feines Mittagessen, am Nachmittag das aufbauende Gespräch mit Karel, der Spaziergang mit Helga K. und vielleicht, wer weiß, kriege ich zum Abschluss noch mein heiß geliebtes Birchermüesli. Das alles hätte ich nicht mehr gehabt, wenn ich gestern gegangen wäre. Okay, eine bessere Nacht vielleicht, aber das verschmerze ich locker!

Das Abendessen kommt! Jaaaa, mein Birchermüesli!! Schöner Abschluss!!

Beim Abendessen gibt's die nächste Sache, sodass ich nur noch froh bin, gehen zu können!!

Mandy und Georg benehmen sich wie Kleinkinder! Motzen über den Grießbrei und sagen zehnmal, dass wohl der Lehrling am Kochen sei. Und ein Kindergartenspruch folgt dem anderen! Ein Gekicher und Gelächter ... furchtbar!

Fabian sitzt mir gegenüber, wir schauen uns nur an, schmunzeln und haben vermutlich denselben Gedanken über die Situation. Ich stehe auf, bringe zum letzten Mal mein Tablett zum Geschirrwagen. Fabian folgt mir. Er sagt zu mir: „Mein Gott, du gehst heim, ich möchte auch raus hier. Ich möchte nur noch unter ‚normale' Menschen, echt!!! Das ist ja nicht mehr zum Aushalten!!!" Er wünscht mir alles Gute und geht dann in sein Zimmer. Ich glaube Tränen zu sehen, er ist auch traurig, dass ich gehe, das spüre ich.

JAAAAAAAA!!!!!! Markus kommt mit Kevin und Svenja, um mich FÜR IMMER nach Hause zu holen!!!!

Julia umarmt mich und weint ziemlich fest.

Mandy umarmt mich und ist traurig.

Georg wünscht mir auch alles Gute.

Karel umarmt mich, gibt mir links und rechts ein Küsschen auf die Wangen und bedankt sich für meine positive Energie, welche ich ihm angeblich überbracht habe.

Helga K. weint sehr, sie werde mich sehr vermissen. Meine frohe, hilfsbereite Art und meine Gespräche.

Ja, und ich, ich wünsche allen eine gute Besserung und sie sollen immer daran denken:

JEDER TAG HAT ETWAS POSITIVES, MAN MUSS ES NUR SEHEN!

Ich nehme meine Habseligkeiten und gehe mit meiner Familie heim. Für immer kehre ich dieser Klinik den Rücken, da bin ich sicher!!!

Das Einzige, was ich voll enttäuschend finde, ist, dass ich heute keinen Arzt zu Gesicht bekommen habe. Keinen Ärztebrief!! Der werde mir dann zugeschickt, heißt es nur.

Ich habe nach 7 Wochen und meinem positiven Kampf und Willen eigentlich schon erwartet, dass man mir alles Gute wünscht oder mich ein wenig lobt, denn hätte ich nicht eigens so viel dazu getan, wäre ich mit Sicherheit nach dieser kurzen Zeit nicht da, wo ich jetzt bin!!!!!

Aber ich weiß es! Ich weiß, was ich geleistet habe und ich bin stolz auf mich!!!!

NUR NOCH RAUS HIER!!!!!! UND TSCHÜSS!!!!!!!!!

So, die Klinikzeit und die Tagebuchführung sind hiermit zu Ende. Ab jetzt schreibe ich einfach ab und zu mal einen Tag auf. Oder ein paar Tage zusammengefasst. Einfach von meinem weiteren Leben, wie ich im realen Alltag zurechtkomme.

15. Februar 2015

Heute mache ich wahr, was ich mir während des ganzen Klinikaufenthalts und der Freigänge verkniffen habe. Ich gehe zu McDonald's frühstücken!!! Meinen geliebten Cappi trinken!!!

Am 27. 12. 14 hatte ich entschieden, dass ich nicht mehr leben will und habe meinen letzten Cappi getrunken und wollte dann meinem Leben ein Ende setzen. Wie es weiterging, konnte man ja in meinem Buch verfolgen.

Tja, ganz anders ist es gekommen, zum Glück!!!

Und deshalb beginne ich mein neues Leben mit meinem geliebten Cappuccino!!!!

Markus, Svenja und ich (Kevin durfte nach Kitzbühel Heißluftballon fahren gehen) gehen also am Sonntag frühstücken. Es bringt zwar meine Essenszeiten ein wenig durcheinander, denn ich bin gewohnt, um ca. 7.30 Uhr zu frühstücken (wenn ich arbeite, ist es dann sowieso früher), um 12.00 Uhr Mittagessen und um ca. 17.30 Uhr Abendessen. (Vorher war es wegen der Medis sehr wichtig, aber ich habe schon wieder großes Glück, denn ich muss nur noch morgens in der Früh eine Tablette schlucken und abends vor dem Zubettgehen.) Also deswegen kein Problem. Ich habe zu Hause in der Früh gefrühstückt, da Svenja bis 10.00 Uhr schlief und wir erst um kurz vor 11.00 Uhr zu Mc gehen. Für mich zählt das eben als Mittagessen. Mmmmmh … voll gut!! Das haben wir nie gemacht, das heißt, ich habe nie was mitgegessen! Aber jetzt schon und ich genieße es!!! Und wie!!!! Ich nehme mir noch vor, abends anstelle des Mittagessens dafür zu kochen, denn einmal am Tag ein Salat und ein vollwertiges Essen ist für mich zurzeit einfach sehr wichtig. Meiner Familie mache ich Würstchen im Schlafrock und Karottensalat. Für mich, da ich das nicht mag, mache ich (habe ich in der Klinik voll gerne gegessen) Spinatspätzle mit Gemüse und Käsesoße. Ich gebe meinen Lieben auch zum Probieren, damit ich das eventuell mal für alle kochen kann. Nein, Fehlanzeige, ist nicht gut angekommen, leider. Ich friere den Rest in Portionen für mich ein, dann habe ich immer etwas für mich bereit, wenn ich zum Beispiel eine Süßspeise für meine Familie koche, was ich nicht gerne mag. Dann haben alle was, und vor allem auch ich, nicht wie früher nur Salat und nichts dazu!! Eine Portion stelle ich gleich für morgen beiseite, denn ich möchte arbeiten gehen und mache Markus und Svenja Schmarren. Habe dann selber auch was Leckeres! Ja, es ist alles gut und ich liebe mein Leben. Sogar ein bisschen Schokolade habe ich genascht und nichts gedacht dabei. Mir ist es einfach egal, wie jedem „normalen" Mensch. Ich freue mich schon auf meinen ersten Arbeitstag!!!!

16. Februar 2015

Erster Arbeitstag, ich freue mich soooo! Frühstücken mit der Familie. (War die letzten 10 Jahre nie der Fall!) Das heißt Markus, Kevin und ich, da Svenja eine Stunde später in die Schule muss, steht sie später auf. Ich genieße es zu frühstücken! Eine Stunde früher als sonst, egal, denn ich muss nun die Alltagszeiten in Angriff nehmen, zumindest morgens. Es ist mir wichtig, mit der Familie zu frühstücken. Ich nehme es gemütlich und setze mich nachher mit Svenja nochmals hin und trinke Tee, während sie frühstückt. Die Zeit nehme ich mir, gehe ab jetzt vorläufig erst um kurz nach 8.00 Uhr aus dem Haus, den einen Weg habe ich seit Neuestem nicht mehr zu machen und somit reicht es. Die Post öffnet erst um 8.00 Uhr, bei der ich jeden Tag die Firmenpost holen muss. Ja, gleich starte ich in mein neues Arbeitsleben!! Cool, ich ziehe mich warm an und radle los. Schönes Gefühl! Post hole ich ab, stelle mich gleich vor, da neue Angestellte dort arbeiten, welche mich noch nicht kennen. Dann in die Werkstatt, wo ich jeden Morgen Unterlagen abholen muss. Alle begrüßen mich freundlich. Ich bin soooo froh, wieder da zu sein! Dann weiter in die Firma, für die ich arbeite. Ich öffne die Tür und trete ein. Daniela steht gleich vor mir. Oh Gott, ich umarme sie, und wir reden ein wenig, haben uns ja auch länger nicht mehr gesehen, und vor allem bin ich jetzt draußen!!!! Mann, ist das schön, ich mag sie sooooo gerne! Es ist einfach toll, dass sie auf mich zugegangen ist während meines Klinikaufenthaltes. Wir sind uns ja so ähnlich und haben ein und derselben Krankheit den Rücken gekehrt. Aber Daniela hat wohl noch viel mehr Sch… erlebt! Sie hat es geschafft und ist ein echtes Vorbild! „Ich bin stolz auf dich, Daniela!" So, dann mal weiter, sollte ja an meinen Arbeitsplatz gehen … Also, Stiege rauf und da sitzt Rosi an der Rezeption, sie strahlt mich an. Sie umarmt mich und ich finde es einfach schön! Ich bin wieder ICH und nicht mehr ein Wesen in einer Hülle, welches immer funktioniert und freundlich wirken möchte. Nein, ich bin ICH, und wie ich jetzt bin, genieße ich alles. Die Rosi ist so lieb und herzlich und hat auch immer ein Lächeln im Gesicht! (auch wenn ich weiß, dass es ihr auch nicht immer leichtfällt). Sie hat mir sogar ein Osterhuhn geschenkt, in Pink, genau meine Farbe (pink, lila, violett) – soooo schön! Ach, Rosi ist ja soooo lieb! Sie hat mir auch einige Male eine SMS in die Klinik geschrieben. Voll lieb! Dabei fällt mir ein, dass ich sie gar nicht gefragt habe, wie es ihr eigentlich geht! Ich habe sooo viel von mir und dem Klinikaufenthalt zu erzählen gehabt, dass ich das voll vergessen habe! Hoffe, Rosi verzeiht es mir, ich werde es natürlich gleich mal nachholen! Habe ihr auch davon erzählt, dass ich ab 14. Januar, der Tag, an dem ich mich fürs Leben entschieden habe, Tagebuch geführt habe in der Klinik. Ich sage ihr, dass ich vorhabe ein Buch zu verfassen, mit den ersten 18 Tagen als Zitate, (da ich ja keine Erinnerung daran habe) und danach das Tagebuch ausführlich zum Hauptteil verfassen möchte. Rosi hat mich bestärkt, den Plan, ein Buch zu schreiben, auszuführen. Und ich möchte das echt versuchen. Ich gebe ihr mal das Tagebuch zum Lesen, mal sehen, was sie dazu sagt. Wenn ich ein Buch schreibe, kann ich dem Tagebuch natürlich noch ausführlichere Zeilen hinzufügen, da ich ja mega viel erlebt habe, und es in der Klinikzeit etwas gekürzt notiert habe, da es schon anstrengend war, zumindest anfangs. Ach du lieber Gott, da schießt es mir wie ein Blitz durch den Kopf, dass ich Daniela auch erwähnt habe und auch aufgeschrieben habe, was sie mir anvertraut hat! Werde sie zuerst fragen, ob es ihr was ausmacht, wenn ich davon schreibe, sonst werde ich das streichen und natürlich niemandem zum Lesen geben.

So, jetzt aber mal weiter ins Büro, sollte ja mit der Arbeit mal endlich beginnen! Ich umarme alle und fühle mich herzlich willkommen! Man hat mir zu Ohren getragen, dass mein Schreibtisch wohl deshalb seit Neuestem so aufgeräumt ist. War anscheinend letzte Woche noch nicht so. Aber egal, jetzt passt es mal, das ist die Hauptsache! So, nun mache ich die Post klar. Als ich fertig bin, schwatze ich beim Rausgehen nochmals kurz mit Rosi (mein Weg geht immer bei ihr vorbei), und radle dann heim. Koche … dann essen wir zu Mittag. Mmmh! Am Nachmittag gehe ich spazieren. (Habe weder geputzt noch gesaugt, aber egal!) Ich spaziere zu Margot. Ihr bin ich soooo viel schuldig! Sie ist in die Klinik gekommen, so oft es ihr möglich war! Auch in den ersten 18 krassen Tagen! Vielen Dank für alles! Wir trinken Tee. Am Abend fahre ich mit Kevin zum Training. (Da er am Führerschein dran ist und nicht mehr so oft zum Fahren gekommen ist. Er fährt aber sehr gut!) Heimwärts fahre ich. Ein komisches Gefühl, seit 7 Wochen das erste Mal Auto fahren! Auf dem Nachhauseweg hole ich Svenja noch einen Cheeseburger, da der Heimweg direkt bei Mc vorbeiführt. (Habe ich vor meinem Klinikaufenthalt ab und zu gemacht, da ich immer mit Kevin ins Training fuhr, um mit ihm Fahrpraxis zu sammeln.) Svenja hat in unserem Dorf Training. Bis 19.30 Uhr. Sehr oft bringt sie Margot nach Hause, vielen Dank, Margot! Da ich meistens erst um 20.15 Uhr nach Hause kam. Heute hat Svenja ein bisschen länger trainiert und ich hole sie selber ab. Sie freut sich über den Cheesi. Wir fahren heim, setzen uns an den Tisch. Sie erzählt mir ein wenig übers Training und dann gehen wir ins Bett.

MEIN ERSTER ARBEITSTAG GEHT MIT SEHR VIELEN POSITIVEN ERLEBNISSEN UND EINEM ENORMEN GLÜCKSGEFÜHL ZU ENDE!!!!!

17. Februar 2015

Heute werde ich Daniela fragen, ob ich das Buch mit ihrer Teilgeschichte weitergeben darf, oder ob sie das lieber nicht möchte. Muss sowieso alle fragen, welche im Buch vorkommen. Ortschaften, Ärzte und Patienten werde ich sowieso keine nennen, und sonst falsche Namen benutzen. Freundinnen frage ich, wie sie es wünschen. Original-Name oder einen falschen.

Daniela hat super reagiert. Sie hat gesagt, dass es wohl auch ihre Lebensgeschichte sei. Und Daniela hat mich ebenfalls animiert, ein Buch zu schreiben. Danke, Daniela. Sie ist so eine starke, junge Frau, was sie alles mitgemacht hat! Ich finde, sie kann echt megastolz auf sich sein. Was sie alles geschafft hat und noch schafft! Sie hat es echt verdient, extra erwähnt zu werden und braucht sich nicht zu verstecken! Sie ist ja auch ein wenig mein Vorbild! Ja, und ich bin jetzt fest entschlossen, ein Buch, „MEIN Buch" zu verfassen! Als Einleitung meine Geschichte, wie alles begann, dann den Hauptteil 27. 12. 2014–12. 1. 2015. Für die ersten 18 Tage WhatsApp-Verläufe eins zu eins übertragen und alle befragen, welche in dieser Zeit mit mir zu tun hatten (da ich nichts mehr weiß, einen Filmriss hatte). Dann ganz intensiv meine bewusst erlebten vier Wochen in der Klinik mit meinem Kampfgeist, es schaffen zu wollen, und zuletzt den Beginn meines neuen Lebens. Ja, ab heute bin ich felsenfest überzeugt, ein Buch zu schreiben! Mal sehen, ob es was wird. Wer weiß??

Ich bin positiv und denke, JA, das packe ich auch noch an! Und mit meinem Glück, welches ich sehr wohl zu schätzen weiß, klappt das bestimmt! So, auf geht's. Mit dem 17. Februar 2015 bin ich fest entschlossen:

ICH VERSUCHE ES!!!

19. Februar 2015

So, heute habe ich mal wieder sehr viel erlebt!!!! Am Morgen gehe ich zur Arbeit. Rosi hat ja mein Kliniktagebuch gelesen, und … sie ist begeistert! Sie meint, dass es so spannend, fesselnd und gut verständlich geschrieben ist. Voll lieb! Sie hat mir ein Post-it ins Buch geklebt und darauf geschrieben, dass ich echt stolz sein könne. Dass sie mir viel Glück wünsche, und gratuliert zu meinem Willen.

Dann gehe ich ins Yoga. Kursbeginn ist heute, ich versuche es. Es klappt wunderbar! Eine Yogateilnehmerin, welche im September schon im selben Kurs wie ich war, spricht mich an. Ich würde so anders aussehen, was ich denn getan habe. Ich sage ihr nur in ein paar Worten, was ich die letzten 7 Wochen wirklich getan habe. Sie ist von meiner positiven Ausstrahlung ganz begeistert und möchte die ganze Geschichte hören. Vielleicht trinken wir mal etwas zusammen und ich erzähle es ihr oder sie liest mein Buch. Nach dem Yoga gehe ich in einen Kreativ-Geschenkladen. Möchte ein kleines Geschenk für Margot, Helga und Wilma besorgen. Und etwas für Daniela und Rosi. Habe tolle Geschenke gekauft! (Möchte ja allen einen Stein meißeln, aber das dauert und ich will mir dabei auch Zeit lassen, deshalb mal eine Kleinigkeit vorab.)

Nun werde ich zu Margot gehen, das Präsent bringen und Tee trinken. Margot freut sich sehr und möchte es nicht annehmen. Aber ich bin ihr so unendlich dankbar, denn meine beste Therapie war: Mit einer meiner Freundinnen spazieren zu gehen und frei von der Leber weg zu reden und zu erzählen, wie es mir geht und was ich immer wieder erlebe in der Klinik. Und das war eine enorme Menge, und diese Vorkommnisse musste ich einfach immer mal wieder loswerden. Dafür brauchte ich Zuhörer und das waren eben Margot, Helga und Wilma. Allen möchte ich ja, wie schon erwähnt, einen Stein meißeln, aber das kann noch dauern, möchte es einfach als Hobby und Zeitvertreib machen und nicht unter Zeitdruck und Hektik. Heute habe ich um 12.00 Uhr Termin bei meiner Psychiaterin. Ich freue mich richtig, ihr zu erzählen, wie gut es mir daheim geht! Sie hört mir zu und lächelt, und meint, dass ich wirklich sehr viel erlebt habe. Sie meint sogar, Unmenschliches. Ich erzähle ihr, dass ich mich fix entschlossen habe, ein Buch zu schreiben. Sie findet die Idee super. Die Morgenmedikation reduzieren wir auf ¼ Tablette. Cool!!!! Bin stolz. Am Nachmittag treffe ich mich mit Helga. Wir gehen spazieren und ich erzähle Storys, welche sie noch nicht kennt. Wir lachen. Später gehen wir noch zu McDonald's und trinken einen Cappi!!! Wilma stößt auch noch dazu, um einen Latte zu trinken. Wir reden über mein Vorhaben, ein Buch zu schreiben. Beide sind begeistert. Es freut mich sehr und treibt mich noch mehr an. Beiden habe ich eine Kleinigkeit mitgebracht. Sie freuen sich sehr und meinen dann nur, dass das größte Geschenk sei, dass ich so bin, wie ich bin. Und vor allem noch lebe und glücklich lebe! Das stimmt mich noch eine Stufe positiver und ich bin voller Stolz. Ich freue mich riesig über diese Worte! Während wir Kaffee trinken, bekomme ich einen Anruf von Helga K. (sie ist noch immer in der Klinik). Ich habe sie ja während meinem Klinikaufenthalt kennengelernt, und ihr immer gut zugeredet. Ich sage ihr, dass ich gerade am Kaffeetrinken bin mit zwei Freundinnen, und sie dann später zurückrufen werde.

Gesagt, getan. Zu Hause rufe ich sie an. Ich erreiche sie nicht gleich. Ach ja, Essenszeit in der Klinik (kommt mir in den Sinn)!

Da ich sie nicht gleich erreicht habe, breche ich ein festes Vorhaben von mir, rufe Markus an und teile ihm mit, dass ich einen Anruf von Helga K. aus der Klinik bekommen habe und dass ich heute Abend gerne zu ihr in die Klinik fahren möchte, um sie zu besuchen. Da es am Telefon schwierig für mich ist sie zu verstehen (da sie aus Tirol kommt), das sie ja nie Besuch hat, und sich bestimmt freut, wenn ich vorbeikomme. Markus steht voll hinter mir und sagt sogar, dass er mitgehen werde.

Okay, als mich nun Helga K. zurückruft (ich habe sie ja nicht erreicht), teile ich ihr mit, dass ich am Abend zu ihr in die Klinik komme. Sie freut sich riesig und das freut mich wiederum, wenn ich ihr eine Freude machen kann. Wir verabreden uns im Klinik-Café, denn auf die Station möchte ich auf keinen Fall! Sie versteht das gut. Ich bringe ihr spontan eine Zeitschrift mit. Und ... sie ist begeistert, es ist ihre Lieblingszeitschrift! Helga K. ist sehr verärgert, weil sie mit der Medikation nicht einverstanden ist, die sie einnehmen muss. Ich versuche sie zu beruhigen und rede ihr gut zu. Sie sieht viel besser aus, als vor noch einer Woche! Ja, heute ist es genau eine Woche her, dass ich für immer nach Hause gegangen bin!!

Helga K. erzählt mir, dass Fabian immer noch von mir und meiner positiven Ausstrahlung schwärmt und viele Grüße von ihm. Auch, dass Mandy heute voll geweint hat, weil sie morgen gehen muss! (Ich glaube, sie will immer noch nicht nach Hause.) Und sie erzählt weiter, dass Greta, Sina und Julia auf andere Stationen verlegt worden sind. (Die waren alle mit mir im Zimmer. Mir wird bewusst, mit was für Patientinnen ich das Zimmer teilte.) Ich bin echt froh, dass ich draußen bin!!!

Und dann entscheide ich ganz spontan, Helga K. und ihren Mann am Sonntag zu uns nach Hause auf einen Kaffee einzuladen. (Helga K. kann am Dienstag heim und ihr Mann kommt schon am Samstag aus Tirol und wohnt in einem Hotel bis Dienstag.). Markus sagt auch gleich zu. Ich habe echt ein Glück mit meinem Mann, nach allem, was er die letzten Jahre von mir zu hören bekam!

Ach ja, seit gestern trage ich wieder einen Ring! Die letzten 10 Jahre nie mehr! Helga K. ist das sofort aufgefallen!!!!! Ich hoffe, dass ihr Mann auch zusagt und sie am Sonntag kommen. Dann backe ich einen Kuchen oder Schaumröllchen. Mal sehen.

Ja, das ist ja wieder mal ein sehr ausgefüllter, aber wunderschöner Tag in meinem NEUEN LEBEN, der zu Ende geht. Morgen habe ich bei der Caritas Selbsthilfegruppe noch meinen aufgeschobenen Termin. Ich glaube allerdings nicht, dass der viel Sinn macht. Aber es ist immer alles für etwas gut, mal abwarten. Urteilen kann ich erst, wenn ich es mir angesehen habe. Bin gespannt. Und so gehe ich sehr zufrieden und entspannt ins Bett. Danke ROSI, MARKUS, HELGA, WILMA, MARGOT und HELGA K. für diesen ausgefüllten, abwechslungsreichen Tag.

20. Februar 2015

Heute ist wieder ein für mich anstrengender Tag. Ich bin schon etwas k. o. Morgens bin ich arbeiten gegangen und dann habe ich zu Hause alle Fußböden mit dem Dampfsauger bearbeitet Da habe ich bemerkt, dass ich so was schon eine halbe gefühlte Ewigkeit nicht mehr gemacht habe! Vor allem ist mir der Dampfsauger beinahe zu schwer! Aber schlussendlich habe ich es dann doch noch geschafft. Nun gleich kochen, essen und dann zur Caritas auf ein Gespräch. Ich habe in dem Gespräch meine ganze Geschichte erzählt. Aber ich denke, dass das mit dieser Selbsthilfegruppe nicht so ganz meins ist!

Nun gehe ich auf dem Heimweg noch bei Wilma vorbei, einen Tee trinken. Dann muss ich nach Hause, umziehen und mit Svenja ins Training. Danach essen wir zu Abend und dann geht Markus noch schnell mit mir einkaufen. Jetzt bin ich ganz schön müde! Ich spüre es wenn viel los ist, dann bin ich eben doch schnell ziemlich erschöpft. Aber ich habe ja auch viel durchgemacht. Bin erst eine Woche zu Hause und bin schon die ganze Woche arbeiten gegangen. Bin echt müde. Es ist erst 20.15 Uhr, aber ich gebe der Müdigkeit nach und gehe zu Bett.

24. Februar 2015

Heute ist ein turbulenter Tag. Am Morgen geht es Markus nicht so gut, er sagt mir am Morgen, dass ich in der Firma anrufen solle, dass er etwas später komme. Okay. Ich wecke die Kinder und wir frühstücken zusammen. Dann gehen die Kinder in die Schule und ich mache mich auf den Weg zur Arbeit. Markus kommt auch bald nach (wir arbeiten ja am selben Ort). Ich kriege noch etwas Zusatzarbeit, die ich noch erledige, dann radle ich heim. Ich trainiere eine halbe Stunde auf dem Crosstrainer. Ich koche dann für Markus und mich, denn Svenja kommt erst nach 13.00 Uhr und Kevin um 14.00 Uhr nach Hause.

Ich hole Svenja von der Schule ab, denn ich muss noch einige Kleinigkeiten einkaufen und mag noch nicht gerne alleine in den Laden gehen. Dann fahren wir zu Mc, wo Svenja Mittag isst und ich meinem geliebten Cappi trinke (habe ja mit Markus schon zu Mittag gegessen gehabt). Da Svenja noch einen Ice Tea möchte, stelle ich mich an, um zu bestellen, da ruft eine Mitarbeiterin, stellt mir einen Cappi hin und meint, so müsse ich nicht warten, voll lieb gemeint und sie kennt mich eben schon! Aber ich möchte ja den Ice Tea für Svenja! Kein Problem, kriege ich dann auch noch. Also normalerweise trinke ich ja immer zwei Cappi's, was die Mitarbeiterinnen auch wissen. Deshalb stellt sie mir gleich einen hin. Ich kann ihn bloß nicht austrinken, denn so kurz nach dem Mittagessen ist mir der zweite zu viel, so lasse ich schweren Herzens den halben Becher stehen. Ist aber auch ein Zeichen dafür, dass ich aufhören kann, wenn ich genug habe.

Wir gehen dann kurz noch in ein Geschäft und in zwei kleine Läden, wo Svenja was schauen möchte, dann fahren wir nach Hause.

Zu Hause fragt mich Kevin, ob ich ihn zum Bahnhof fahren könne. Ich frage Svenja, ob sie nochmals mitfahre, habe noch Gutscheine von einem Geschäft, in dem ich was gesehen habe, aber habe da die Gutscheine nicht dabeigehabt. So fahren wir nochmals los. Ich möchte noch schnell Tulpen kaufen, aber es gibt heute keine. Okay, wir gehen aus dem Geschäft, setzen uns ins Auto und ich will aus der Parklücke fahren. Da fährt eine Parkplatzsuchende heran. Nachdem ich ganz wenig aus der Parklücke fahre, lasse ich die Parkplatzsuchende vorbeifahren, dann setze ich an auszuparken. Ich sehe voller Entsetzen, dass die Suchende, welche ich vorbeifahren lassen habe, den Rückwärtsgang einlegt! Bevor ich zum Reagieren komme, kracht's!! Ratsch, und das Nummernschild von Kevins Auto (mit dem wir unterwegs sind) ist zusammengefaltet wie eine Handorgel! Ich steige aus, die Unfallverursacherin ebenfalls. Sie entschuldigt sich immer wieder, meint auch gleich, dass sie schuld sei und wir werden uns einig, dass wir das unter uns erledigen können. Wir machen Fotos von dem Unfall (Blechschaden) und tauschen die Handynummern aus. Sie gibt mir ihre Karte. Ich schaue das Visitenkärtchen an und ich muss schallend lachen! Ich werde echt vom Leben getestet! Das gibt es doch echt nicht! Oben auf dem Kärtchen sehe ich ein Logo, welches ich eigentlich nicht mehr sehen will, das Logo der Klinik, in der ich 7 Wochen war! Dann ihren Namen und darunter Psychiaterin xy!!!!! Das gibt's doch nicht! Sie wundert sich, warum ich lache. Ich kläre sie auf und ihr ist es gar nicht recht. Sie meint: „Oh Gott, und ich fahre Ihnen noch in das Auto rein!" Ich sage zu ihr, dass es mir gut geht und es absolut kein Problem ist, da ich nicht schuld bin und ja niemand verletzt ist.

Aber ich denke immer wieder für mich: Das ist doch verrückt! Ich erlebe eine Geschichte nach der anderen. Tja, aber auch diese Situation habe ich wieder souverän gemeistert. Leid tut es mir für Kevin, ist ja sein geliebtes Auto! Aber ich werde es wiedergutmachen und die Umtriebe, welche damit verbunden sind, erledigen. Es gibt Dinge hier auf Erden, die glaubt man kaum!

Morgen Mittag gehe ich mit Daniela essen, ich freue mich riesig! Sie hat es echt nicht leicht! Am Nachmittag nach unserer Verabredung hat sie mit ihrem Anwalt einen Termin wegen ihrer Scheidung. Sie tut mir sehr leid! Hoffe, ich kann sie ein bisschen aufmuntern!

Ich habe Svenja versprochen, ihr Zimmer mit ihr zusammen umzustellen. Mal sehen, was wir schaffen. Aber ich denke, das wird schon. Jetzt gehe ich erst mal schlafen, ist ja schon 21.30 Uhr.

25. Februar 2015

Gehe mit Daniela Mittagessen. Voll schön, ein bisschen zu quatschen außerhalb der Firma, wo wir immer nur kurz Zeit haben. Daniela ist eine soooo starke Frau!!! Ich bewundere sie echt! Ja, und den Bär, den sie mir in die Klinik mitgebracht hat, nehme ich noch heute zum Einschlafen. An den habe ich mich in der Klinik gewöhnt! Aber das ist doch egal, für mich gehört er einfach dazu.

Das Pech verfolgt mich aber auch immer wieder. Habe heute einen Platten gefahren mit meinem Fahrrad! Aber … ich lasse mich nicht unterkriegen.

Svenja ist begeistert, habe heute ihr Zimmer umgestellt! Mal schauen, wie lange die Dankbarkeit und Ordnung anhält. Ich erwarte mir nichts, dann werde ich weniger enttäuscht!

26. Februar 2015

Heute ein super Tag! Wunderbares Wetter. Ich gehe arbeiten und dann wieder ins Yoga, wie jeden Donnerstagmorgen. Es macht so viel Spaß! Auf dem Nachhauseweg treffe ich eine Mutter eines Kindes, welches mit Svenja in die Klasse geht. Sie meint, dass ich soooo strahle und voll gut aussehe. Es freut mich sehr! Sie sagt, im ersten Moment, als sie mich gesehen habe, hätte sie nicht richtig gewusst, wie sie auf mich zugehen solle, aber durch mein strahlendes Aussehen habe ich es ihr erleichtert! Wir quatschen ein bisschen und sie meint, dass wir uns vielleicht mal treffen können. Na klar, machen wir. So, ich warte noch auf einen Rückruf meiner Psychiaterin, will sie fragen, ob ich das Medikament am Abend (nehme nur noch ¼) weglassen kann. Ich fühl mich immer noch so hippelig, vielleicht ist es dann besser. Bin gespannt, was sie meint.

Am Nachmittag gehe ich mit Wilma spazieren, danach mit Svenja zum Kieferorthopäden wegen der Zahnspange, welche sie nächste Woche kriegt. Mein Leben ist ganz normal und einfach schön!!! ICH GENIESSE ES!!! Und ich darf laut meiner Psychiaterin auch meine Abendtablette weglassen!!

1. März 2015

Gestern ist es toll gewesen. Svenja hat ihren ersten Wettkampf gehabt, bei dem sie mit ihrer Partnerin im Zweier-Kunstfahren in der Juniorenklasse gestartet ist. Und sie haben ein respektables Ergebnis erreicht. Im Einer-Wettbewerb lief es auch ganz gut. Alle Kollegen und Kolleginnen von mir sind auf mich zugekommen und haben gesagt, wie gut ich aussehe! Es geht mir ja auch super und das sieht man mir eben an (das meine ich mit gut aussehen). Es freut mich sehr! Ich bin einfach sooo stolz auf mich, dass ich so bin, wie ich jetzt bin und lebe! Nach Wettkampfende sind Markus und ich noch ein Bett für mich kaufen gegangen. Voll cool, denn ich kann aussuchen, welches mir gefällt, wow, oh Wunder, das günstigste! Markus ist echt voll lieb zu mir und ich genieße es einfach wieder leben und fühlen zu können. Heute fangen wir dann an, meinen zukünftigen Ausweichschlafplatz zu gestalten. Werde die nächsten Tage viel Arbeit haben. Malen, Kästen räumen und einfach das Zimmerchen gestalten. Ich freue mich, das ist viel Arbeit, aber eine meiner Lieblingsbeschäftigungen!! Kreativ sein und werkeln. Toll, dass ich den Büroraum haben darf, klein aber heimelig!

Dafür kriegt Markus mein Arbeitszimmer, welches mindestens doppelt so groß ist und viel mehr Tageslicht hat. Mal schauen, wie weit ich die nächsten Tage komme! Ich muss mich allerdings schon zügeln, dass ich mich nicht gleich übernehme. Mein Körper ist nicht so weit wie mein Kopf. Schlaf ist mir noch wichtig, deshalb gehe ich jetzt zu Bett, obwohl ich eigentlich gerne noch werkeln würde.

3. März 2015

Heute Morgen habe ich schon Vollgas gegeben. Ich habe mein ganzes Friseurzubehör in den Kellerraum geräumt, denn ich möchte so gut Ordnung halten bei der Zimmertauscherei, wie nur möglich. Das Büro wird langsam aber sicher zum Schlafraum und mein ehemaliges Arbeitszimmer zum Büro. Ein großer Vorteil bei diesem Unternehmen, es wird wieder mal ausgemistet, was wir nicht mehr brauchen. Heute kriegt Svenja auch ihre Zahnspange. Die Wartezeit einer guten Stunde verkürze ich mir, indem ich an meinem Buch schreibe. Mal schauen, was ich heute noch alles fertigbringe, ansonsten morgen wieder. Eines um das andere – einfach keine Hektik aufkommen lassen.

8. März 2015

So, dieses Wochenende war voll cool! Am Samstag bin ich mit Svenja und ihrer Partnerin auf einem Wettkampf in der Schweiz gewesen. Junioren-EM-Ausscheidung. Und am Sonntag im Land, auch EM-Quali. Und die zwei haben an beiden Tagen das Limit gefahren, was heißt: EM: WIR KOMMEN!!! Sie haben es gepackt, als Schülerinnen im Junioren-EM-Team dabei zu sein!!! Sie hätten noch vier Möglichkeiten gehabt, aber so ist es natürlich noch besser!! Ich freue mich riesig!

Die letzten Tage habe ich auch mein Zimmer fertiggestellt! Ist voll schön geworden! Die nächsten Tage noch Kästen einräumen dann passt es!!!

Markus war auch fleißig mit seinem Büro einräumen. Ja, Fenster putzen und bügeln wäre auch wieder angesagt, eines nach dem anderen. Wird schon werden!

13. März 2015

Es läuft einfach gut. Es geht mir super. Gestern habe ich ein wenig zu viel Müsli zwischendurch gepickt, da war mir nicht mehr so ganz wohl, aber auch das ist vorbeigegangen. Und im Training bin ich jetzt auch schon wieder dabei. Heute gehe ich aber ein bisschen später, muss ja nicht gleich die volle Zeit einsteigen. Da ich schon wieder leicht ins Hamsterrad gerate, gehe ich spazieren, oder schreibe an meinem Buch, diese Auszeit ist noch sehr wichtig und die nehme ich mir auch. Ich mache auch ab und zu einfach gar nichts, auch das brauche ich. Obwohl die Fenster auch schon schreien, dass sie geputzt werden sollen. Aber machen tut's mir eh niemand und raus sieht man noch, also was soll's.

Muss noch mit Svenja für die Schule pauken, dann gehen wir noch schnell einkaufen. Nach erledigtem Einkauf gibt's noch einen Mc-Cappi und dann fahren wir heim. Mal schauen, ob Kevin noch fahren will, um für den Führerschein zu üben. Werde natürlich mit ihm eine Runde fahren, wenn er mag.

Es geht einfach alles super. Bin schon wieder voll engagiert, habe viele Ideen und etliches vor. Steine meißeln möchte ich ja auch für meine Freundinnen. Also, es kann echt gerne so weitergehen, bin einfach glücklich und zufrieden und es ist einfach schön, so zu leben, wie ich es jetzt neu gelernt habe!

Warte auch wieder auf einen Rückruf meiner Psychiaterin, möchte fragen, ob ich meine letzte ½ Tablette vierteln darf, meine Augen sind einfach noch nicht ganz okay, und sonst geht es ja soweit eigentlich sehr gut. Bin gespannt.

16. März 2015

So, die letzten Tage waren wieder voll toll! Ich darf meine letzte Tablette auf ein Viertel reduzieren. Also bald werde ich keine mehr brauchen! Mir geht es sooo gut! Ich gebe allerdings wieder überall Vollgas, aber ich schlafe normale Zeiten und Bulimie habe ich auch nicht mehr! (Bisher keinen Rückfall, ich bin sooo stolz auf mich!) Ja, mir geht es wirklich einfach nur gut! Ich manage wieder alles und es passt gut! Die ganzen Gefühle gegenüber Markus müssen noch reifen, aber es kommt ganz langsam. Zu Ostern ist wieder mal ein gemeinsames Essen mit meinen Schwiegereltern und Schwägerin mit Familie geplant. Es ist für mich schwer, weil ich mit meiner Schwiegermutter einfach nicht mehr warm werden kann. Aber eben, ich sehe vieles lockerer, auch das geht vorbei. Zum Glück. Verhindern kann ich solche Zusammentreffen nicht.

Ich habe so für mein jetziges Ich gekämpft, da sollte ich das locker schaffen, ich muss es einfach als Lappalie betrachten.

Bei der Arbeit läuft es auch gut! Leider sehe ich Daniela fast nicht, da immer so viel läuft im Geschäft. Aber das holen wir nach, ganz sicher! Ruhigere Zeiten kommen ja auch mal wieder.

Auch die pubertierende Phase meiner Tochter geht hoffentlich bald einmal vorbei! Mit Kevin bin ich heute auch noch Auto fahren gegangen, damit er möglichst viel Übung kriegt. Wir fahren am Gartencenter vorbei, wo ich etliche Blumen für einige Blumentöpfe im Garten besorgt habe (habe fix im Garten ja nur winterharte, immergrüne Stauden). Zu Hause habe ich sie auch noch eingesetzt. Auch meine ganzen Tonblumentöpfe (welche ich über den Winter immer unters „Dach" räume) habe ich rausgestellt. Im Normalfall ziehe ich durch und erledige die Dinge, welche ich mir vornehme. Und das habe ich mir vorgenommen gehabt.

Bin auch einmal mit Helga und einmal mit Wilma laufen gegangen. Mit Margot bin ich so öfters zusammen. Im Training oder bei ihr zu Hause. Ja, das Leben ist einfach schön.

19. März 2015

Heute habe ich einen Anruf von der Fahrschule gekriegt, auf den ich schon warte, da ich Kevin, ohne sein Wissen, zur Prüfung angemeldet habe. Noch vier Fahrstundentermine und der Prüfungstermin … 1. April! Okay. Hoffe, es klappt, dann ist er selbstständig und ich muss keine Übungsfahrten mehr mit ihm fahren. Obwohl es toll ist, so habe ich meinen Sohn noch etwas um mich.

Drei Leute haben auch zu mir gesagt, dass es schön sei, mit anzusehen, wie ich zunehme. Okay, wird wohl so sein, ist mir noch nicht so aufgefallen. Ich merke es zwar etwas an den Hosen, aber es ist mir eigentlich so was von egal, Hauptsache mir geht es gut! Nur wenn man es so direkt gesagt kriegt, ist es schon ein komisches Gefühl. Aber das stecke ich locker weg. Ich will ja leben und genießen! Eigentlich läuft echt alles gut! Vielleicht treffe ich mich morgen Vormittag mit Helga bei Mc auf einen Cappi, mal sehen.

Bin gespannt, was diese Woche noch so bringt. Ach ja, von Daniela habe ich einen kleinen Stein geschenkt bekommen, mit der Aufschrift „LUEG UF DI" voll lieb!!!!

Für heute reicht's mir dann auch mal wieder, bin einfach müde. Werde schlafen gehen, habe gelernt der Müdigkeit nachzugeben, anstatt dagegen anzukämpfen.

23. März 2015

Suuuuper Tag!!!! Bin bei meiner Psychiaterin gewesen, einfach nur, um zu erzählen, wie es mir in meinem neu gefundenen Leben so ergeht. Mir geht es einfach super! Und ab heute: KEINE MEDIS MEHR!!!!!

Wow, ich sehe auch das wieder als Glück in meinem neuen Leben!!! Und wider allen Theorien habe ich es geschafft: keine Medis nach so kurzer Zeit! Ja, mal sehen, aber ich denke nicht, dass das Probleme gibt. Ich bin so von mir überzeugt! Ich schaffe alles! Und falls es doch nicht ganz klappt, finde ich jederzeit Hilfe, welche ich im schlechtesten Fall in Anspruch nehme.

Aber ich liebe mein Leben so, wie es ist und das ist gut so. Jetzt gehe ich noch ein wenig nach draußen, Sonne tanken, bevor ich mit Kevin noch ein paar Runden Autofahren gehe. Zur Prüfung hin noch etwas ausgedehnter.

24. März 2015

Heute habe ich mich entschlossen, meine Haare schneiden zu lassen. Wilma hat mir einen Tipp gegeben, wohin ich gehen könnte. Tja, und ich folge ihrem Tipp und bin so was von begeistert!! Fühle mich irre wohl und kriege einen Superhaarschnitt!!! Mensch fühle ich mich jetzt wohl!!! NEUES LEBEN – NEUE FRISUR!!!!!!!! Bin richtig glücklich! Kriege auch von überall bestätigt, wie super es aussieht!

Ich genieße es, ich genieße das Leben, einfach alles!!!

Am Freitag bin ich noch auf die Messe gegangen, da dort der Radball- und Kunstradsport vorgestellt wird und Svenja mit ihrer Partnerin auftreten darf.

Kevin ist am Donnerstag schon dort und wird am Samstag nochmals da sein. Er kommt sogar im Fernsehen. Er und sein Partner geben ein Interview!

Markus, Svenja und ich sind mal wieder auf einem Kunstradwettkampf, diesmal in unserem Dorf. Unser Verein ist Ausrichter, da fällt neben der Wettkampfbetreuung auch sonstige Arbeit an.

Ich habe die Tischdeko gemacht und bekomme viel Lob dafür. (Für die Deko bin ich am Donnerstagnachmittag noch Schlüsselblumen sammeln gewesen – im Zuge eines Spazierganges mit Helga.)

Auch in der Küche helfe ich mit, über die strenge Mittagszeit. Es geht alles sehr gut und ich fühle mich auch nicht überfordert, schön. Wieder bekomme ich von vielen Bekannten Lob, wie gut ich aussehe und dass man es mir ansieht, dass es mir gut geht.

Auch Herbert ist da, er nimmt mich sogar in den Arm und sagt, dass er mir ansieht, dass es mir gut geht. Hoffe einfach, es geht immer so weiter!!!!!

31. März 2015

Heute ist mein erster schlechter Tag, seit ich zu Hause bin. Streit mit meiner Tochter und auch mit Markus. Ziehe mich zurück, fühle mich angegriffen. Früher hätte ich wahrscheinlich einen Fressanfall gekriegt oder wäre abgehauen. Aber nein, das will ich auf keinen Fall!!! Nie wieder!!! Ich gehe zu Wilma, um kurz alles von der Seele zu reden. Später gehe ich wieder heim und verziehe mich in „mein" Zimmerchen, gehe um 18.00 Uhr schon ins Bett, wo ich mir die Augen ausheule. Aber da muss ich jetzt durch und ich kämpfe weiter. Ist eben neu für mich, Gefühle auszuhalten. Auch wenn es mal schlechte sind. Morgen bin ich sicher erleichtert, dass ich das alles mit weinen erledigt habe und nicht mit einem Rückfall!!!

1. April 2015

Mir geht es sehr gut. Das Weinen gestern hat wirklich befreit. Weinen hatte ich ja komplett verlernt gehabt. Aber das ist der Beweis, ich kann wieder weinen! Bin stolz auf mich.

Und Kevin hat heute seine Führerscheinprüfung. Ich fahre ihn zur Fahrschule und gehe inzwischen kurz einkaufen, ich zerplatze fast vor lauter Aufregung. Dann die erlösende WhatsApp: GESCHAFFT!!!! Puh, bin erleichtert. Ich bin ja echt viel mit ihm gefahren und habe ihn heimlich angemeldet, als ich der Meinung war, es müsste reichen. Bin stolz auf Kevin und ein bisschen auf mich. Ein weinendes Auge bleibt allerdings, wir fahren nicht mehr eben mal schnell hier und dort hin und trinken Cappi's als Pause. Aber so ist das Leben. Kinder sind uns geliehen und gehen ihren eigenen Weg, wenn die Zeit reif genug ist.

5. April 2015

Heute ist Ostern. Ich werde es genießen. Okay. Mit der Schwiegermutter essen gehen ist nicht gerade meins, aber das schaffe ich mittlerweile auch noch. Ich stelle einfach meinen Standpunkt fest und werde es so gestalten, dass es mir nicht schadet. Ostern mit allen zusammensitzen hat mir ganz früher noch gefallen. Aber inzwischen hat es einfach zu viele Vorfälle gegeben. Aber egal, ich muss für Markus stark sein, er ist es lange genug für mich gewesen. Und die guten Freundinnen, welche ich habe, machen mich auch stark! Und natürlich meine Kinder. Also dann ... auf ein schönes Osterfest.

9. April 2015

Gehe zur Arbeit und dann ins Yoga, ist schon wieder Donnerstag!
Heute ist die Yogastunde echt anstrengend, aber toll. Etwas erschöpft muss ich aber heute nochmals ins Geschäft, um die unterbrochene Arbeit noch zu beenden. (Darf ich am Donnerstag,

wenn ich nicht fertig werde, da Yoga schon um 9.00 Uhr stattfindet)

Um 11.45 Uhr radle ich heim. Noch Einzahlungen machen und Münzrollen holen für die Firma. 11.57 Uhr bin ich zu Hause! Schnell ein paar Kartoffeln schälen (brauche zum Glück nur vier Stück, wir sind ja nur zu dritt), Spargel schälen und weich kochen und Soße Hollandaise wärmen. Um 12.25 Uhr fertig!! Puh, stressig! Nach dem Essen habe ich hier und da noch etwas gepickt und mein Magen rächt sich prompt. Ich muss mich übergeben! Oh Gott!!! Mein Magen ist eben doch noch etwas empfindlich, denke ich, ich genieße eigentlich alles, was ich esse sehr, aber heute war es wohl etwas zu viel und zu unkontrolliert, dazu die Hektik am Mittag. Wichtig für mich, sehr wichtig, es ist kein Rückfall! Es ist nicht absichtlich passiert. Ich habe nichts herbeigeführt!!! Also, weiter geht es, nichts ist passiert, werde noch Rasenmähen (da heute keine Freundin Zeit hat, mit mir spazieren zu gehen). Nachdem ich eine Viertelstunde erfolglos probiert habe, den Rasenmäher zu starten, gebe ich es auf. Ich packe mein Notizbuch ein, in welchem ich jetzt schreibe (für mein Buch), nehme Kevins Auto und fahre zu McDonald's (Früher wäre ich geradelt, damit ich mich bewege!!!) einen oder zwei Cappi's trinken und von der Leber schreiben. (Das erste Mal gehe ich alleine einen Cappi trinken, seit ich von der Klinik daheim bin!!! Eigentlich will ich nur noch mit Freundinnen gehen, aber heute muss ich einfach raus und es tut mir gut! Ich genieße es und schreibe diese Zeilen an einem sonnigen Sitzplatz.)

Wilma schreibt mir eine WhatsApp-Nachricht, gerade jetzt, wo ich bei Mc sitze. Sie muss heute arbeiten und schreibt, dass sie gerade Pause hat und an mich denkt. Ich freue mich sehr, das schreibe ich ihr auch. Margot schreibt auch kurz zurück, da es ihr nicht so wirklich gut geht und ich sie angeschrieben habe, wie es ihr gehen würde. Es gehe so einigermaßen. Okay, dann bin ich etwas beruhigt.

Markus schreibt ebenfalls, er macht sich Sorgen. Muss er nicht! Mir geht es schon wieder supergut. Er schreibt, dass ich mir was kaufen soll, da ich übermorgen Geburtstag habe. Ich schreibe zurück, ich würde nichts brauchen. Ich habe einen Mann, der mich liebt, wie ich bin, Kinder, die trotz alledem zu mir stehen, und super liebe Freundinnen. Ich fühle mich richtig gesund und gut. Nein, ich bin gesund! Werde kämpfen, damit ich nie, sicher nie einen Rückfall habe!!! Ich hole mir noch einen zweiten Cappi, dann fahre ich heim.

Vielleicht bringe ich, frisch gestärkt, den Rasenmäher zum Starten, ansonsten habe ich noch einen Berg Wäsche zum Bügeln. Die Arbeit hat jetzt bestimmt gewartet, bis ich nach Hause komme. Aber jetzt genieße ich zuerst noch meinen Cappi. Mmmmmhhhh …! Fein, super, schönes Leben.

Ich bin wieder hier!

19. April 2015

Wow, habe ja schon lange nichts mehr notiert! Aber ich bin eben wieder voll im Leben und genieße es! Gehe ein- bis zweimal die Woche mit meinen Freundinnen spazieren, mit Einkehrschwung bei Mc!

Versuche mich nicht zu sehr über meine pubertierende Tochter zu ärgern und für Markus meine Gefühle wieder aufzubauen. Es ist nicht ganz einfach, der Alltag ist eben zurück und fordert mich jeden Tag aufs Neue. Aber mir geht es gut und ich kämpfe ununterbrochen weiter, alles braucht seine Zeit.

Auseinandersetzungen gibt es eben im Leben, aber ich trete ihnen viel gestärkter entgegen und es klappt. Habe auch wieder einmal mit dem Mini Cooper meines Chefs umherdüsen dürfen. Wow, das wäre mein Traum, dieses Auto zu besitzen!!! Aber für das nützt leider keine positive Einstellung! Aber das wäre noch das i-Tüpfelchen!

Aber viel wichtiger, mir geht es gut, ich genieße jeden Tag, das ist das Wichtigste!

Jetzt gerade sitze ich vor der Küche, draußen in der Sonne und schreibe an meinem Buch. Beim 4. Februar bin ich gerade. Vielleicht bin ich bald fertig, ich freue mich riesig und will das echt durchziehen! Bin schon am Googeln, wegen einem passenden Verlag. Ich will das schaffen, ganz unbedingt!! Gar nicht, um groß rauszukommen, aber es würde mich freuen, wenn ich andere Menschen bestärken kann, indem sie erlesen, dass man es von ganz, ganz unten nach ganz oben zurück ins Leben schaffen kann.

Ich denke, wenn ich aus Erfahrung persönlicher Art darüber berichte, geht das besser auf die Menschen ein und ist einfach glaubwürdiger, als wenn es 1000 Ärzte „aus reiner Theorie" berichten.

Und ich entschuldige mich wieder für die zum Teil harten Ausdrücke. Aber die pure Realität ist so und war bei mir so. Ich will nichts beschönigen. Sondern beweisen, dass man auch viel einstecken muss, auf dem Genesungsweg. Aber das macht und machte mich stark, für das harte, reale Leben draußen, außerhalb der „Schutzhülle" Klinik. Und mir geht es gut, sehr gut da draußen. Ich bin glücklich, wie es ist. Es ist auch voll interessant, nachzulesen im Tagebuch, welches ich jetzt während dem Schreiben durcharbeite, was alles war und geschehen ist, und es prägt mich sehr! Das ganze Ausmaß, was ich erreicht, durchgestanden und durchgekämpft habe, wird mir jetzt nochmals bewusst und immer bewusster! Und ich bin soo stolz auf mich, was ich eigentlich in der Kürze der Zeit vom 14. Januar 2015 bis zum 11. Februar 2015 geschafft habe! Eigentlich fast unmöglich schnell, meinen zumindest alle, die mich die ersten 18 Tage erlebt haben. Vom 27. Dezember 2014 bis zum 14. Januar 2015 war ich ja nur negativer als negativ unterwegs gewesen. Sogar mit Filmriss!! Das ist eigentlich schon unglaublich!!

Ich für mich bin begeistert von mir! Und natürlich auch von meinem Mann und meinen Kindern. Und ich bin froh, so gute Freundinnen zu haben, welche sicher auch Wesentliches dazu beigetragen haben. Ich bin einfach glücklich und froh, wieder mitten im Leben zu stehen! Und das bleibt so, dafür sorge ich, ganz sicher. Es ist einfach schön. Ich habe gelernt, dass man jedem Tag in jeder Hinsicht immer intensiver und positiver eine Chance geben muss. Und das tue ich. Ich lebe im Heute, egal was war und noch kommt.

20. April 2015

Heute ist wieder ein schöner Morgen und ich gehe mit dem Rad zur Arbeit. Auf der Post sagt man mir, dass ich in den nächsten paar Monaten nicht mehr um 8.00 Uhr kommen kann, um die Briefe für die Firma abzuholen, sondern erst um 9.00 Uhr! Wegen Arbeiten beim Arlbergtunnel über den Sommer kann es sein, dass die Post erst später eintreffen wird. Okay, im ersten Moment bin ich platt. Das heißt für mich … neue Arbeitszeit. Na, ja, plane ich meinen morgendlichen Ablauf eben um. Es ist immer alles für etwas gut. So kann ich am Morgen, bevor ich zur Arbeit gehe, schon 1 ½ Stunden im Haushalt Dinge erledigen (was eigentlich eh voll fein ist) und dann zur Arbeit gehen. Eigentlich fast idealer als bisher! Ja, zu ändern ist es eh nicht, also sehe ich einfach das Positive darin. Und irgendwie ist es sogar angenehmer für mich.

Markus kommt am Mittag heim, lacht und sagt: „Stell dir vor es wäre der 20. Dezember 2014 und du bekommst diese Nachricht von den neuen Arbeitszeiten!! Du hättest gesagt: ‚So ein Scheiß, das auch noch, es kotzt mich voll an!!'"

Ja, wir lachen, denn so war ich vor dem Klinikaufenthalt eben drauf! Vor dem 27. Dezember 2014, dem Tag, der mein Leben vollkommen ändert! JA, in meinem neuen Leben sehe ich in allem etwas Gutes. Und wenn man etwas nicht ändern kann, weil es nicht zu ändern ist, muss man es eben annehmen und das Beste daraus machen. Ich denke, ich putze und räume eh lieber am frühen Morgen. Gerade jetzt auf den Sommer hin kann ich morgens richtig lüften. Wenn ich um 8 Uhr arbeiten gehe, hält sich das immer in Grenzen. Und gerade im Sommer wäre lüften bis 9.00 Uhr super! Ja, und nach der Arbeit nicht mehr putzen müssen finde ich eigentlich sehr angenehm. Gefällt mir echt besser!

Heute ist auch der Ärztebrief eingetroffen, endlich! Tja, ich war anfangs echt schlecht beieinander!! Aber von meinem positiven Kampf und dass ich dank meiner positiven Einstellung und meinem starken Willen so schnell gesund geworden bin, steht kein Wort. Okay, gehört vielleicht auch nicht rein, bin ja kein Arzt. Aber egal, Hauptsache ich weiß, was ich geleistet habe. Und das ist viel, sehr viel! Ich bin stolz darauf.

Ich hätte nur erwartet, dass wenigstens auf den Entlassungsdaten erwähnt wird, dass ich die ganze Klinikaufenthaltszeit nie bulimisch geworden bin, die ganzen 7 Wochen nicht. Dass ich alles gegessen habe, was man mir zusammengestellt hat. Auch dass ich Burn-out hatte, oder dass ich nicht mehr depressiv bin. Irgendwie auch Daten, wie es mir bei der Entlassung gegangen ist. Aber eben alles genau zu beschreiben ist natürlich schwierig, wenn es so lange dauert, bis der Brief getippt wird!

Ich bin so stolz, wie ich mich ins Leben zurückgekämpft habe. In nur 4 willensstarken Wochen schier Unmögliches möglich gemacht habe. Ich finde, ein paar Worte über mich, dass ich Wesentliches dazu beigetragen habe, dass es mir so gut geht, wie es mir geht, hätte man erwähnen können.

Aber egal, ich weiß, wie ich gekämpft habe und das ist das Allerwichtigste.

21. April 2015

So, heute gehe ich zum ersten Mal später zur Arbeit. Es ist eigentlich viel cooler! Kaum sind die Kinder aus dem Haus sauge ich und wische die Böden, mache die Betten und putze das Bad! Dann dusche ich und gehe zur Arbeit. Das ist super, denn wenn ich jetzt von der Arbeit zurückkomme, ist die Hausarbeit schon zum großen Teil gemacht. Ist eigentlich richtig fein. Ja, ich sage ja, es ist immer alles für etwas gut.

Am Nachmittag treffe ich mich mit Helga. Wir gehen eine Runde spazieren, dann einen Mc-Cappi trinken und dann gehen wir wieder heim. Zu Hause zupfe ich noch Unkraut aus und genieße meinen Garten, in dem mein Bach, welcher ich dachte, dass er nicht mehr funktioniert, plätschert und fließt. Super!!! Später geh ich vielleicht noch zur Eisdiele mit Svenja, mal sehen, ob sie mag.

22. April 2015

Habe heute von einer Bekannten, welche mich seit letztem Jahr nie mehr gesehen hat, bestätigt bekommen, dass ich richtig super aussehe (gemeint ist immer gesund oder strahlend). Ich würde richtig strahlen. So habe sie mich noch nie gesehen. Mich freut es ungemein und ich kläre sie kurz gefasst auf, wie es gekommen ist, dass ich nicht mehr versuche gesund und glücklich auszusehen, sondern dass ich es jetzt bin und es genieße!!

Auch das später Zur-Arbeit-Gehen finde ich einfach genial! Ich kann zu Hause vor der Arbeit noch so viel erledigen, bevor ich aus dem Haus gehe und das finde ich richtig toll. Irgendwie bringe ich viel mehr Schwung in die Hausarbeit und sie geht mir leichter von der Hand. Ich sitze gerade wieder an der Sonne und schreibe diese Zeilen. Werde mein Buch jetzt über Computer nacharbeiten und dann das Manuskript einreichen. Bin gespannt, wie es wird.

Später werde ich vielleicht immer mal wieder, so, wie in letzter Zeit, spontan ein paar Zeilen schreiben, einfach für mich. Wer weiß, vielleicht gibt es dann in ein paar Jahren eine Fortsetzung wie: Mein neues Leben und was ich daraus mache oder was daraus geworden ist. Oder wie auch immer. Aber das ist kein Ziel von mir. Dieses Buch, an dem ich jetzt dran bin, das will ich zu Ende bringen, denn das habe ich mir zum Ziel gemacht.

Bin gespannt, was die Zeit alles mit sich bringt. Wenn mein Projekt „Buch" mal beendet ist, dann werde ich an meinem kreativen Vorhaben arbeiten. Meine Steine bearbeiten und allen, bei denen ich mich bedanken möchte, einen Stein schenken. Ich freue mich sehr darauf, denn das ist eine Arbeit, in welcher ich voll aufgehe! Ich blühe regelrecht auf dabei und ich kann mich kreativ richtig ausleben! Das Besondere ist, jeder Stein wird ein Unikat werden. Na dann mal los, Ideen habe ich schon etliche. Muss mir schon Gedanken machen, da jeder Stein anders ist. Andere Größe, andere Form, andere Farbe und andere Konsistenz.

Aber das ist ja das Schöne daran. Jeder Stein fordert mich aufs Neue heraus, es wird nie langweilig und ich mag das.

Vielleicht geht heute Nachmittag noch eines meiner Kinder mit mir einen Cappi trinken, mal abwarten.

Seit dem Aufenthalt in der Klinik trinke ich nur morgens einen Anschüttkaffee, ansonsten nur einen Cappi bei McDonald's. Aber nie „to go", sondern genüsslich und mit Zeit zum Abschalten. Zeit zum Genießen, die nehme ich mir, ansonsten nehme ich lieber keinen Cappi. Nur noch so richtig Genuss pur!

26. April 2015

Heute ist Sonntag und es ist ein Tag, welcher sehr viele Eindrücke in meinem neuen Leben für mich bereithält!!!

Gestern sind wir in Deutschland auf einem Länderkampf im Hallenradsport gewesen. Das ganze Österreich-Team, welches an der Junioren-Europameisterschaft das „Ländle" vertreten wird, ging an den Start. Darunter auch meine Tochter Svenja mit ihrer Partnerin.

Svenja hat mich den ganzen Samstag nur ignoriert! Weiß aber nicht, warum! Ich bin enttäuscht und etwas verärgert darüber. Am Abend hat es zu alledem erst um 19.00 Uhr Abendessen gegeben (was für mich wiederum ein kleines Problem ist, da ich seit der Klinik eher früh zu Abend esse, da mir sonst schnell übel wird, wenn ich viel später esse und das ist schon blöd, zumal wir ja noch zwei Stunden Autofahrt vor uns haben). Ja, wie ich erahnte, war mir die ganze Heimfahrt übel. Ich musste echt aufpassen, dass ich das Essen bei mir behalten konnte. So saß ich bei der Nachhausefahrt im Bus mit angezogenen Beinen und auf meiner Nackenrolle liegend (so gut es im Bus ging), ohne noch groß zu reden, mit geschlossenen Augen da, döste zwischendurch ein wenig und war erleichtert und froh, als wir dann endlich um 23.00 Uhr zu Hause waren! Ich ging gleich schlafen. Mit Markus redete ich heute nicht viel, denn immer als ich sagte, dass Svenja nicht mit mir spreche, nahm er sie in Schutz. So war ich natürlich auch nicht bester Laune, muss ich zugeben. Die Ignoranz meiner Tochter hat mich eben schon sehr genervt oder auch gekränkt.

Eben wie schon erwähnt, heute ist Sonntag. Ich schreibe wieder an meinem Buch. Ich notiere immer mal wieder einzelne Tage, welche Eindrücke oder Situationen aus meinem Leben nach der Klinik beschreiben. Gefühle, Empfindungen, Vorfälle oder Ereignisse, einfach, was mich bewegt und zum Notieren animiert. Solange ich das Manuskript noch nicht fertiggestellt habe, gibt es noch Hinzufügungen. Also, je nachdem, was ich bis dahin noch erlebe, notiere ich, zumindest Teile davon. Es wird sicher bis dahin noch einige spannende Situationen oder wie auch immer in meinem Leben geben. Die möchte ich meinem Buch nicht vorenthalten.

Ich bin schon in der Früh wach, da höre ich vom unteren Stock mein Handy klingeln, Sonntagmorgen 6.30 Uhr!!! Ich renne die Treppe hinunter, um ranzugehen. Kevin ist dran. Er ist gestern von einem Geburtstagsfest nicht nach Hause gekommen und braucht das „Mami-Taxi". Ich hole ihn ab. Bin ja schon voll wach und nutze den frühen Morgen, um ein wenig Sport zu machen. (Mache ich nach wie vor fast täglich, aber in gesundem Maße.) Danach lese ich in Ruhe die Sonntagszeitung und warte, bis Markus aufsteht. Inzwischen bin ich auch in eine Bäckerei gefahren, um Frühstück einzukaufen. Süßes für meinen Mann und die Kinder und frische Brötchen für mich. Aber eigentlich liebäugle ich damit, dass Markus und ich zu Mc frühstücken gehen. (Machen wir an den wenigen freien Sonntagen gerne, die Kinder schlafen lieber aus und Markus und ich gehen dann alleine.) Also, ich warte, bis Markus aufsteht. Als er morgens in die Küche kommt, haben wir schon die erste Diskussion wegen gestern. Ich sage ihm wie gestern schon, über was ich mich so geärgert habe und dass die Ignoranz unserer Tochter mich auch verletzt hat. Markus ärgert sich genauso über mich, wie ich mich verhalten hätte und er ärgert sich noch dazu, dass Kevin mich heute in der Früh angerufen hat und nicht seinen Papi!! (Obwohl er zu Kevin gesagt habe, er solle ihn anrufen, wegen dem Abholen.) Markus nimmt bei dem blöden Streit Svenja in Schutz und ich Kevin. Für mich ist allerdings klar, dass Kevin damit spekuliert hat, dass ich sicher schon wach bin, da ich meistens um spätestens 6.00 Uhr wach bin, und deshalb zuerst mich angerufen hat. Für Svenjas Verhalten gibt es allerdings keinen Grund!

So lassen wir die Diskussion stehen und wir gehen nicht frühstücken, sondern ich mache uns Kaffee und decke uns beiden den Tisch. Wir frühstücken ohne Worte. Danach entscheide ich mich: „Ich gehe eine Runde spazieren! Es ist so herrliches Wetter und ich muss jetzt raus!!!" OH nein, nicht wieder die alte Schiene, schießt es mir durch den Kopf. Ich lasse das Handy ganz bewusst zu Hause und stecke zwei Euro ein. Geplant habe ich, dass ich trotzdem noch meinen Cappi trinken werde, und laufe los. Während ich so laufe, schwirren mir viele Gedanken im Kopf herum. Eigentlich will ich nichts mehr so machen wie vor meiner Klinikzeit! Nein!!!!! Aber ich komme zum Ergebnis: Mache ich ja gar nicht. Ich bin ja nicht geflüchtet, bevor ich Markus und den Kindern begegnet bin, wie früher. Nein, ich habe auch gefrühstückt daheim, nicht wie früher abgehauen, dass das Frühstück flachfällt. Also, vieles ist schon ganz anders!

Gedanken streifen an mir vorüber, welche ich früher gehabt habe. Aber ich lasse sie nicht zu, nein!!! Ich habe Markus meine Meinung gesagt und muss jetzt einfach den Kopf frei kriegen. Ich will ja eigentlich nicht mehr alleine Cappi trinken gehen, aber heute habe ich einfach Lust dazu. Falsch kann nicht alles sein, was ich vor dem Klinikaufenthalt praktiziert habe. Vor allem damals war es nur Flucht und Gewohnheit, jetzt gehe ich, um den Cappi zu genießen. Meine Gedanken durchzuarbeiten und zu sortieren und nicht, um sie zu verdrängen und nicht, um nicht zu Hause sein zu müssen.

So beginne ich meine Gedanken zu sortieren, meine Gefühle zu Markus und den Ärger mit Svenja. Ich denke mir aus, wie es wohl wäre, eine kleine Wohnung für mich zu nehmen, mehr zu arbeiten und einfach irgendwie alles anders zu schaukeln, als es jetzt ist. Mit solchen Gedanken setze ich mich ganz ruhig und ohne wütend zu sein, auseinander. Das ist eigentlich ganz neu für mich seit dem Klinikaufenthalt. Das Überdenken von Problemen und Aushalten von Gefühlen.

Ich genieße zwei Cappuccino's und spaziere dann gemütlich und mit sortierten Gedanken heimwärts. Ich nehme mir vor, meine Gedanken daheim auszusprechen. Auch nehme ich mir vor, meine bisher geschriebenen Buchseiten zu kopieren und notfalls (da mir niemand zu Hause meine handgeschriebenen Seiten im Computer eintippt und ich mit meinem „fliegenden Adler"-System – kann kein Zehnfingersystem – nie fertig werde) die handgeschriebenen Manuskripte bei einem Verlag einzureichen.

Gesagt, getan, ich komme nach Hause. Habe Markus meine Gedanken erzählt und er hat zudem in der Zwischenzeit von Kevin bestätigt gekriegt, dass er echt gedacht hat, ich sei eher wach und er Markus lieber schlafen lassen wollte! Deshalb hat Kevin mich angerufen! Also, viel TRARA und Streit um nichts! Ich bin ganz ruhig geblieben. Ich bin stolz auf mich, das hätte ich früher nicht gekonnt. Nichtsdestotrotz kopiere ich alle Seiten durch und teile Markus auch mit, weshalb ich alles kopiere. Ich will dieses Buch veröffentlichen und was ich mir vornehme, ziehe ich durch. Das habe ich die letzte Zeit mit vielen Kämpfen gemacht und das mache ich auch weiterhin. Ich nehme mir DAS vor, was ich meine zu schaffen. Ansonsten spekuliere ich, aber nehme es nicht vor. Denn, was ich mir vornehme, wird in meinem neuen Leben auch durchgezogen! Markus sagt, dass er mein Vorhaben mit dem Buch wohl akzeptiert, aber mich nicht unterstützt. Ich sage, dass ich es akzeptieren muss und dass es okay ist, aber dass ich eben etwas enttäuscht bin.

Markus sieht mir zu, wie ich voller Eifer alles kopiere und mich durchsetze. Plötzlich sagt er zu mir, ich solle ihm einmal ein paar Seiten geben. Er wolle versuchen, mir das Headset einzurichten, mit welchem ich dem Computer meine geschriebenen Seiten diktieren kann und der Computer schreibt es dann selber. Aber so wirklich will es nicht klappen, schade, das wäre natürlich der Idealfall gewesen. Markus beginnt dann plötzlich zu tippen und plötzlich kommt er auf mich zu und sagt, dass er mit diesen paar Seiten des Buches von mir überzeugt sei und er mich nun doch unterstützen will. Er wird mir die Seiten tippen!! Dafür liebe ich ihn, weil er seine Meinung nach viel Tamtam gleich wieder ändern kann, wenn er merkt, dass er nicht ganz fair ist. Er sagt, er hätte diese paar Seiten gelesen und bemerkt, dass ich wirklich wahrheitsgetreu, offen und ehrlich schreibe. Auch über mich, ohne

Rücksicht auf mich! Ich habe auch nichts verschönert und nichts dazugedichtet, einfach angefangen von Selbsteinschätzung, über Gefühle, über Gemeinheiten, Vorkommnisse, Probleme, Krankheit, usw. einfach offen und ehrlich über alles zu schreiben! Das finde ich sehr, sehr wichtig. Soll ja ein ernstes Buch von meinem Leben sein und keine Märchenstunde oder ein Krimi!

Ja, nun ist es so, dass Markus tippt und sogar Svenja tippt. (Okay, es ist zwar eine harte Lebensgeschichte, aber sie hat sie ja voll miterlebt und weiß unterm Strich, wie sie ausgeht. So verarbeiten wir das Ganze miteinander und es klappt ganz gut.) Sie ist sogar stolz, dass sie helfen kann! Vielleicht tippt mir Kevin auch noch ein paar Seiten und ich versuche möglichst viele Seiten mit meinem „Ein-Finger-System" selber zu tippen. Das ist ja auch meine Therapie!

Deshalb ist das heute für mich ein sehr eindrucksvoller Sonntag, der wiederum beweist, dass ich mich durch und durch geändert habe!

Und es ist schön zu sehen, wie Markus und die Kinder hinter mir und meinem Vorhaben stehen und mich so tatkräftig unterstützen. Es ist schön, eine Familie zu haben.

Und meine bösen Gedanken, von Wohnung, über mehr arbeiten und alles umzukrempeln, schwinden so schnell, wie sie gekommen sind. Manchmal muss ich einfach raus in die Natur oder auf einen Cappu, um Gedanken und Gefühle zu überdenken. Dann wird alles gut und ich bin wieder zufrieden und glücklich. Und alles ist gut.

IMMER JEDEN TAG ETWAS POSITIVES SUCHEN UND FINDEN!!! THAT'S MY LIFE!!!!

1. Mai 2015

Erster Mai und es regnet in Strömen, leider. Markus und ich gehen zu Mc frühstücken. Das genieße ich voll!!! Das bevorstehende Wochenende wird ja wieder ein Hallenwochenende, da genießen wir es, wenn frei ist. Gestern sind wir mit Kevin zu einem Kugelz-Turnier gegangen und haben ein wenig zugeschaut. War ganz lustig, wie sie in die großen „GUMMIBÄLLE" schlüpfen müssen und darin Fußballspielen. Ist mal was ganz anderes!

Heute müssen wir noch mit Svenja ins Training und ansonsten werde ich wieder am Buch weiterarbeiten, damit es baldmöglichst fertig wird. Irgendwie komisch, meine Lebensgeschichte zu veröffentlichen. Aber eigentlich macht es mich auch stolz, denn wenn ich so denke, habe ich ja wirklich enorm viel geleistet, durchgemacht, erlebt und erreicht! Ich hoffe, dass es ein paar Menschen anspricht und positiv beeinflusst oder ermutigt. Mir geht es gut. Natürlich kommen auch auf mich Alltagsprobleme zu, aber ich lasse mich von ihnen nicht runterziehen, nicht mehr, und ich stehe dagegen an. So ist das Leben eben und auch ich kann das nicht verhindern. Aber ich weiß jetzt damit umzugehen. Ich schreibe eben wieder zwischendurch eine Seite im Buch, wenn mich was bewegt. Solange ich noch am Buch dran bin, kommt das noch rein, und später mache ich das einfach noch für mich. Merke einfach, dass ich so vieles verarbeiten kann. Ich verarbeite so viel, indem ich schreibe, und das ist gut so. Das werde ich sicherlich die nächste Zeit beibehalten. Wenn ich geschrieben habe, fällt mir alles viel, viel leichter und es geht mir alles besser von der Hand. Mein Kopf und meine Gedanken sind wieder frei von den alltäglichen Sorgen und den oftmals aufwirbelnden Momenten.

Dann ist immer alles wieder gut.

5. Mai 2015

Noch schreibe ich weiter, noch bin ich am Buch dran. Bin noch am Manuskript Tippen. Solange ich nicht fertig bin, schreibe ich einfach munter weiter, aus meinem jetzigen Leben, nicht mehr tagtäglich, aber immer mal wieder. Mal sehen, wie viele Seiten noch dazukommen, bis mein Buch getippt und bei einem Verlag gelandet ist. Gestern habe ich einen etwas bedrückenden Tag gehabt. Ich habe mich übergeben müssen und das ist das, was ich ja nie mehr wollte! Aber mit dem Unterschied, es geht kein geplantes „FRESSEN" voraus und kein absichtliches Erbrechen, was folgte!!! Also eigentlich kein Grund zur Besorgnis! Ist ja auch kein Rückfall, da ja nichts absichtlich und geplant geschah. Am Nachmittag bin ich mit Wilma spazieren gegangen. Sie hat mir gut zugeredet und bestätigt, dass es sicher kein Rückfall war. Das ist mir sehr, sehr wichtig! Ich habe mir ja schließlich vorgenommen, es ohne Rückfall zu schaffen, und was ich mir vornehme, ziehe ich durch!!!

Die Nacht zuvor hatte ich noch dazu einen fürchterlichen Traum. Ich hörte andauernd die Glocke, wie es sie im Krankenhaus gibt, dann würgte mich jemand. Ich wollte schreien, es ging aber nicht. Ich bin schweißgebadet aufgewacht. Sogar Markus ist wach geworden, und das will was heißen. Ich war voller Panik. Dieser Traum gab mir auch noch irgendwie zu denken.

Aber heute habe ich ja Termin bei meiner Psychiaterin. Werde ihr diese Vorfälle erzählen. Bin gespannt, was sie dazu sagt oder was sie mir vielleicht rät. Vielleicht ist ja alles okay, und auch normal. Ich fühle mich nach wie vor super und es geht mir gut. Mein Magen verträgt einfach unregelmäßiges Essen noch nicht so gut. Hat ja erst gelernt, regelmäßig was zu kriegen und zu verarbeiten, jetzt braucht er schon bisschen Zeit. Auch etwas über den Hunger essen bekommt ihm noch nicht. Was bei „normalen" Menschen ein Unwohlsein verursacht, schickt mir mein Magen postwendend zurück, weil er das vorher „musste" und von mir gelernt bekam. Jetzt muss ich meinem Körper etwas Regenerationszeit geben. Mein Kopf ist schneller, als mein Körper. Ich esse daher einfach noch zu meinen Zeiten, bis er so weit ist. Es klappt auch gut, bloß an diversen sportlichen Hallenanlässen ist es schwierig, Zeiten einzuhalten, dann kriege ich eben etwas Probleme. Aber auch das wird sich einpendeln. Bisschen Geduld und weiter positiv nach vorne schauen, dann wird alles gut. Also eigentlich finde ich, geht es mir sehr gut, bis auf die Kleinigkeiten, welche mich noch begleiten. Ist aber nicht weiter schlimm, sondern normal. Keinen Rückfall und keine Depression. Das ist mein Ziel und bisher habe ich es erreicht! Und ich hoffe, es für immer geschafft und hinter mir zu haben! Ich glaube an mich und ich kämpfe weiter, wenn es sein muss. Damit es nie wieder so weit kommt!

Ich bin positiv, ich ziehe das durch. Es passt so, wie es ist. Wenn es so bleibt, ist alles super! Sicher, ich muss jeden Tag an mir arbeiten und wenn ich merke, ich bin nicht gut drauf, oder es ärgert mich etwas (ist ja im Alltag nichts Ungewöhnliches), rede ich auf mich ein und denke, dass nichts und niemand es wert ist, schlechte Laune zu haben! Und dann geht es mir wieder gut. Bisher habe ich es geschafft, immer positiv schlafen zu gehen. Außer an einem Sonntag vor ein paar Wochen. Aber das habe ich ja auch notiert gehabt. Dort habe ich mich in den Schlaf geweint und alles ist dann wieder gut gewesen.

Ich weiß mir zu helfen und das ist sehr wichtig. Für jetzt und für die Zukunft. Immer an mich glauben. Wichtig, ich kann immer auf meinen Mann und meine Familie zählen und auch auf meine Freundinnen. Das ist unbezahlbar und unbeschreiblich schön, und das Wertvollste, was ein Mensch erleben kann!

DANKE!!!!!!!!!!!!

7. Mai 2015

Heute ist mein erster Tag, an dem ich schlecht gelaunt zur Arbeit gehe. Dort breche ich sogar in Tränen aus, zittere und frage mich zum ersten Mal, nach dem Sinn meines Kampfes, jeden Tag super drauf zu sein. Auch nach dem Sinn meines Lebens!!! Oh Gott, wie schrecklich!!! Deshalb ist es mir wichtig, dass ich das gleich aufschreibe. Dabei war doch noch vor zwei Tagen alles in bester Ordnung nach meinem Psychiatertermin. Meine Psychiaterin hat mich gelobt und gesagt, dass ich mir keine Sorgen machen müsse, wenn ich mich noch ab und zu übergeben muss, bei Nichteinhalten meiner Essenszeiten oder beim Essen zwischendurch. Mein Magen gewöhne sich daran, und dass bei Menschen mit Essstörung der Brechreflex eben sehr stark ist, am Anfang. Das hat mich enorm beruhigt gehabt und meine Theorie auch bestätigt. Und es war nie und nimmer ein Rückfall!!! Super! Das kommt alles, muss mit mir einfach noch vorsichtig umgehen.

Dann gestern voll krass. Mir war ja am Abend im Training schon ein wenig übel gewesen. Svenja und ich kommen nach Hause und Svenja geht duschen. Ich muss mich übergeben (leider schon wieder, aber es ist immer alles für etwas gut). Mir kommt nämlich plötzlich in den Sinn, dass ich mittags den Wasserkocher entkalkt habe. Später, als ich Teewasser kochte, für meinen Tee, welchen ich am Nachmittag getrunken habe, als ich mit Svenja einkaufen gegangen bin. Ich habe mir beim Trinken noch gedacht, der Tee ist voll sauer! (Himbeer-Erdbeertee für Kinder!!!) Dass etwas fast zu sauer ist, gibt es bei mir eigentlich nicht! Ich habe instinktiv Svenja aufgefordert, sie solle mal einen Schluck probieren. Svenja hat es regelrecht geschaudert! Sie sagt noch, der Tee sei extrem zitronig. Mich hat es gewundert, da ja keine Zitrusfrucht im Tee war. Aber ich habe immer noch keine Ahnung, was ich da trinke und trank noch aus. Und nun, wo ich mich übergeben musste, kommt mir das plötzlich in den Sinn!!! Svenja kommt vom Duschen und fragt mich mit scharfem Ton, was ich denn im Klo getan hätte!!!! Ich kläre sie auf, was geschehen war und weshalb mir wahrscheinlich übel geworden ist (denke ich zumindest). Und … sie hat es verstanden, hat ja vom Tee probiert! Ja, so werde ich kontrolliert und das ist gut so. Svenja ist auch beruhigt, dass ich ihr gleich erzählt habe, wie, weshalb und warum. Ich habe ja nichts zu verheimlichen und bin offen. Das gefällt ihr und sie macht sich keine Sorgen. Aber irgendwie ein schönes Gefühl, dass ich kontrolliert werde.

Wie schon gesagt, heute Morgen ist mir alles zu viel geworden, da nach gestern neue kränkende Vorfälle geschehen sind. Bei Svenja im Zimmer seit drei Tagen ein riesiger Wäscheberg, dann habe ich beiden Kindern Süßigkeiten für ihr Zimmer gekauft, damit sie ein bisschen was zu naschen haben. Da muss ich hören, wie Kevin sagt, dass ich aufhören soll, mit dem! Okay. Muss man mir eben sagen, habe es nur gut gemeint! Am Morgen schmiere ich Svenja ein Laugenbrötchen (was sie liebt) und packe einen Muffin als Jause ein. Sie „MOTZT" mich an, dass ihr lieber der Muffin als Frühstück wäre als das Laugenbrötchen. Wäre ja kein Problem, sie hätte es ja tauschen können!

Ich habe es nur gut gemeint! Ich teile Kevin voller Freude mit, dass ich ihm gestern auch Milchreis mit Schoko und mit Zimt gekauft habe. Er mault: „Den mag ich nicht, habe ich dir schon mal gesagt!" Ich antworte: „Sorry, ich habe es nur gut gemeint!" Er erwidert schroff: „Hör endlich einfach mal auf mit dem Gutmeinen!!!"

Okay. So geht es mir und sicher manchen anderen Mamis auch. Ich fahre ziemlich aufgebracht zur Arbeit und weine. Markus meint, ich solle gleich die Psychiaterin anrufen. Ich hinterfrage einfach alles. Doch dann gehe ich nichtsdestotrotz ins Yoga, bei der Hinfahrt rüttle ich mich selber wach … Bedenke: Du hast sooo viel geschafft und gekämpft, du schaffst das!!! Sei gut gelaunt und alles wird gut! Und das mit dem Gutmeinen, lasse ich in Zukunft bleiben! Ich rufe noch kurz Markus an, dass alles gut ist. (Er ist froh, dass ich mich melde, er hat sich wohl schon Sorgen gemacht.) Nach dem Yoga muss ich nochmals zur Arbeit, bin nicht ganz fertig geworden. Gönne mir allerdings noch einen Cappi (als Belohnung), bevor ich in die Firma gehe. Auf der Fahrt zur Arbeit fahre ich an einem Geschäft vorbei, aus dem Kevin gerne eine bestimmte Jacke hätte (er sagte mal, wenn ich an dem Geschäft vorbeifahre, solle ich sie bitte holen). Ich reiße mich zusammen und fahre vorbei, denn ich soll es ja nicht mehr gut meinen!!! Es geht mir wieder super und ich bin wieder glücklich, ja, mir geht es gut. Das muss ich einfach aufschreiben, denn so ist das reale Leben und ich lasse mich nicht unterkriegen. Ich lasse nicht zu, dass mich etwas runterreißt! Niemand und nichts ist das wert!! Ich habe gleich Nachrichten an meine Freundinnen geschrieben und bin mit Maria nach dem Essen eine Runde spazieren gegangen (hatten wir anfangs der Woche schon ausgemacht). Wir haben geredet, und ich habe ihr erzählt, was mich so gekränkt hat. Sie hat nur gesagt, dass es ihr auch nicht anders geht mit den Kindern. Eben der ganz normale „WAHNSINN" eines „Mami-Alltags"!!!

Mir geht es wieder richtig gut. Und wenn ich höre, dass anderen Mamis das Gleiche widerfährt, ist es beruhigend. Dann habe ich ja nichts falsch gemacht!

Den Kleiderhaufen bei Svenja lasse ich kommentarlos liegen. Irgendwann, spätestens, wenn sie nichts mehr anzuziehen hat, wird sie was unternehmen müssen, da bin ich sicher! Und beim nächsten Einkauf nehme ich nur mit, was ich brauche und nichts, bei dem ich es „GUT MEINE"!!!!!!!!!!!!

Mal sehen, wie es weitergeht!!!!

12. Mai 2015

Die letzten zwei, drei Tage sind irgendwie anders verlaufen, als alle Tage zuvor. Irgendwie fühle ich mich verunsichert, weil mir öfters übel ist. Aber ich weiß auch, dass ich eben Geduld und Feingefühl für meinen Magen entwickeln muss. Und dazu kommt, dass meine Tochter Svenja zum ersten Mal bei der Junioren-Europameisterschaft im Hallenradsport mit ihrer Partnerin an den Start geht. Vielleicht bin ich auch deshalb ziemlich nervös. Ich fühle mich leicht überfordert. Das erste Mal, seit ich von der Klinik zu Hause bin, wieder auswärts schlafen. Noch dazu zusammen mit vielen Bekannten. Aber auch das werde ich schaffen! Ich habe es bisher geschafft, keinen Tag mit Schlechtigkeiten zu vergeuden und das bleibt auch so. Ich muss einfach auch lernen, dass es ganz normal ist, schlechtere Tage zu haben. Das ist nur menschlich und hat jeder mal. Nur ich habe dann gleich Panik, dass etwas nicht in Ordnung ist, aber ich beruhige mich dann immer gleich wieder. Es ist normal, nicht jeden Tag gleich gut gelaunt zu sein. Aber ich schaffe es bis Mitte des Tages immer, mich so aufzubauen, dass der Rest des Tages ein guter Tag wird! Notfalls mit einem feinen Mc-Cappi.

Darauf bin ich sehr stolz. Und ich schaffe es ganz sicher, nie mehr einen Rückfall zu haben, nie mehr das Leben so mit Füßen zu treten. Nein, mir geht es gut. Jeder Tag hat etwas Positives oder ich gestalte ihn so, dass mir etwas Positives widerfährt!

Ich bin heute wieder mit Helga spazieren gegangen. Wenn es geht, gehen wir einmal die Woche spazieren, quatschen und trinken einen Cappi. Es tut so gut!

Auch mit Wilma versuche ich es einzurichten, dass wir einmal die Woche gehen. Sie muss viel arbeiten, da machen wir oft eine Woche zuvor einen Tag aus, an einem Tag, an dem sie frei hat. Margot sehe ich dreimal in der Woche im Training, ansonsten zwischendurch zum Quatschen, bei mir oder bei ihr zu Hause. Es ist schön, so tolle Freundinnen zu haben.

Auch mit Maria bin ich schon zwei Mal laufen gegangen. Ich spüre einfach, dass ich noch viel rausmuss. Ich merke, dass es mir nicht so gut geht, alleine zu Hause. Obwohl ich am Buch schreibe oder am Stein arbeite und natürlich der Haushalt ansteht. Aber das Rausgehen brauche ich einfach noch.

Kopfmäßig und seelenmäßig geht es mir super, aber mein Körper braucht einfach noch ein bisschen Zeit, sich zu regenerieren. Hat ja sehr starke Medikamente gekriegt gehabt. Das Gift muss auch zuerst rausgeschafft werden. Aber es geht mir gut. Meine Einstellung zum Leben passt. Es ist einfach auch der Alltag da, mit einer pubertierenden Tochter und vielen anderen Geschichten, welche mir viel Kraft rauben. Aber das ist normal und das schaffe ich auch.

Habe ein längeres Gespräch mit Rosi geführt. Ihr geht es zurzeit nicht wirklich gut. Ich versuche sie dann immer in meinen positiven Bann zu ziehen. Ich denke, dass mir das auch sehr oft gelingt. Sie hat mich heute gefragt, ob ich eigentlich ganz gesund sei, und ob ich schon meine, es geschafft zu haben. Ich sage Ja. Ich weiß genau, was ich will und vor allem, was ich nie mehr will. Sie fragt, ob ich das ganze Ausmaß der Bulimie aufgeschrieben habe in meinem Buch. Ich verneine. Ich habe es wohl so beschrieben, dass man erkennt, wie schlimm so was ist, aber ich möchte nicht ein Buch über Bulimie schreiben. (Diese Krankheit würde alleine ein Buch füllen!!) Denn Bücher über diese Krankheit gibt es bergeweise! Diese Bücher lesen eben nur Menschen, welche dasselbe Problem haben. Wie gesagt, Bücher darüber gibt es mehr als genug und ich habe viele gelesen in meiner Suchtzeit, aber keines von ihnen beinhaltet den Kampf der Genesung. Und bei mir war die Bulimie der Ursprung meiner Leidensgeschichte. Es gibt aber auch viele Menschen, welche am selben Tiefpunkt landen, wo ich gelandet bin, aber mit verschiedenen Auslösern. Und mein Buch soll für alle Menschen sein. Damit man erkennt, gesund werden ist möglich, auch wenn man am Abgrund steht. Es ist ein schwerer, harter Kampf, welchen ich rein theoretisch viel zu schnell geschafft habe! Und darauf bin ich verdammt stolz!

Rosi ist begeistert von meinem positiven Gespräch. Sie fragt auch, wo ich denn, wenn ich mal einen schlechteren Tag habe oder etwas Negatives vorgefallen ist, das ganze hinpacke oder wohin ich es verarbeite. Sie denke, dass es doch irgendwo in meinem Hinterkopf umherschwirren müsse. Ich antworte: „Ich schiebe es immer, wenn es versucht wieder hochzukommen, auf die Seite, denn darüber zu grübeln, warum etwas ist, wie es ist, bringt nichts. Man findet keine Antwort, deshalb immer nach vorne schauen, egal was ist oder war. Was war ist nicht zu ändern, also vergiss es einfach, schau nach vorne oder denke an was Positives, was dir in letzter Zeit widerfahren ist und der Tag wird gut. So mache ich es."

13. Mai 2015

Heute schreibe ich gleich noch mal. Es ist ein sehr emotionaler Tag für mich. Ich komme am Morgen zur Arbeit. Ich gehe an Rosi vorbei und frage sie, wie es ihr denn gehe (gestern ging es ihr ja gar nicht gut). Sie antwortet, dass sie sich zu Herzen genommen hat, was ich ihr gestern gesagt habe, und dass es ihr dadurch viel besser geht! Ich freue mich riesig, dass mein Gespräch mit ihr gestern solche Früchte trägt! Dass ich sie positiv beeinflusst habe! Das heißt, beeinflussen möchte ich ja eigentlich gar nicht, sondern bestärken und Mut zusprechen, wenn ich merke, dass es jemandem nicht so gut geht. Es freut mich so sehr! Und wenn ich merke, dass es vielen Menschen besser geht, nach einem Gespräch mit mir, kommen mir immer stärker die Gedanken, gerne so einen Job zu machen. Zum Beispiel in der Kreativwerkstatt der Klinik (Hi, hi). Kreativ Probleme der Patienten zu verarbeiten, ohne dass sie es von Anfang an merken. Dann, während der Arbeit, spüren, um was es geht, und dass wir ihr Problem verarbeiten, zumindest es versuchen und uns damit auseinandersetzen. Aber ohne dass ich da studiert oder gelernt bin, komme ich nie zu so einer Möglichkeit, leider. Obwohl ich denke, wenn ich so etwas lerne, studiere und nach Schema F erledige, bringt es unter Umständen weniger, als wenn ich mit vollem Herzen, viel persönlicher Erfahrung und selber Erlebtem damit arbeiten könnte. Aber eben, das geht wohl nicht, leider.

Daniela, so habe ich das Gefühl, geht es auch nicht so gut! Habe sie heute sooo traurig gesehen. Bin ziemlich bedrückt aus der Firma gegangen. Nun sitze ich bei Mc bei einem feinen Cappi und notiere wieder mal meine Gedanken von diesem Vormittag.

Ich muss jetzt unbedingt schauen, dass mein Buch fertig wird. „UNBEDINGT"!! Das bringt vielleicht ein paar Menschen auch wieder in eine positive Stimmung und hilft vielleicht ein wenig, sie aufzubauen. Würde mich sehr freuen!!

Also fleißig weiterschreiben und tippen und schauen, dass ich das Buch bald rausbringe!

17. Mai 2015

Einige sehr spannende Tage liegen hinter mir.

Am Donnerstag ist Abfahrt zur Junioren-EM im Hallenradsport. Bin ehrlich gesagt schon etwas nervös, da Svenja und ihre Partnerin als Bronze-Anwärterinnen an den Start gehen! Aber abwarten, wird trotzdem sehr schwer Bronze zu erreichen. Ich fühle mich an diesem Donnerstag nicht wirklich gut, irgendwie eher als Anhängsel der Nationalmannschaft. Die Betreuung unseres Duos habe ich ja Margot übergeben, da ich mir das nicht zutraue. Margot macht das super, bin ich sicher. Somit bin ich eigentlich „nur" als Mami von Svenja dabei. Deshalb fühle ich mich nicht ganz wohl und Svenja ignoriert mich den ganzen Tag, obwohl sie ursprünglich ja wollte, dass ich dabei bin. Ja, es ist schwer für mich. Ich gehe auch nicht in die Trainingshalle mit, halte mich zurück, schreibe an meinem Buch und beobachte das Training von Weitem. Dann gehen wir Mittagessen ins Festzelt. Das Festzelt ist klein und total überfüllt mit allen möglichen Nationen und eine laute Musik spielt auch, Live!!! Ich zittere und weine und drehe um ... mir ist das alles zu viel in diesem Moment. Irgendwie fühle ich mich schlecht, aber da muss ich durch. Später fahren wir endlich ins Hotel, wo ich etwas zur Ruhe kommen kann. Ich lege mich ins Bett und schlafe ein wenig. Danach geht es wieder in die Halle zum Training. Ich gehe wieder mit, aber fühle mich nicht gut dabei. Abendessen wird auf 20.30 Uhr angesetzt!! Ich kriege Panik, esse in der Halle eine Kleinigkeit, denn um diese Uhrzeit zu Abend zu essen tut mir nicht gut, noch dazu fühle ich mich schon den ganzen Tag nicht so wohl. Ich lege mich schlafen, als die Mannschaft essen geht. Und es tut mir gut.

Am Freitagmorgen fühle ich mich schon viel besser. Ich treffe dann auch noch Herbert an (er ist auch auf der EM) und rede ein wenig mit ihm. Und er findet es super, dass ich es gestern einfach (egal, was andere denken könnten, was mich zuerst etwas nachdenklich gestimmt hat) durchgezogen habe, eben so, wie es für mich passt. Das hat mich unheimlich bestärkt.

Ich beobachte das Training unseres Teams wieder von außen. Am Nachmittag ist dann die Eröffnungsfeier der EM. Es herrscht schon tolle Stimmung bei den Radball-Matchs und es werden tolle Leistungen im Kunstradfahren gezeigt. Ja, und auch an den Nerven zerrende Momente, als die österreichischen Starterinnen auf dem Parkett erscheinen. Leider verpassen die Sportlerinnen knapp eine Medaille. Schade.

Am Abend kommt Svenja zu mir auf die Bühne und weint. Sie ist schrecklich nervös! Ich rede mit ihr und versuche sie zu beruhigen, sie muss ja morgen gegen Mittag an den Start. Ich wende mich an Margot. Sie nimmt Svenja zur Seite und beruhigt sie ein wenig. Margot kann das gut! Margot und ich entschließen uns dann, frühzeitig zum Hotel zurückzufahren, sobald die österreichischen Starter ihre Kür gezeigt haben, damit die Sportler, welche morgen an den Start gehen, zur Ruhe kommen.

Am Samstagmorgen wache ich auf, mit einem schweren Knoten im Magen. Oh Gott, bin ich nervös! Heute Mittag gehen Svenja und ihre Partnerin an den Start. Wir treffen im Hotel beim Frühstück aufeinander. Dann überlasse ich alles Margot. Ich gehe einfach als Mami mit. In der Halle setze ich mich auf die Tribühne und schaue mir die Radball-Matchs an, und die Konkurrenz im Kunstradfahren verfolge ich auch gespannt. Oh Mann, die stärkste Konkurrenz um Bronze startet … und … das gibt's nicht! Die Kürmusik von Svenja läuft dazu. Mir stellt es sämtliche Haare auf! Denn wenn diese Musik kommt, starten eigentlich unsere Mädels! Und dann … Wahnsinn, die Italienerinnen fahren eine fast perfekte Kür! Okay, jetzt müssen Svenja und ihre Partnerin eine persönliche Bestleistung aufs Parkett legen, sonst ist der Medaillentraum ausgeträumt. Svenja sucht mich kurz vor ihrem Start auf, ich nehme sie und ihre Partnerin kurz in den Arm und wünsche ihnen viel Glück. Ich ziehe mich wieder zurück. Sie sind ja bei Margot bestens betreut. Ich denke mir, dass die Medaille nur schwer möglich zu erreichen ist, bin nervös wie noch was und die Spannung ist fast nicht auszuhalten. Aber die Hoffnung auf eine eventuelle Bestleistung bleibt im Hinterkopf. Und … die Mädels legen eine geniale Kür aufs Parkett. Und es reicht!!!!!!!!! BRONZE!!!!!!!! Danke für die tolle Betreuung, Margot. Und so geht dieses Wochenende positiv und total supercool zu Ende!

Am Sonntagmorgen beim Frühstück gibt es sogar mein Lieblingsbrötchen!

Am Nachmittag zu Hause spaziere ich noch zu Mc, um wieder mal einen Cappi zu genießen. Ziemlich müde, aber glücklich. Ich treffe sogar bei Mc noch Wilma und ihren Mann an und kann alles erzählen. Schön!!! Markus kommt mit dem Auto nach, da ich zu müde bin, um nach Hause zu laufen. Auf dem Nachhauseweg kehren wir noch bei Wilma ein, um auf den Erfolg der Mädels anzustoßen. Dann gehen wir nach Hause.

Ja, so hat alles ein super Ende genommen. Das Leben ist einfach schön!

22. Mai 2015

Nachdem ich ja mittlerweile voll im Leben stehe, passieren mir natürlich auch solche Dinge, welche nicht so super sind.

Nach der EM im Hallenradsport habe ich mir den Nacken ziemlich „verlegen", aber bis gestern habe ich die Schmerzen nach Wärmepflaster und „schmieren" ziemlich gut weggekriegt. Und nun … ich will im Kleiderschrank einen Pullover wegräumen, stehe auf einem kleinen Holzschemel (welchen ich extra gekauft habe, um im Schrank ans oberste Regal zu kommen) und irgendwie hat es mir den Schemel gekippt, und mich hat es flach auf den Boden geknallt. Au, die Schulter schmerzt etwas, es ist gerade eine Herausforderung, diese Zeilen zu schreiben! Und so weh wie jetzt hat mir mein Nacken vorher nie getan. Aber okay, da muss ich jetzt durch, renne nicht gleich zum Arzt (wie früher). Aber wenn es gar nicht geht, werde ich wohl eine Arztpraxis aufsuchen müssen. Zuerst mal gut einsalben und schonen.

Will Fenster putzen, bügeln und Böden wischen, aber so investiere ich meine Zeit, um am Buch zu schreiben, möchte ja bald fertig werden damit. So ist auch mein Sturz für etwas gut!!!

Ich habe mir auch wieder ein Ziel gesetzt: Ich möchte mich nie wieder übergeben müssen, weil ich meinen Magen überfordere. (Ist mir ja die letzte Zeit etliche Male passiert.) Aber NIE absichtlich!!!!! Also kein Rückfall!!!! Aber ich will jetzt mit diesen Zeilen mein Ziel auch fixieren. Es ist nicht ganz einfach. Wenn ich so esse wie in der Klinik, meine drei Mahlzeiten einhalte und vor allem die Essenszeiten, klappt es super. Aber im Alltag ist es eben nicht so einfach, mit Familie und Sportveranstaltungen, Feiertagen und Geburtstagen, welche immer mal anstehen.

Das Problem ist, wenn ich einfach denke, ich mache alles mit der Gesellschaft mit, mir geht es ja gut, dann ist das kopfmäßig überhaupt kein Problem. Wenn ich aber mal außerhalb meiner Zeiten was esse oder mal ein paar Bissen über das Vollsein mehr zu mir nehme, schickt mir mein Magen alles postwendend zurück. Er braucht einfach noch ein wenig Zeit, er wurde ja jahrelang von mir gefoltert und aufgefordert, alles zurückzugeben und das ist eben noch ein bisschen problematisch. Aber heute und jetzt nehme ich mit mir den Kampf auf, knallhart zu mir zu sein. MEINE Zeiten einhalten, MEIN Essen genießen, MEINE Portion einteilen, OHNE Ausnahme!! Einfach mal wieder 2–3 Wochen knallhart durchziehen, ohne irgendwem Rechenschaft abzulegen. Mein Magen wird sich auch noch daran gewöhnen, früher oder später. Eigentlich hat es ja auch geheißen, dass ich ca. 6 Monate Klinik brauchen würde, nach 7 Wochen bin ich „geheilt" nach Hause gegangen.

ICH HABE KEINE BULIMIE MEHR – seither!!!!!!
ICH HABE KEINE DEPRESSION MEHR – seither!!!!!
ICH HABE KEINE SPORTSUCHT MEHR – seither!!!!!
ICH HABE KEINE SUIZIDGEDANKEN MEHR – seither!!!!!
ICH RENNE KEINEM BURN-OUT MEHR IN DIE ARME – seither!!!!

Ich bin verdammt stolz, was ich in der Kürze der 4 Wochen, intensiv gekämpften Wochen, erreicht habe.

Mein Magen braucht eben ein wenig länger und die Zeit muss ich ihm geben. Habe immer mal wieder probiert, ob er schon so weit ist, ist er noch nicht ganz. Aber wir schaffen das. Jetzt nochmals bisschen Schonzeit für ihn, kopfmäßig natürlich schon bisschen ein Kampf für mich, denn mir geht es ja eigentlich super! Und da vergesse ich gerne meinen armen gefolterten Magen, das muss ich eben einfach noch lernen dass er noch nicht zur vollständigen Normalität zurückkann. Noch nicht!

Und dann, in ein paar Wochen, sind wir beide ganz gesund!

Ich fühle mich super und alles wird gut, bin ich ganz, ganz sicher! Ich mache das schon. Positiv nach vorne kämpfen, egal was andere denken oder sagen. Bin gespannt, wie es in meinem neuen Leben weitergeht. Aber sicher supertoll!!! Im Leben muss man jeden Tag dazu beitragen, dass es einem gut geht! Anders geht es nicht! Das ist eben so für jeden auf dieser Welt. Das Leben stellt immer neue Herausforderungen. Und wie wir denen entgegentreten, so ergeht es uns.

Also ich nehme jede an und mache immer das Beste daraus. Wie mit meinem Nacken – Ich putze einfach ein anderes Mal die Fenster und schreibe dafür am Buch weiter.

Bin übrigens nach meinem Sturz arbeiten gegangen und danach einen Cappi trinken mit Helga. Wäre ich nicht gefallen, hätte ich geputzt. Also, was lerne ich daraus? Ist immer alles für etwas gut. Und der Cappi und das Gequatsche mit Helga ist sehr gut gewesen!!! Eigentlich viiiieeel schöner als putzen!
ALLES IST FÜR ETWAS GUT!!! EGAL WAS KOMMT UND SEIN WIRD!! UNTERM STRICH IST DAS EBEN IMMER SO!!!!!!!

28. Mai 2015

Den heutigen Tag muss ich einfach notieren. Da ich ja noch nicht fertig bin mit dem Buch, ist das gerade noch gut! Ich stehe schon am Morgen mit einer komischen Stimmung auf. Zuerst frühstücke ich mit meiner Familie, gehe nachher zur Arbeit und später von dort aus zum Yoga. Yoga ist wieder mal super und irgendwie hat es mich ein wenig beruhigt, und dennoch … Ich muss noch einkaufen. Also fahre ich zum Laden und plötzlich, wie vom Teufel besessen, kommen Gedanken wie … oh … Brot, Topfentaschen, Schokolade, Kekse … im ersten Moment will ich alles in den Einkaufswagen packen, um es weit im Hinterkopf zu „fressen"!! Dann, ein Geistesblitz: Hallo!!! Geht's noch??? Du willst keinen Rückfall, du willst nie mehr in diese Hölle zurück! Kämpfe! Tja, da wird sich wohl der Teufel die Hörner nicht nur stoßen, sondern abbrechen! Nein!! Ich will nie mehr zurück! Nein, das mache ich nicht! … Ich bin stark! Und ich bin verdammt stolz darauf, dass ich dagegen angekämpft habe. Ich möchte damit einfach sagen, dass ich jeden Tag neu und positiv kämpfen muss. Es ist nicht immer einfach alles erledigt und vorbei. Und ich muss jeden Tag neu motiviert starten, gerade weil ich jahrelang ein „5-fach-Suchtverhalten" durchlebt habe. Es gibt Tage, da kommt mir gar nichts in den Sinn, und dann gibt es wieder welche, die mich versuchen runterzuziehen, aber ich lasse es einfach nicht zu! Denn ich bin sicher, dass ich NIE mehr in diese Hölle zurückwill. Da kann der Teufel stupsen, so viel er will. Ich bin so stolz, dass ich vor dem Regal im Geschäft zur Besinnung gekommen bin und die Gedanken von mir weggeschoben habe! Ich habe sofort Markus und meinen Freundinnen Margot und Wilma eine WhatsApp geschickt. Dass es mich fast überkommen hat, ich aber sehr stolz bin, dagegen angekämpft zu haben. Helga kann ich nicht schreiben, da sie kein WhatsApp hat und auch keine SMS liest. Aber das ist egal, ich treffe mich morgen noch mit ihr auf einen Cappu und freue mich schon, es ihr zu erzählen. Ich bin einfach glücklich. Und mein Glück muss ich aber immer wieder neu aufbauen und erschaffen. Es kommt nichts in den Schoß gefallen im Leben, aber eben … es hat jeder Tag was Positives, man muss es nur sehen!

Und ich weiß, dass ich in diesem Buch viel auf mich einrede, und mir selber sage, wie stolz ich auf mich bin und wie toll ich das mache. Ich denke, dass auch das ein sehr wichtiger Schritt ist und es könnte jeden Einzelnen motivieren, sich selber positiv zu stimmen und damit sein Leben stark beeinflussen. Das hat auch nichts mit Eigenlob zu tun, sondern es baut mich auf, gerade wenn vielleicht einmal ein schlechterer Tag auf mich zukommt oder mich einholt. Schlechte Tage hat jeder Mensch einmal, deshalb ist es wichtig, dass man jeden Tag unterm Strich doch noch im Guten beendet.

Mein Leitspruch: KEIN TAG IST ES WERT; MIT SCHLECHTIGKEITEN VERSCHWENDET ZU WERDEN!

Also mir hilft es enorm, selbst darüber zu reden. Und wie es so heißt:

PROBIEREN GEHT ÜBER STUDIEREN!!!!!! Jeder kann es probieren, vielleicht klappt es ja bei einigen Menschen genauso wie bei mir. Würde mich freuen.

Am Abend sind wir noch kurz zu Margot gefahren, da ihr Sohn Geburtstag hat. Es ist sehr gemütlich, wir essen bisschen was und plaudern. Leider müssen wir frühzeitig wieder gehen, da Svenja am anderen Tag zur Schule muss. Leider ist mir dann zu Hause wieder leicht übel. Für mich war das Essen einfach schon wieder etwas spät und ich habe mich vom guten Brot verführen lassen und habe, obwohl ich satt war, noch eine halbe Scheibe gegessen, und das ist für mich einfach noch nicht gut, respektive für meinen Magen. Er reagiert da einfach noch empfindlich, aber so in Gesellschaft vergesse ich das hin und wieder, trotz guten Vorsätzen. Aber von dem lasse ich mich nicht runterziehen. Auf keinen Fall. Ich nehme es mir immer wieder fest vor und meistens schaffe ich das auch. Und es wird eh immer besser und besser. Hauptsache keine Absicht und kein Rückfall!!! Ab und zu ist es schwirig, aber ich schaffe es, ganz sicher. Ich lasse mich weder von meinem Magen noch vom Teufel noch von Leuten, die mir nicht guttun, oder falsch von mir denken, nie wieder in eine Bedrängnis drücken! Mir geht es gut und das bleibt so, weil ich das so will.

Morgen fahren wir nach Schwechat zur Staatsmeisterschaft, wo Svenja wieder am Start sein wird. Und am Samstag, wenn die Meisterschaft ist, hat sie auch ihren 13. Geburtstag. Mal sehen, wie es läuft. Auch mal schön, am „Kindergeburtstag" nicht daheim zu sein, sondern eventuell nach der Meisterschaft noch zum Prater gehen zu können. Wer kann das schon? Ja, und für mich auch toll, keinen Trubel daheim. Okay. Nachgefeiert wird sicher und der eine oder andere Besuch wird noch vorbeikommen, aber die meisten sind eh liebe Freunde. Das mache ich schon. Es wird immer so gemütlich, wie man es sich macht. Und ich mache es auf die „GEMÜTLICHE", das ist fix! Wenn es mir gut geht, geht es allen gut. Also, alles nehmen, wie es kommt und vor allem positiv bleiben.

2. Juni 2015

Wieder mal schreibe ich aus meinem Leben, da ich mit meinem Buch leider noch nicht fertig bin. Also, wieder ein paar Tage aus meinem neuen Leben. (Die letzten Tage zusammengefasst.)

Am 29. Mai 2015 fahren wir (unser Radfahrverein) nach Schwechat zur Staatsmeisterschaft. Ich habe mich angeboten, einen der drei Busse zu fahren (da ich wahnsinnig gerne fahre). Die Fahrt lief beinahe tadellos, bis auf einen ungeplanten Zwischenstopp, wegen Ölmangels meines Busses. (Die beiden anderen

Busse werden von Männern gelenkt.) Verkehrstechnisch lief alles super!!! (Aber die Nachrede von wegen Frau am Steuer bleibt, obwohl ich ja nichts dafür kann. Egal, ich nehme es mit Humor.) Nach unserer Ankunft in Schwechat gehen alle noch was trinken, ich bin im Hotel geblieben und genieße die Ruhe und vor allem das Bett. Da wir ausgemacht haben, dass wir alle morgen Abend zum Prater gehen werden, wenn die Meisterschaft zu Ende ist. Also wird es morgen später.

Morgens Frühstück (ich genieße es sooo, wenn wir im Hotel sind), dann in die Halle. Nach einer für unseren Verein erfolgreichen Meisterschaft fahren wir zum Prater. Svenja hat ja Geburtstag und genießt es daher natürlich umso mehr. Ich habe zwar schon wieder Auseinandersetzungen mit ihr, welche mich als Mami sehr verletzen. Aber eben das ist die pubertäre Phase und von der werde ich eben auch nicht verschont. Ich muss genauso einstecken, wie andere Mütter mit vielleicht einer weniger prägenden Vergangenheit. Ich darf es nur nicht zulassen, dass ich das Gefühl habe, es belastet mich extra, sondern dass das eben das pure „normale" Leben ist. Nachdem Prateraufenthalt fahren wir ins Hotel zurück. (Den meisten ist ziemlich übel, da sie gewisse Bahnen unterschätzt haben.) An mir ist dieser Kelch zum Glück vorbeigegangen, da ich ziemliche Schmerzen mit meinem verspannten Nacken habe und es deshalb für vernünftiger hielt, keine Bahn zu fahren. (Schade, es hätte mich schon gereizt gehabt, die eine oder andere Bahn zu fahren.) Aber okay, dafür ist mir nicht übel. Ist halt immer alles für etwas gut.

Die Rückfahrt am Sonntag (wieder nach einem feinen „Hotelfrühstück") läuft dann reibungslos.

Daheim angekommen … auspacken, waschen, Bus zurückbringen. Ich esse noch ziemlich spät Salat und picke ein paar Pommes meiner Familie mit, leider ist es mir nicht so gut bekommen und mir wird wieder übel. Es belastet mich schon langsam ein wenig, ich habe einfach zu wenig Geduld mit meinem jahrelang misshandelten Magen.

Am Montag kommen dann noch einige Gäste zu Besuch, um den Geburtstag von Svenja nachzufeiern. Ich backe etwas und plane gar nicht viel, da ich keinen Plan habe, wer alles kommen wird. Da bin ich dann spontan, Leberkäse mit Brot, Wurstsalat oder gegrillte Würste, jeder kann haben, was er mag, das geht alles ratzfatz. Ich nehme es, wie es kommt, das wird dann schon.

So, der Montag ist super gelaufen, alle waren zufrieden und es ist urgemütlich gewesen. Meine Schwiegereltern kommen allerdings erst heute, aber auch das wird gehen. Gehe am Nachmittag noch mit Helga und Wilma laufen und einen Cappi trinken, und ich genieße es.

Geplant ist dann auch noch, dass meine Schwester und ihre Kinder kommen. Das ist auch ein wenig belastend für mich. Ich habe gegenüber meiner Schwester einfach Probleme mit dem Essen, weiß auch nicht, weshalb. Markus meint, dass wir ja in den Tierpark gehen können. Finde ich eine super Idee, dann ist es für mich etwas leichter. Wie gesagt ich habe NUR gegenüber meiner Schwester und meiner Schwiegermutter in Sachen Essen Mühe! Weiß selber nicht genau, warum. Irgendwie wegen meiner Vergangenheit. Egal, auch das geht. Schritt für Schritt. Es kommt ja auch nicht oft vor, dass wir zusammen essen, das lässt sich steuern. Ich habe mich für mein neues Leben entschieden und kämpfe an schlechteren Tagen dafür, dass es ein guter Tag wird im Laufe des Tages und ich genieße die guten umso mehr!

Also, auf in den Kampf, mir geht es gut!

8. Juni 2015

Hallihallo!! Nochmals einen Eintrag in mein Buch. Hoffe bin bald fertig mit Schreiben, solange melde ich mich immer mal wieder.

Habe ab und an ein paar Stimmungsschwankungen, aber ich denke, es ist normal. Mit Familie, Verein und Alltag gibt es das bei jedem mal, denke ich. Meine Tochter macht es mir schon nicht ganz leicht. Sie ist mit 13 Jahren in einem schwierigen Alter und lebt das auch voll aus! Es ist wirklich nicht sehr einfach, aber ich denke, jede Mami, welche eine Tochter in dem Alter hat, kann da Storys und Geschichten erzählen.

Kurzum mein Leben läuft bestens, „normal" halt. Habe mich im Griff. Es ist mir nur jetzt im Alltag bewusst, dass ich an einer Sucht gelitten habe und echt ziemlich kämpfen muss, nicht wieder nachzugeben. Mit Essen bin ich ja stets in Konfrontation. Ich muss kochen, backen, einkaufen ... und ich muss vor allem essen. Manchmal streift mich der Gedanke, ich möchte alles Mögliche essen, was ich sehe, aber das sind immer nur so kurze Momente (wie ein Ex-Raucher denkt, eine Zigarette wär's jetzt). Dann sage ich mir NEIN, nie wieder in diese Hölle!!! Nie wieder!!! Und ich habe ja gelernt, alles in vernünftiger Menge zu essen, und es klappt gut, das mache ich nicht mehr zunichte! Und dann ist alles gut. Und ich bin stolz darauf. Ich denke, dass bei jeder Sucht, immer mal der Gedanke aufkommt, an das, was war. Wichtig ist einfach KEIN RÜCKFALL!!! Bloß kein RÜCKFALL!!! NIE RÜCKFÄLLIG werden! So lebe ich auch. Es ist eben so, dass ich, wenn ich zu viel zwischendurch picke, von meinem Magen darauf hingewiesen werde und er sich wehrt.

Aber auch das habe ich zurzeit wieder gut im Griff und ich bin einfach froh und glücklich. Rückfallslos bisher!!!!! Muss aber schon ab und zu positiv auf mich einreden und mich auch zusammenreißen, von alleine passiert das nicht. Es gibt keine Medis und alles ist gut. Selber an sich arbeiten ist sehr, sehr wichtig. Ich erlebe es tagtäglich. Aber dieser Kampf mit mir und die Auseinandersetzung mit mir bestärkt mich immer wieder aufs Neue. Und ich muss sagen, mit dem Überarbeiten meines Tagebuches, welches ich ja während meines Klinikaufenthalts geführt habe, wird mir sehr vieles klar.

Ich habe gekämpft, dass ich so früh wieder heimkann. Ich habe mir jeden Tag Lob zugesprochen, jeden Tag habe ich mir gesagt, wie stolz ich auf mich bin, jeden Tag, ob was vorgefallen ist oder nicht, habe ich mir schön- und positiv geredet. Und was mir dabei immer klarer wird ... ich mache es heute noch jeden Tag. Aber es ist eben schwieriger, mich immer voll so aufzubauen, dass alles gut und vergessen ist. Denn in der Klinik ist zwar jeden Tag was vorgefallen, aber zu Hause fallen eben zig Sachen vor. Ich kämpfe für die Gefühle zu Markus, ich sehe ja, wenn ich am Schreiben bin, wie sehr er mich unterstützt hat in meiner schlimmsten Zeit. Und er tut es auch heute. Er liebt mich wirklich von ganzem Herzen. Ich liebe ihn auch, aber ich muss im Moment noch gegen so viel ankämpfen im Alltag und brauche meine Zeit. Ich gebe eben auch nicht gerne zu, dass gewisse Dinge mich sehr belasten oder ein wenig überfordern. Aber ich kämpfe wie eine Löwin.

Manchmal belasten mich (nicht immer, je nach Tagesverfassung) einfache Dinge in meinem Leben wie:

EINKAUFEN: Habe mich im Griff, aber im Hinterkopf schießen mir grauenvolle Taten entgegen, von meinem früheren Leben. Okay, nur nach vorne schauen, nie zurück, aber es ist ein Kampf der Gedanken, welcher wahnsinnig an die Substanz geht. Aber es geht mir super, weil ich es durchziehe und schaffe.
SVENJA: Wenn wir wegen belanglosen Dingen zusammenkrachen.
KEVIN: Wenn er zu wenig offen ist zu mir.
MARKUS: Weil ich ihm noch nicht alles zurückgeben kann, was er sich erwartet.
VEREIN: Manchmal ist mir das Training einfach zu viel.
MEIN KÖRPER: Weil er noch nicht so voller Power läuft, wie ich es gerne hätte.
KOCHEN: Wenn das Essen mal wieder nicht passt.
HAUSHALT: Wenn ich das Gefühl habe, als wenn man meine getane Arbeit einfach gleich wieder löscht, wie bei einem Job mit Computer, wo man eine Tagesarbeit mit einem Knopfdruck auslöscht.
GROSSE MENSCHENANSAMMLUNGEN: Macht mir hin und wieder Angst oder führt bei mir zu Unwohlsein.
MENSCHEN: Menschen, welche mich belasten und mit denen ich trotzdem zu tun haben muss.

Einfach, was ich denke, was auch bei vielen Leuten auf der Welt so ist. Aber eben ich kämpfe dafür und es braucht alles seine Zeit. Und die Zeit wird den Erfolg bringen. Ich bin ja positiv. Den Alltag meistere ich, finde ich super. Ich bin einfach noch nicht gerne nachmittagsweise alleine zu Hause. Obwohl ich dann am Buch schreiben kann oder am Stein meißeln und den Haushalt hätte ich ja auch noch zu erledigen.

Ich nehme mir die Auszeiten noch, welche ich brauche. Ich gehe mit meinen Freundinnen spazieren. Oftmals auch einmal mit Helga und einmal mit Wilma. Margot und ich treffen uns eher spontan und mindestens zweimal die Woche im Training. Oder ich gehe zu Mc einen oder zwei Cappi's trinken. Das genieße ich, bin jetzt gerade auch bei Mc, genieße einen Cappi, während ich diese Zeilen schreibe.

Ich sage mir immer, wenn ich nicht so gekämpft hätte, wäre ich sicher jetzt noch in der Klinik. Hätte diverse Geschehnisse auf der Station zu bewältigen (was mir nie Probleme machte), und dann hätte ich nicht diese Alltagssorgen und Belastungen wie jetzt. Aber ich habe mich entschieden zu kämpfen, umso schnell, wie es nur möglich war, rauszukommen. Und ich bin immer noch stolz darauf.

Vergesse aber nicht, dass schon alles relativ schnell gegangen ist. Dass ich schnell nach Hause bin, schnell wieder arbeiten gegangen bin und alles alleine mache, was geht.

Und deshalb:

Mein Resümee des Ganzen: (Auch daher wieder hochgekommen, meine enorme Leistung zu ästimieren, da ich am Buch schreibe und das sicherlich eine super Therapie und ein Aufbautraining für mich ist.)

ICH MUSS AUF MICH SCHAUEN.
ICH TUE, WAS MIR GUTTUT.
MIR IST EGAL, WAS ANDERE DENKEN.
ICH BIN AUF DEM RICHTIGEN WEG.
DER WEG GEHT IMMER WEITER.
DAS LEBEN HÄLT AUFS UND ABS BEREIT.
DAS LEBEN IST EIN EWIGER KAMPF.

Aber ich gewinne den Kampf. Ich bin einfach glücklich, genieße das Leben und schaue auf mich.

Ja, mein Leben ist schön und einfach der ganz normale Wahnsinn!!!!!

Okay, die Vergangenheit, die ich habe, hat nicht jeder, es kann auch nicht jeder ein Buch über sein Leben schreiben!

Ob ich es kann?? Keine Ahnung, ich tue es einfach! Weil es MIR guttut! Und weil ich hoffe, manchen Menschen damit Mut machen zu können.

Es lohnt sich immer positiv zu sein, zu kämpfen und vor allem zu genießen.

Also, packen wir es an. Jedenfalls ich mache das so. Und es gefällt mir!!!

9. Juni 2015

Jetzt schreibe ich schon wieder, obwohl ich gerade erst gestern meine Gedanken aufs Papier gebracht habe.

Mache mir zurzeit viele Gedanken, da ich einen harten Kampf gegen meine Sucht und meine Aufgewecktheit führe. Und ich merke einfach, wenn ich es notiere, bin ich erleichtert und frei.

Ich habe keinen Rückfall gehabt und das soll auch so bleiben, ich will das ganz unbedingt. Bin nach der Arbeit direkt mit einem Notizblock zu Mc gefahren (ja, schon wieder und nein, ich schäme mich nicht und ich stehe dazu) und mit einem Cappi schreibe ich drauflos.

Ich bin daheim fleißig dabei mein Buch in den Computer zu tippen (mit meinem „fliegenden Adler"-System dauert das eben, aber ich bin doch schon ziemlich schnell, finde ich), um es endlich herausgeben zu können. Ich bin der Meinung, dass ich echt eine Wahnsinnsleistung vollbracht habe, nach so kurzer Zeit aus der Klinik raus zu sein. Und insgeheim hoffe ich ein ganz kleines bisschen, das diejenigen, welche es lesen, mich darauf ansprechen, oder wirklich das ganze Ausmaß meiner Leistung sehen. (Bilde mir nichts ein, aber ich bin mir bewusst und werde mir immer bewusster, was ich jeden Tag leiste.) Es ist so, dass ich mich in der Klinik auch immer komplett selber aufbauen und loben musste und ich tue es auch heute noch. Nur der Alltag ist hart und es macht mich selber wütend, wenn ich mich an gewissen Tagen so verdammt schwertue, mich aufzubauen. Es gelingt mir zwar immer, aber es ist sehr hart und ein echter Kampf mit mir. Ich will einfach damit sagen, ich bin auch nur so, wie ich bin, weil ich täglich an mir arbeite. Die Einstellung, welche ich im Tagebuch in der Klinik hatte (wird mir jetzt mit dem Eintippen des Tagebuches bewusst und ich lebe mich wieder rein), habe ich nach wie vor. Mit einem Unterschied, in der Klinik habe ich viel erlebt, auch Hartes und weniger Schönes, aber auch Lustiges, nur habe ich das für mich behalten, bis am Nachmittag eine meiner Freundinnen kam und ich mir dann alles von der Seele reden konnte (wasserfallmäßig). Jetzt im Alltag ist es eben so, dass ich nicht zu jedem Zeitpunkt jemanden zum Erzählen habe (zudem passiert im Alltag andauernd irgendetwas). Deshalb denke ich, schreibe ich.

Habe in der Firma kurz mit Rosi geredet und ihr das alles auch so gesagt. Sie hat mich bestärkt, dass ich das echt durchziehen soll, und dass sie sich freut, das Buch lesen zu können. DANKE, ROSI!!!!

Für mich ist es eben so, dass ich meine Gefühle niederschreibe, wie ich es fühle, erlebe und lebe und ich nehme dabei keine Rücksicht auf die Aussageartikulierung. Ich denke nicht, wie kann ich was formulieren oder wie wäre es am besten ausgedrückt, sondern schreibe frei von der Leber weg, wie ich gerade denke. Ungewöhnlich für ein Buch, okay, aber ich bin ja auch ungewöhnlich. Rosi findet das cool und meint, ob mir das nichts ausmacht, mich so zu offenbaren und alles von mir Gefühlte oder mein Leben so zu präsentieren. Nein, tut es gar nicht. Ich hoffe, dass ich angesprochen werde nach der Veröffentlichung meines Buches, ob kritisiert oder aufgebaut ist mir egal. Das ist auch das, was mir ganz innerlich in der Klinik gefehlt hat. Lob oder einfach auch Anerkennung für meine Leistung! Und dieses ganze Ausmaß erkennt man im Buch. Es ist sicher eine Art Therapie für mich, da ich ja nach kurzer Zeit heimgegangen bin, aber trotzdem denke, dass ich immer noch in der Regenerationsphase bin.

Kurzum, ich habe echt Tage, wo ich merke, mir droht ein Rückfall! Sei es Ärger mit Svenja, Kevin oder Markus oder einfach der ganze Alltag, der mich immer mal wieder herausfordert. Und in solchen Momenten ziehe ich immer selber die Handbremse. Ich „flüchte" auf eine Art oder laufe einem drohenden Rückfall davon, indem ich rausgehe, meistens mit einem Notizblock, oftmals zu Mc Cappi trinken, wie schon oft erwähnt (auch jetzt gerade übrigens), und alles aufschreibe, was mir gerade durch den Kopf geht (deshalb auch hin und wieder wiederholte Situationen oder Meinungen). Jedes Mal bin ich danach erleichtert und es geht mir wieder gut. Ich weiß nämlich nicht, was wäre, wenn ich in so einer Situation einfach zu Hause bleiben würde. Ich will es auch nicht wissen oder darauf ankommen lassen, deshalb mache ich das, was ich denke, was mir guttut. Ich glaube, auch das wird die Zeit bringen. Aber ich zerbreche mir deswegen jetzt gar nicht den Kopf, sondern mache einfach, was mir guttut. Habe am Freitag einen Termin bei meiner Psychiaterin. Werde es ihr auch so erzählen und bin gespannt auf ihre Meinung dazu.

Für mich jedenfalls passt es so und so falsch kann das ja dann wohl auch nicht sein. Kampflos wäre ich wahrscheinlich bis heute in der Klinik.

Was mich irgendwie beschäftigt ist einfach die Tatsache, dass ich nicht immer flüchten kann, denn eigentlich habe ich Familie und Haushalt zu führen. Aber das ist genau das, wo ich denke, noch Zeit zu brauchen. Früher habe ich Alltagssorgen, Stress und Ärger einfach „weggefressen" und „weggekotzt". (Entschuldigung, aber das muss jetzt so hart klingen.) Ich bin damals in meine Sucht geflüchtet, anstatt die Gefühle auszuhalten. Und genau das lerne ich jetzt. Gefühle aushalten und bevor sie mich zu erdrücken drohen, mache ich, was mir guttut. Es ist ein Lernprozess, dass ich bei belastenden Situationen nicht ins Suchtverhalten falle, sondern weine oder wütend bin und diese Wut oder Trauer zulasse und vor allem aushalte. Also aushalten und durchbeißen nicht – sorry – „fressen und kotzen"!!! Das ist eben auch ziemlich schwer für mich! Bisher geht es gut, aber ich muss immer an mir arbeiten, deshalb schreibe ich in manchen Wochen täglich was auf und in anderen nur an einzelnen Tagen, genieße einen Cappi dazu, wenn ich meine, es geht nicht daheim oder ich drohe zu kippen.

Es sind alltägliche Kleinigkeiten, welche für mich nicht ganz einfach sind. Nur wieder mal ein Beispiel:

Ich gehe einkaufen. Denke, ich nehme den Kindern ein paar Lieblingsdinge und Süßigkeiten mit. Ich lege sie ins Zimmer, damit ich nicht in Versuchung komme (ein kleiner Selbstschutz), Svenja schätzt es nicht, Kevin bedankt sich (wenigstens er).

Okay, dann entscheide ich, für mich die Heavy-Variante, ich fülle alle „Naschereien und guten Mitbringsel" in eine Schublade in der Küche. Lieblingssachen von Svenja sind echt viele dabei. Ich sage ihr, dass ich alles in der Schublade habe, auch für die Schuljause sind Dinge dabei, welche sie sich gewünscht hat. (Nachdem ich oftmals die von mir eingepackte Jause wegwerfen muss, habe ich mich entschieden, es Svenja selber zu überlassen, sich das einzupacken, was sie mag.) Ich sage, sie kann einfach rausnehmen, wenn sie was mag. Ich habe richtig Spaß gehabt, ihr die ganzen Lieblingssachen in die Schublade zu packen und ihr Gesicht zu sehen, wenn sie reinschaut.

Und jetzt kommt es. Für mich ist diese Schublade ja echt eine enorme Herausforderung (aber ich will auch das schaffen, lieber dann halt mal einen Cappi mehr trinken gehen und aushalten). Svenja interessiert es gar nicht, sie wirft nicht mal einen Blick rein. Sie nimmt auch gar keine Jause mit.

Dann am nächsten Tag geht sie an die Schublade, nimmt eine Packung Kekse raus, nimmt sie aus der Schachtel, um sie dann, ohne die Folie zu öffnen oder einen Keks zu probieren, einfach im Zimmer liegen zu lassen. Jetzt liegen sie ohne Schachtel eben nicht mehr in der Schublade, sondern im Arbeitszimmer.

Mich enttäuscht das sehr und ich führe einen Kampf mit mir, nicht einem Fressanfall zu verfallen. Aber ich schaffe das, deshalb schreibe ich all das jetzt und heute auf. Es soll zeigen, dass es auch bei Kleinigkeiten oder lapidaren Dingen, welche anderen Mamis vielleicht egal wären, für mich teilweise bedeutet gegen meine Sucht anzukämpfen. Ein Kampf gegen meine Krankheit. Aber ich denke, so wie ich drauf bin habe ich diesen Kampf schon so gut wie gewonnen, denn ich lasse mich einfach nicht mehr darauf ein, meinen Gefühlen im Wege zu stehen. Nein, ich halte diese Gefühle aus, auch wenn es hart ist und für mich seit dem 14. Januar 2015 (der Tag, an dem ich entschloss zu kämpfen) komplett neu.

Ich habe mich dafür entschieden und ich ziehe das durch. Es ist einfach so im Leben, dass Menschen verletzt werden im realen Leben. Die einen mehr die anderen weniger und jeder nimmt es auch anders auf (gefühlsmäßig verletzt). Mich verletzen halt eben noch kleinere Dinge, als Menschen mit „normaler" Vergangenheit.

Aber es gibt ja nicht nur verletzte Gefühle, sondern auch Glücksgefühle, Liebe, Freude, Stolz! Und die überwiegen. Und seit dem 14. Januar 2015 lebe ich mit einem enormen Glücksgefühl und das ist so schön, dass ich es NIE mehr missen möchte.

Und deshalb gehe ich Cappu trinken, das baut mich auf und macht mich glücklich. In den Momenten, wo ich Markus oder eine meiner Freundinnen nicht erreichen kann.

Ich liebe das Leben und genieße es auch, auch wenn es für mich kämpfen bedeutet.

Heute Nachmittag treffe ich Helga wieder und wir gehen sicher einen Cappi trinken.

WAAAAASSSSSS??? SCHON WIEDER???

JAAAA, UND ICH GENIESSE ES UND ES IST EINFACH SCHÖN!!!

JA, LEBEN, DU HAST MICH WIEDER!!! UND ICH GENIESSE DICH!!!! UND WIE!!!!!!

11. Juni 2015

Genau, ich schreibe wieder was auf. Aber ich muss einfach, es brennt mir regelrecht unter den Nägeln und irgendwie bin ich drauf wie damals, als ich von den Medis kribbelig und nervös war, dabei werfe ich mir ja schon lange nichts mehr ein! Außer Cappi's bei Mc. Ja genau, ich komme gerade vom Yoga und ja, ich sitze bei Mc bei einem Cappi und bin am Schreiben. Es geht mir einfach so super und ich fühle mich megagut. Und der

Oberhammer, ich weiß seit einer Viertelstunde, dass ich mittags nochmals zu Mc gehen werde. Und das Ganze ohne schlechtes Gewissen.

Markus hat mir gerade geschrieben, ob ich ihm zwei Wurstbrote bringen könne, da er mittags in der Firma bleibt. Für mich bedeutet das, dass ich Svenja schnappe und mit ihr zu McDonald's fahre, statt zu kochen. Und zu meinem Glück ist das gerade heute. Super, ich genieße es zwischendurch einmal nicht kochen zu müssen. Da es selten vorkommt, genieße ich es natürlich umso mehr. Und heute passt es gerade super, denn Kevin kommt heute erst abends. Normalerweise ist es so, dass Kevin nur Mittwoch und Freitag zu Hause Mittag isst. Freitag ist der einzige Tag, wo wir als ganze Familie am Mittagstisch sitzen. Mittwoch ist der schlimmste Tag, denn da kommt Markus um 12.00 Uhr, Svenja um 13.00 Uhr und Kevin um 14.00 Uhr zum Mittagessen!! Aber ich habe mich daran gewöhnt. Nur diese Woche ist sehr mühsam gewesen. Kevin hat eine Stundenplanänderung und ist daher Montag, Dienstag und Mittwoch um 14.00 Uhr nach Hause gekommen, und da ich ihm gewissenhaft als Mami (da ich ja Zeit habe) Essen koche und mich zu ihm setze, war jeder Nachmittag verplant. Und deshalb genieße ich es umso mehr, dass ich gerade heute nicht kochen muss. Ich bin stolz, trotzdem ist es mir immer gut gegangen dabei und deshalb finde ich, ist es egal, wenn ich heute in Sachen Kochen „blaumache".

Ich hole Svenja von der Schule ab und gehe zu Mc. Heute nehme ich mir vor, am Nachmittag draufzuhauen und fleißig an meinem Buch zu tippen, ich möchte jetzt so schnell wie nur möglich fertig werden. Und wie ich immer schreibe, ist das für mich zur Therapie geworden. Mir kommt es vor, dass ich zurzeit deshalb so kribbelig bin, weil ich beim Tagebuch tippen, am zweitletzten Tag meines Klinikaufenthalts angelangt bin und dieses Hochgefühl, das ich damals hatte und im Tagebuch auch notiert habe, wieder hoch kommt. Schönes, sorry, „geiles" Gefühl!!! Und ich bin unsagbar stolz auf das alles. Und ich will jetzt mit meinem Buch zum Ende kommen. Bin schon am Studieren, was für eine Überschrift mein Werk kriegen soll. Möchte ja Menschen damit ansprechen, meinen positiven Willen und Kampf beim Lesen mitzuerleben. Und dafür ist die Überschrift sehr wichtig. Nein, eine gute Überschrift ist unumgänglich. Ich möchte weder „nur" Bulimikerinnen ansprechen noch „nur" depressive Menschen noch „nur" Suizidgefährdete, sondern alle Menschen, welche positive Worte oder einfach nur Beweise brauchen, dass sich das Kämpfen fürs Leben, fürs glückliche Leben, immer lohnt. Und positive Worte und Tatsachen kann jeder Mensch einmal brauchen, bin ich der Meinung.

Natürlich, jeder in einem anderen Bereich, egal ob Familie, Arbeit, Freizeit, Süchte, Trauer usw. Es ist immer was los im Leben, das Leben ist so. Aber eben, immer das Beste daraus machen und wenn es mal nicht so wie geplant läuft, festhalten an den Dingen, welche gut gingen und gehen. Ich mache das so. An einem Tag, welcher mich mal nicht so in Hochstimmung schweben lässt, denke ich an einen vorangegangenen Tag, wo es mir gut ging und erlabe mich daran. Und dann schaue ich nach vorne und es geht wieder.

Jeder Tag hat etwas Positives und ich brenne jeden Tag darauf, das Positive zu entdecken. Finde ich es nicht auf Anhieb, dann suche ich danach, fündig werde ich immer, und wenn es nur ein Cappi, Tee oder einfach nur Sonnenschein oder ein Lächeln eines Mitmenschen ist.

ES GIBT IMMER ETWAS!!!

Morgen habe ich Termin bei meiner Psychiaterin. Bin mal gespannt, was sie zu meinen letzten sechs Wochen (seit ich das letzte Mal bei ihr war) sagt. Aber ich bin so positiv. Vielleicht melde ich mich dann nochmals in meinem Buch. Werde es mir zur Gewohnheit machen, immer wieder von meinem Leben zu schreiben. Auch wenn das Buch fertig ist. Einfach für mich, da ich merke, wie gut es mir tut. Und wer weiß, falls das Interesse geweckt wird, mein weiteres Leben zu verfolgen, kann ich immer noch eine Fortsetzung meines Lebens zu Papier bringen. Ich für mich praktiziere es sicher. Alles andere werde ich dann sehen.

14. Juni 2015

Sitze wieder einmal bei Mc und genieße einen Cappi.
Habe einiges erlebt die letzten Tage.
Erst mal Freitag der 13. Juni:
Psychiatertermin ist gut gelaufen. Sie hat mich bestätigt, dass es so ist, wie ich es sehe mit dem Unruhigsein. Dass es gut sein kann, dass es durch die Verarbeitung im Buch eins zu eins in mich überspringt und dass ich sehr wohl das Heimgehen aus der Klinik nochmals als Hochgefühl erlebe. Dieses Gefühl ist nochmals hochgekommen, dieses endlos schöne Glücksgefühl. Auch meine Angst, dass mein „Cappi-Trinken" ein Suchtverhalten sein könnte, hat sie mir genommen. Sie findet nichts Schlechtes daran, sondern als eine gute Eigentherapie. Sie fragt, wieso ich meine, ich solle es nicht praktizieren, wenn es mir doch guttut. Sie meint, dass ich und mein Körper schon noch eine Regenerationszeit brauchen – ich solle nie vergessen, wie schnell ich nach Hause bin und was ich in der Kürze der Zeit alles erlebt habe.
Auch meine Gefühle für Markus und allgemein das Gefühlsverhalten in schlechten Situationen muss ich immer noch lernen. Wichtig … kein Rückfall … lieber gehen: Spazieren, Einkaufen oder Cappi trinken und am Buch schreiben. Genau das tue ich ja und es klappt …
Dann Samstag der 14. Juni
Ich kriege eine neue Heckenschere! Und ich lebe mich gleich aus!!!! Alles Mögliche wird im Garten gestutzt. Es geht so leicht von der Hand, bisher hatte ich eine alte schwächere, welche nicht mehr gut geschnitten hat. Herrlich es geht richtig gut. Sogar meine Nachbarin meint, ob ich mich voll auslebe, und sie es mir ansieht, wie es mir Spaß macht.
Am späteren Nachmittag spielt Kevin Staatsmeisterschaft im Radball. Es läuft sehr gut, obwohl er sich beim Einspielen schon am kleinen Finger verletzt hat. Aber er und sein Partner haben super gespielt und sind zufrieden mit ihrer Leistung. Am späten Abend bringt Markus Svenja und mich nach Hause, da Svenja

morgen einen Kunstradwettbewerb in der Schweiz hat und wir morgens schon um 7.30 Uhr losfahren müssen. Markus fährt mit Kevin weiter, um im Spital den verletzten Finger röntgen zu lassen. Toll … Gips. Kapselriss. Aber Kevin sagt im Spital, dass er in zwei Wochen ein großes Turnier spielen möchte und keinen Gips will. Er kriegt einen offenen Gips, wegen der Schwellung und am Mittwoch eine Thermoschiene. So läuft immer etwas bei uns.

So, jetzt Sonntag der 14. Juni – Kunstradwettkampf. Svenja und ihre Partnerin erhöhen den Schülerrekord (heute ihre letzte Möglichkeit, da sie zum letzten Mal als Schülerinnen an den Start können) um 11 Punkte!!!! Cool!!! Und ich habe die Betreuung gemacht! Das gibt mir ziemliche Selbstbestätigung. Habe ja nach der EM immer etwas mit mir gehadert, ob ich wohl fähig bin, gut genug zu betreuen. Und im Einer-Wettbewerb haben alle Sportlerinnen unseres Vereins, die ich ebenfalls betreut habe, persönliche Bestleistungen gefahren. Ein schönes Gefühl für mich, bin glücklich und ein Stück selbstbewusster vom Wettkampf heim und ins Bett.

Nun noch heute:

Gehe am Morgen zu meiner Reiki-Betreuerin, etwas runterfahren. Es tut einfach sehr gut. Ich erzähle ihr auch oft von mir (denn sie hat mich fernbehandelt, als ich in der Klinik war). Deshalb reden wir oft von meinem Buch und über mein Leben. Ich fühle mich einfach gut. Nur Markus geht es zurzeit nicht so gut, Ärger im Verein, geschäftlich ist sehr viel zu tun, unsere Tochter ist anstrengend und an mir hat er zu knabbern, weil ich meine Gefühle zu ihm noch nicht vollständig zulassen kann. Aber ich bemühe mich. Will eigentlich um 16.00 Uhr, wenn Svenja Schule aus hat, mit ihr einkaufen gehen und zu Mc, aber sie hat mich am Mittag wieder ziemlich geärgert. Als ich ihr gesagt habe, dass sie vor der Schule noch einiges wegzuräumen hat, ist sie ohne Tschüss zu sagen zur Tür raus und in die Schule gegangen. Das finde ich nicht so schön, deshalb bin ich, nachdem ich für Kevin um 14.00 Uhr gekocht habe und mit ihm am Tisch sitze, losgefahren und bin alleine einkaufen gegangen. Und jetzt sitze ich bei Mc und genieße eben diesen Cappi, lasse die letzten Tage Revue passieren und schreibe es auf. Und jetzt fühle ich mich leicht und gut und bin auf 16.00 Uhr gewappnet, wenn Svenja von der Schule nach Hause kommt.

Haben ja um 17.30 Uhr wieder Training. Ja, nun Cappi genießen und dann auf den Heimweg machen.

Mal abwarten, ob es noch ein paar Zeilen im Buch gibt, bis ich fertig bin. Möchte echt, dass es bald fertig ist. Ich brenne darauf, es präsentieren zu können.

17. Juni 2015

So einen schönen, emotionalen und wichtigen Tag wie heute muss ich einfach zum Schreiben nutzen.

Die Sonne scheint nach einigen Regentagen endlich wieder. Ich kann endlich wieder einmal mit dem Rad zur Arbeit fahren. Herrlich, und ich bin aufgeregt. Ich habe gestern für Rosi und für Daniela je ein Mitbringsel gekauft, welche mich im Geschäft dazu animiert haben. Die zwei haben es echt nicht leicht zurzeit. Und da ich nie ein Geschenk suche, sondern spontan etwas, was mich begeistert, kaufe, habe ich das gestern getan. Und siehe da, ich habe für jede Einzelne von ihnen was gefunden.

Ich radle also zur Post und dann in die Firma. Ich überreiche Rosi einen Stern, IHREN PERSÖNLICHEN STERN, welchen sie, wann auch immer sie Kraft, Wille oder positive Energie braucht, in die Hand nehmen kann. Rosi ist gerührt. Ich gebe ihr so gerne Kraft und positive Energie, habe das Gefühl, dass ich das kann und sie es auch gerne annimmt und umsetzt.

Dann erledige ich meinen Job und gehe, wie jeden Morgen, durch den Laden, Richtung Ausgang. Und wie passend für den heutigen Tag, Daniela hat gerade mal keine Kundschaft im Geschäft und wir können ein wenig miteinander reden. Konnten wir jetzt lange nicht mehr, „Hallo" und „Tschüss", für mehr war keine Zeit, da immer irgendwelche Kundschaften im Laden waren. Aber wie gesagt, heute ist es zurzeit ruhig im Laden und ich übergebe ihr auch mein Präsent, welches ich für sie gekauft habe. Ein Schlüsselanhänger mit einem Schutzengel und einem Spruch, passend zu ihr.

Daniela klagt mir ihr Leid mit ihrem „Noch-Ehemann", welcher ihr einfach die Unterschrift für das endgültige Aus nicht geben will, zumindest nicht zu den Vertragsbedingungen. Es zieht die Scheidung ins Unendliche und das zerrt an Daniela. Sie sagt, dass sie echt in einem tiefen Loch stecke.

„Aber, aber, nein, Daniela, das kann's echt nicht sein!!!", antworte ich und ich rede ihr gut zu. Ich sage ihr: „Daniela, du hast sooo viel gekämpft und mitgemacht, lass dich nicht fallen, gebe niemals auf. Du hast es gut mit deinem Ex gemeint und er tritt dich mit Füßen. Daniela, wehr dich! Glaube mir, wenn du einmal deine Frau stehst, merkst du, wie gut es dir tut und du stärker und stärker wirst."

Ich versuche ihr die Kraft zu geben, dass sie sich durchsetzt und wehrt. Ich sage ihr immer wieder, dass sie ihren Willen durchdrücken soll und sich die Schwachpunkte nicht mehr anmerken lässt. Daniela meint wieder, sie könne das nicht. Ich erwidere: „Daniela, du schaffst das, gehe zu ihm, rede Klartext und bleibe hart – er ist es auch zu dir! Daniela setze dich durch und du wirst sehen, es stärkt dich und dir geht es danach besser. Und wenn du das einmal machst, gegen ihn anstehen, wird er merken, dass er nicht alles mit dir machen kann. Du bist „Jemand" und du schaffst es immer mehr, dein ICH durchzusetzen. Rücksichtnahme auf ihn ist hier echt falsch!!!!!"

Daniela bestätigt meine ganze Motivation an sie. Ich hoffe so sehr, dass sie es umsetzen kann. Natürlich habe ich leicht reden. Aber ich habe selber hart, sehr hart erlernen müssen, dass ich jemand bin. Und ich versuche eben allen Menschen, welche es zulassen von mir positiv aufgebaut zu werden, auch aufzubauen. Deshalb habe ich auch diese Unterhaltung mit Daniela niedergeschrieben, dass, wer auch immer dieses Buch liest, weiß, wie ich ticke oder vielleicht das Interesse oder den Mut hat, mit mir zu reden. Ich bin sicher keine Psychiaterin, aber eine Frau mit sehr viel Erfahrung, die gut zureden und mit Stärke gegen etwas anzukämpfen am eigenen Leib und im eigenen Leben erlebt und gelernt hat. Manchmal ist Lebenserfahrung mehr wert, als Theorie zu studieren und nach Schema F zu handeln. Nach den Gesprächen und Ereignissen heute Morgen radle ich anstatt nach Hause zu McDonald's, kaufe im Schreibwarengeschäft auf dem Weg einen Notizblock, hole bei Mc einen Cappi, setze mich hin und schreibe diese Zeilen für mein Buch. Ich finde, dass solche Sachen mich und mein Buch prägen.

Ich schreibe heute, wie ich da bin, was ich denke, gebe Ratschläge, wie ich es mache, und ich tue es verdammt gerne. Wenn es jemand annimmt und gebrauchen kann, freut es mich natürlich. Ich bin einfach so positiv und ich teile es gerne oder gebe es gerne weiter.

Ich liebe das Leben! Und ich möchte einfach, dass es den Menschen, welche mir am Herzen liegen, gut geht.

Markus schreibt mir gerade eine Nachricht aufs Handy. Er ist am Kämpfen, weil ich meine Gefühle ihm gegenüber noch nicht komplett gefunden habe. Komisch, ich kann jeden aufbauen, aber meinen Mann nicht so wirklich. Aber ich werde mich bemühen, das verspreche ich ihm heute. Ich sehe ja, was ich an ihm habe und das ist gut so. Ich arbeite eh jeden Tag an mir, muss ich auch und das schaffe ich auch. Ich weiß das. Also ich nehme mir vor, dass ich das ab heute ändere und … was ich mir vornehme, ziehe ich auch durch! Also auf!! Ich trinke meinen Cappi aus, radle heim, koche und bügle und werde heute wieder am Buch schreiben, es muss möglichst schnell fertig werden. Es gibt ein paar Menschen, denen es, da bin ich sicher, ein wenig Mut gibt zu kämpfen und positiv zu denken.

Dann ist noch Training am Abend und dann neigt sich der Tag auch wieder dem Ende zu.

Ich habe eigentlich gedacht, für diesen Tag habe ich genug geschrieben, aber die Situationen, welche wichtig sind oder es wert sind notiert zu werden, nehmen kein Ende.

Also ich bin heimgeradelt. Auf dem Nachhauseweg ruft meine Mami an!!! Habe innerlich schon lange darauf gewartet, aber ich habe immer das Gefühl, dass alles andere wichtiger ist. (Sie sagt dann immer, dass es ihr zu teuer wäre anzurufen, geht aber mit ihrer Freundin des Öfteren einkaufen oder frühstücken usw.) Aber heute ruft sie an und erkundigt sich nach mir und meiner Gesundheit. (Hat sie schon lange nicht mehr!) Es freut mich riesig und ich kann von mir erzählen, wie ich mich fühle. Sonst, immer wenn ich meine Mami anrufe, erzählt sie mir immer von sich oder den Kindern meiner Schwester oder die Kinder sind gerade dort und meine Mami hört mir nicht richtig zu oder ist abgelenkt. Es ist ein richtig schönes Telefonat mit ihr und ich bin froh, dass sie sich mal gemeldet hat. Habe es genossen. Das hat mich richtig gefreut und besonders an diesem Tag!!

Ja, ich bin wichtig und es hat mir jetzt mal richtig gutgetan, meiner Mami von mir zu erzählen.

Es kommt immer alles irgendwie zu einem guten Ende, oder es wird positiv. Ich bin meiner Mami gegenüber etwas auf Abstand gegangen, weil ich das Gefühl hatte, es belastet mich. Ich denke, sie hat es gemerkt. Und das bestätigt, dass es richtig war von mir. Hart aber richtig. Und jetzt geht es mir natürlich noch besser. Oder anders gesagt, wieder etwas, was ich an Positivem erlebt habe!!!

JEDER TAG HAT WAS POSITIVES ODER MEHRERE POSITIVE DINGE!!!!!

21. Juni 2015

Es ist vollbracht! Ich habe es geschafft! Gestern habe ich die letzte Seite meiner Entwürfe im Computer eingetippt.

Ja, noch ein Beweis, dass ich alles erreichen kann, wenn ich nur will. Wenn mir früher jemand gesagt hätte, dass ich einmal ein ganzes Buch per Computer niederschreibe, hätte ich das wohl kaum geglaubt!

Aber ich habe es getan und ich habe es geschafft! So wurde aus einem Finger, der wie ein fliegender Adler über der Tastatur schwebte und jeden Buchstaben mühsam suchend antippte, ein

Finger, der wie eine Billardkugel über die Tastatur flitzte, in einem beeindruckenden Tempo! Nun werde ich noch einen Titel suchen und die Skizzen, welche ich einfügen möchte, zeichnen und die Schlussworte tippen. Dann noch das Titelbild gestalten und kurz gefasst für den Buchrücken eine Inhaltsangabe zusammenstellen.

Ich hoffe, dass ich einige Menschen mit diesem ungewöhnlichen Buch erreichen kann.

SEI POSITIV, SETZE DEINEN WILLEN DURCH UND KÄMPFE FÜR DAS, WAS DIR WICHTIG SCHEINT! VERLIEREN GEHÖRT IM LEBEN DAZU, ABER WER NICHT KÄMPFT, HAT SCHON VERLOREN!

UND:

JEDER TAG HAT ETWAS POSITIVES, AUGEN AUF UND DU WIRST ES FINDEN!!!!

Schluss

Ich habe meine Süchte erfolgreich besiegt und bin verdammt stolz darauf! Und ich werde alles daran setzen, dass es so bleibt. Die einzige Sucht, welche ich noch habe, ist die Sucht nach meinem neuen Leben, die Sucht, das Leben zu genießen und in jedem Tag etwas Positives zu sehen. Es gibt immer etwas Positives, man muss es nur sehen.

Und was ich seit meinem Klinikaufenthalt beibehalten habe, ist, dass ich zum Schlafen einen weißen Kuschelbären im Arm halte, welchen ich von einer für mich sehr wichtigen Freundin, in meinem Kampf zum jetzigen ICH, geschenkt bekommen habe. In der ganzen Zeit habe ich ihn im Arm gehalten zum Einschlafen oder zum Ausweinen. Das mache ich noch heute und ich stehe dazu. Ich finde es einfach beruhigend und er gibt mir Kraft und ist einfach fein kuschelig zum Träumen. DANKE, DANIELA!

UND EIN GROSSES DANKE NOCHMALS AN ALLE, WELCHE MICH UNTERSTÜTZT UND AN MICH GEGLAUBT HABEN:

ICH GLAUBE JEDER EINZELNE WEISS, DASS ER GEMEINT IST.

DANKE!!!!!!!!

Nachtrag

14. Oktober 2015

Etwas ungewöhnlich für ein Buch ... ich mache einen Nachtrag nach dem abgeschlossenen Buch! Aber das ganze Buch ist ein etwas anderes Buch, deshalb traue ich mich, so was zu machen. Da das ganze Durcharbeiten noch eine ganz schön lange Zeit gedauert hat, habe ich vieles erlebt und durchlebt und da ist mir noch einiges klarer geworden und das füge ich nun noch hinzu, weil es mir wichtig ist und es noch möglich ist, da ich nun das Ganze an einen Verlag einreichen möchte – alles fertig, aber noch nicht abgeschickt habe. Deshalb ist dieser Nachtrag nach dem Ende des Buches angeführt.

Bald jährt sich meine „KLINIKEINLIEFERUNG", bald auch, dass ich mein Tagebuch zu schreiben begann, bald auch mein Entschluss, ein Buch für die Allgemeinheit zu schreiben. Seit dem 21. Juni 2015 habe ich nicht mehr für mein Buch weitergeschrieben, sondern nur für mein Seelenwohl.

Jetzt beim Endspurt zur Einreichung meines Buches bei einem Verlag ist es mir wichtig noch ein Resümee zu verfassen, wie es mir jetzt geht und weiterhin, hoffe ich, gehen wird.

Also, es ist so, dass ich gestern bei meiner Psychiaterin war und vieles klarer sehe.

Es ist für jede Sucht machbar, 3 oder 6 Monate durchzuhalten, gegen sie anzukämpfen. Aber der richtige Kampf beginnt jetzt! Nie wieder rückfällig zu werden, bei Problemen nicht ins alte Schema zu kippen, das ist echt Hardcore! Ganz extrem habe ich das erlebt am Geburtstag meines Schwiegervaters, als es Abendessen gab. Mit Weißbrot habe ich einfach noch ein Problem, das hatte mein Schwiegervater bemerkt und brachte mir ein Kornbrot – voll lieb von ihm. Aber als ich satt war, sagte er zu mir: „Ach komm, ein Stückchen geht schon noch." Ich verneinte. Er schnitt trotzdem ein Stück ab und legte es mir hin. Ich blieb standfest und aß es nicht. Markus bemerkte meine Unsicherheit und aß es. Dann dasselbe wieder – ich bekam ein Stück „aufgebrummt" … Okay, mein Schwiegervater meinte es nur gut, aber für mich ist das total belastend! Eigentlich ist das dasselbe, wie wenn man einem abstinenten Alkoholiker ein Glas Schnaps oder Bier vor die Nase stellt, trotz Verneinung seinerseits! (Ich nehme dieses Beispiel gerne, damit meine psychische Belastung besser verständlich ist.)

Ja, da habe ich bemerkt, wie mich dieses Ereignis Substanz gekostet hat. Am Montag danach bin ich total k. o., aber mächtig stolz, dass alles positiv verlief, zur Arbeit gegangen. Allerdings habe ich viele wirre Gedanken im Kopf. Da hatte mich Wilma angerufen, ob ich Zeit und Lust hätte, mit ihr einen Cappi trinken zu gehen. Das kam mir gerade recht, da ich mich nicht aufraffen konnte, zu Hause den Haushalt zu schmeißen. Ich glaube, Wilma hat genau den richtigen Zeitpunkt erwischt! Zufall oder wieder Glück?!?!

Am Dienstag dann den wie gesagten Psychiatertermin, bei dem mir eben einiges klar geworden ist.

Eine Sucht sein Leben lang loszulassen ist echte Schwerstarbeit für den Körper! Ins Burn-out renne ich, hoffe ich, nie mehr! Ich habe daraus gelernt! Und mein Körper sendet mir knallhart Zeichen, wenn etwas zu viel wird! Das ist auch gut so!

Sportsucht habe ich nicht mehr! Mir reicht eine gesunde Stunde am Tag. Ich kann aber auch ohne Probleme mal ohne Sport sein, ohne dass ich ein schlechtes Gewissen mir gegenüber habe oder deswegen schlecht gelaunt bin!

Bulimie ist so eine Sache … Bisher ist alles gut gegangen und ich kämpfe wie eine Löwin, dass das auch so bleibt!!! Aber Zigaretten und Alkohol kann man eben aus dem Weg gehen oder aus dem Leben verbannen. Bulimie ist eine sehr schlimme Sucht, da man mit dem Suchtmittel umgehen lernen muss, denn Essen braucht der Mensch. Das ist schon knallhart. Das ist, wie wenn ein Anti-Alkoholiker auf dem Küchentisch Alkohol stehen hat, dreimal am Tag davon konsumieren muss, aber das richtige Maß finden soll, und auch bei Problemen nicht zu viel trinkt! (wieder dieses Beispiel) Deshalb ist meine Sucht so kräfteraubend! Deswegen bin ich an manchen Tagen total ausgepowert und weiß „eigentlich!" gar nicht, weshalb!

Es kommt eben schon vor, dass ich gedanklich abschweife, aber mich immer noch im Griff habe! Ich habe meinen Mann, der hinter mir steht. Kinder und Freundinnen, welche hinter mir stehen, was eine große Unterstützung ist.

Ich habe gelernt NEIN zu sagen, wenn ich etwas nicht essen möchte. Lieber sage ich in einem kritischen Moment NEIN, als dass ich mit schlechten Gedanken was esse und mir dann Gefahr droht, abzuschweifen. Ich bin dankbar, dass alle, die mich kennen, auch akzeptieren, wenn ich Nein sage, bevor ich Gefahr laufe, wieder rückfällig zu werden. Und ich bin positiv. Ich schaffe es für den Rest meines Lebens!

Ich habe mich immer etwas schlecht gefühlt, wenn ich mich so ausgepowert fühle, nicht imstande bin, mich aufzuraffen, den Haushalt zu schmeißen (das Nötigste natürlich schon, wie einkaufen, kochen, Wäsche).

Mein gestriges Gespräch mit meiner Psychiaterin hat mich aufgebaut und ich fühle mich super, da mir die substanzraubende Standhaftigkeit gegen meine Sucht jetzt klar geworden ist.

Ja, Gefühle oder Ärger nicht mehr „wegzufressen", in der Gesellschaft auch „normal" mitzuessen, dagegen anhalten, wenn mir ohne meinen Willen Essen vor die Nase gesetzt wird … all das ist für meinen Körper (wie oben geschrieben) ein sehr kräfteraubender Akt, deshalb fühle ich mich des Öfteren so ausgepowert. Klar, mit Essen habe ich immer wieder zu tun. Ich werde immer und überall damit konfrontiert. Das ist von niemandem böse gemeint, da bin ich sicher! Ich möchte einfach, dass mich jeder versteht, deshalb ist mir dieser Anhang in meinem Buch so wichtig, egal wie widersprüchlich es für ein beendetes Buch ist.

Bevor ich etwas esse, wo ich Gefahr laufe, in irgendeiner Weise in einer „Fressattacke" zu landen, sage ich NEIN!

Normal drei Malzeiten brauche ich natürlich, aber das dazwischen nur dann, wenn ich will. Wenn ich mag und es mich anlächelt, dann okay. Aber wenn ich es lassen möchte, lasse ich es, bevor mich eine „aufgezwungene" Rippe Schokolade wieder in die Hölle schickt.

ICH BIN POSITIV!! ICH SCHAFFE ES!!!

Ich werde ohne schlechtes Gewissen meinem ausgepowerten Gefühl nachgeben und das mit der nötigen Zeit. Laufen gehen, Cappi genießen und einfach alle Zeit der Welt nehmen, um nie wieder in dieser Hölle schmoren zu müssen!!

Also, an alle, welche meine Schlussworte gelesen haben: Haltet mir die Daumen und seid nicht enttäuscht, wenn ich ab und zu NEIN sagen werde!!

Die Autorin

Die in Österreich lebende Schweizerin Moni Bachmann-Keller ist gelernte Friseurin. Sie ist verheiratet und hat zwei Kinder. In ihrer Freizeit lebt sie gerne ihre Kreativität aus, geht spazieren und trifft sich mit Freundinnen.
Ihr Erstlingswerk „Wendepunkt in meinem Leben" entstand aus Tagebuchaufzeichnungen während eines Klinikaufenthaltes. Darüber sagt sie: „Ich würde mich freuen, wenn ich einigen Menschen helfen könnte, auch so positiv zu denken. Und vor allem, dass es möglich ist und man es schaffen kann, von ganz unten wieder auf die Füße zu kommen, wenn man es will."

novum VERLAG FÜR NEUAUTOREN

Der Verlag

Wer aufhört
besser zu werden,
hat aufgehört
gut zu sein!

Basierend auf diesem Motto ist es dem novum Verlag ein Anliegen neue Manuskripte aufzuspüren, zu veröffentlichen und deren Autoren langfristig zu fördern. Mittlerweile gilt der 1997 gegründete und mehrfach prämierte Verlag als Spezialist für Neuautoren in Deutschland, Österreich und der Schweiz.

Für jedes neue Manuskript wird innerhalb weniger Wochen eine kostenfreie, unverbindliche Lektorats-Prüfung erstellt.

Weitere Informationen zum Verlag und seinen Büchern finden Sie im Internet unter:

www.novumverlag.com

Bewerten Sie dieses Buch auf unserer Homepage!

www.novumverlag.com